한국어로 내려온

New Bible

새로운
성 경

제23권

2부 | 총10부

하얀마음

하나님 말씀 중에서

1. 사랑의 하나님

- 세상을 창조하신 하나님은 모두를 사랑하신다. 인간만 특별히 더 사랑하지 않고, 우주 만물을 다 똑같이 사랑하신다. 그러니 하나님이 창조하신 천지 만물과 화친하고, 미물까지도 소중히 대하라.

- 하나님은 특정 종파나 민족만을 더 사랑하지 않으신다. 자기 자신만 구원받겠다는 욕심을 버리고, 자기 종파만 구원받는다는 편협한 교리에서 벗어나야 한다. 종파를 초월해서, 모두를 사랑하라.

- 원수까지 사랑하라 했으니, 이 세상에 사랑하지 못할 자가 누가 있겠는가? 종파가 다르다고 해서 부모 형제와 원수처럼 지내는 자는 인간의 근본을 모르는 자다. 가장 가까운 가족부터 사랑할 때 남도 진심으로 사랑할 수 있다.

- 한 사람을 원수같이 생각하던 마음에서 사랑하는 마음으로 돌리면, 자기 자신의 마음이 가장 기쁘고 행복하다. 하나님께서는 인간의 마음속에 무거움이 없이 기쁘고 행복한 삶을 살기를 바라신다.

- 이웃을 "내 몸처럼" 사랑하라 했으니, 마지막 한 장 남은 천국의 티켓도 이웃에게 양보하라. 자기 중심적인 신앙에서 벗어나서 남을 위해 살아야 한다.

- 독초도, 약초도, 이단도 사탄도 천사도 다 필요하기에 존재한다. 독초일지라도 극소량을 사용해서 생명을 살릴 수 있고, 약초라 하더라도 남용하면 생명을 잃을 수 있다.

- 세상 모든 것을 명약으로 활용하는 것은 인간의 지혜에 달렸다. 어떤 것이든 어떤 사람이든 적재적소에 꼭 필요한 명약으로 승화시키라.

- 사탄도 이단도 천사도 모두 하나님의 주관하에 존재한다. 진정한 하나님의 백성은 사탄과 마귀까지도 감화시켜서 천사로 거듭나게 한다.

2. 기도

- 하나님은 인간의 생각까지 모두를 다 알고 계신다. 우리의 소원도 이미 알고 계시기에, 소원의 기도를 할 필요가 없다. 우리가 받을 자격이 되면 내려 주신다.

- 죄를 짓고 아무리 회개를 해도 용서받지 못한다. 도둑질한 자는 용서해 달라고 기도하고, 도둑맞은 자는 도둑을 잡게 해 달라고 기도하면, 공의의 하나님은 누구의 편에 서시겠는가?

- 자기가 잘못한 것은 그 사람에게 직접 갚고 용서를 구하라. 그가 용서하면 하나님도 용서하신다. 땅에서 매면 하늘에서도 매이고, 땅에서 풀리면 하늘에서도 풀리는 이치다.

- "회당에서 기도하지 말고 골방에서 기도하라" 했다. 눈에 보이는 골방이 아니라, 골방과 같이 고요한 마음이다. 잡념을 버리고 하나님을 향해 마음을 집중하며, 사랑하고 용서하는 아름다운 생각만 나오도록 하라.

- "두드리면 열릴 것이다." 하는 것은 육의 소원을 위해 두드리라는 것이 아니라, 진리의 깨달음을 얻기 위해 두드리라는 것이다.

- 기도하는 방법: 생활 속에서 수시로 기도하는 삶을 살아야 한다.

- "저의 죄를 용서하여 주옵소서." 하는 회개의 기도를 하라.
- 범사에 "하나님! 감사합니다." 하라. 현재 가진 것에 감사하며, 과욕하지 말라. 자기 노력 이상의 것을 더 갖고자 기도하는 것은 도둑놈심보다. 공의의 하나님은 각자 노력한 만큼 주신다.
- "하나님 뜻대로 살아가겠나이다." 하며 마음의 각오를 다지라.

- 기도는 하나님의 말씀을 받아서 "행하는 것"이다. 하나님이 계심을 굳건히 믿고, 하늘을 향하여 한 점 부끄럼 없이 사는 삶 자체가 가장 위대한 기도이며, 삶이 곧 예배다.

3. 지도자

- 똑같이 사랑한다는 말을 해도, 순수하게 하는 말은 천사의 말이지만, 사기 쳐서 재산을 가로채려고 하는 말은 사탄의 말이다.

- 종교 지도자가 아무리 훌륭한 설교를 해도, 신도의 재물을 거둬서 더 큰 교회를 짓고 자기의 부귀영화를 바라며 설교하면 사탄의 가르침이 된다.

- "저희 교회는 만원사례요, 믿음은 다 같으니 이웃의 개척 교회에 가서 예배를 드리시오." 하며, 이웃 교회의 부흥을 먼저 생각하여 제 신도를 보내는 종교 지도자가 있다면 그를 따르라. 그가 하나님의 사랑을 실천하는 자다.

- "부자가 천국에 들어가는 것은 낙타가 바늘구멍을 통과하는 것보다 더 힘들다" 하였거늘, 지금의 교회에서는 부자가 되기만을 기도하고 소원하니, 이는 곧 천국을 포기하고 지옥 행 열차의 티켓을 사는 것과 같다.

- 예수는 빈손이었다. 종교 지도자가 예수보다 더 호화롭고 편안하게 살아간다면 잘못된 것이다. 부귀영화와 명예를 바라는 자는 절대로 갈 수 없는 좁고 협착한 길이 종교 지도자의 길이다.

- 종교 지도자는 유리로 비춰 봐 한 점의 부끄러움이 없이 살아야 한다. 의식주도 직접 일해서 해결하고, 예수의 가르침과 행함을 그대로 따라야 한다.

- 종말은 없다. 지금의 잘못 가는 종교 집단에게만 종말이 있다. 보이지 않는 하나님은 보이는 육의 종말은 관여하지 않으신다. 환경 파괴로 인간이 스스로 멸망을 자초하는 것이다. 종파끼리 싸우기 전에, 무너진 인성을 바로잡고 지구의 몸살을 해결하는 데 뜻을 모으는 게 급선무다.

4. 성전이란

- 이 세상 자체가 하나님께서 만드신 성전이다. 자연보다 더 아름다운 성전이 있는가? 보이는 건물이 성전이 아니라, 성스러운 마음가짐이 성전이다.

- 반석 위에 교회를 지으라 했다. 지상의 단단한 돌은 인간이 쪼갤 수 있으나, 마음속의 굳은 결의는 세상 무엇으로도 쪼갤 수 없다. 바르고 굳건한 믿음으로 성경의 가르침을 실천하는 것이 마음의 반석 위에 교회를 짓는 것이다.

- 손으로 지은 건물의 교회에 모여서 복음을 전하는 것이 아니라, 교회를 개인과 가정에 심어 주어야 한다. 무너지고 부서지는 건물을 짓지 말고, 마음속에 영원히 불변하는 참진리의 교회를 지으라.

5. 십계명

- 십계명은 인간이 죽어서 반드시 통과해야만 하는 열 개의 관문이다.
  - 부모를 공경하지 아니한 자는 "네 부모를 공경하라." 하는 제5계명의 관문이 열리지 않으니 구원받을 수 없다.
  - 살인, 간음, 거짓, 우상 등의 나머지 계명도 마찬가지다.
- 십계명은 하나님의 친필이다. 모기소리만 한 하나님의 음성이라도 들어 보겠다고 여기저기 찾아 헤매지 말고, 십계명부터 암송하고 지키라.
- 십계명은 영혼을 구원하는 양식이며, 십계명을 지키는 것이 구원을 받는 길이다. 인간이기에 지키고자 노력하고 또 노력한다면 지킬 수 있다.
- 십계명을 지키고 천사처럼 아름답게 살아가는 그 마음 하나면 세상에 이루어지지 않는 것이 없다.

6. 보물

- 하나님은 재물이 아니라 우리의 마음을 받으신다. 사랑을 실천하며 천사처럼 변하는 마음이 하나님께 바치는 보물이다.
- 보이지 않는 하나님께 재물을 바치려 하지 말고, 너희를 길러 준 부모에게 용돈 드리고, 찾아뵙고, 효성을 다하라. 그것이 하나님께 효도하는 것이다.
- 하늘에는 선과 악의 창고가 있다. 자기 창고에 선이 많으면 천국으로 구원을 받고, 악이 많으면 심판받아 지옥으로 간다. 그것이 바로 "선한 일을 행한 자는 생명의 부활로, 악한 일을 행한 자는 심판의 부활로" 나오는 것이다.
- "선악과를 따먹지 말라"는 것은 양심을 지키라는 것이다. 선과 악을 구분할 수 있는 양심을 최초에 인간에게 주셨다. 선한 열매는 취하고, 악한 열매는 버리며, 양심에 비추어 부끄럼 없는 삶을 살아가라.
- 가장 작은 거짓말을 하지 않고, 가장 작은 죄를 짓지 않으며, 가장 작은 선행을 하고, 가장 작은 악행을 멀리하는 것이 율법의 일점 일획도 빠뜨리지 말고 다 지키는 삶을 사는 것이다.

7. 우상

- 박물관에 있는 불상은 하나의 예술품이다. 그 조각품에 대고 제 소원을 빌 때 우상숭배가 된다. 십자가라 하여도 그 앞에서 소원을 빈다면 우상숭배하는 것이며, 하나님께 소원을 빈다면 하나님을 우상으로 전락시키는 것이다.

- 지금 기복신앙에 젖어 있는 모든 사람이 우상 앞에 절을 하고 있다. 조각품을 우상이라며 파괴하지 말고, 네 마음속에 있는 욕심의 우상을 무너트리라.

- 생수를 약초가 먹으면 약을 만들고 독사가 먹으면 독을 만든다. 같은 성경을 봐도 선한 지도자는 신도를 천사로 만드는 데 활용한다. 그러나 욕심이 가득한 지도자는 재물을 거두어들여 제가 부귀영화를 누리는 데 악용한다. 그가 바로 성경을 우상숭배의 도구로 전락시키는 거짓 선지자다.

- 성경을 한 획도 빼거나 더하지 말라는 것은, 그 가르침을 빠트리지 말고 온전히 지키라는 것이다. 성경 속에서 자기에게 유리한 구절만 보는 것은, 자기에게 불리한 구절들을 빼 버리는 것이다. 믿음이 제일이요, 행함은 구원과는 관계없다는 것은 자신에게 유리한 쪽으로 성경을 악용하는 것이다.

- 진정한 종교 지도자는 종파에 관계없이 어떤 종파든 어떤 책이든 접하고 보고 깨우쳐 견문을 넓히도록 인도한다. 참진리를 모르고 자신이 없는 자가 남을 이단이라며 배척하고, 신도들의 눈과 귀를 가린다.

8. 예수

- 예수의 재림은 없다. 예수가 다시 온다 해도, 과연 누가 그를 예수라고 믿겠는가? 예수와 같은 삶의 행함이 곧 예수의 재림이다. 각자 모두가 "재림 예수"가 되는, 차원 높은 믿음으로 가야 한다.

- 예수는 "주여 주여 하지 말고, 아버지의 뜻대로 행하라"고 했다. 예수가 전한 하나님의 뜻이 곧 "길이요, 진리요, 생명"이며, 그 가르침이 예수의 보혈처럼 소중한 것이다. 예수를 믿는 것은, 예수의 가르침을 믿고 따르는 것이다.

- 예수는 낮은 자로서 만백성을 섬기고자 했다. 만나는 모든 사람을 다 하나님이라 생각하라. 돈을 벌수록 겸손하고, 높은 지위를 얻을수록 낮아지라.

- 예수는 종파를 만들지 않았다. 인간이 만든 종교와 인간의 교리를 따르지 말고, 예수를 통해 전한 하나님의 참진리를 연구하고 따르라.

- 예수가 2천 년 전에 만백성을 위해 죽었으니, 지금 이 땅에는 예수의 가르침대로 사는 천사만 존재해야 한다. 예수가 죽어 가면서 바란 것은 만백성이 천사가 되어 예수의 자리를 채워 주는 것이지, 지금과 같이 재물을 바치면서 중언부언 제 소원만을 비는 백성들을 바란 것이 아니다.

9. 구원

- 천사가 사는 천국에는 천사만 갈 수 있으니, 천사 같은 마음을 길러야 한다.

- "천국 열쇠를 네게 주리니 땅에서 무엇이든지 매면 하늘에서도 매일 것이라" 했다. 땅에서 천사같이 사는 자가 하늘에서도 천사가 되어 천국에 들어간다. 모든 사람에게 천사같다는 말을 듣는 삶을 살아야 한다.

- 천사의 곱고 아름다운 마음은 부모를 공경하고 어른을 어른으로 대접하는 데에서 출발한다. 효도하는 자는 형제와 화목하게 지내기에 가정이 화목해지고, 이웃과 화목해지고, 국가가 화목해지고, 온 인류가 화목해진다.

- 그러므로 지상의 아름다운 소왕국은 가정에서부터 이루어야 한다.

- 선택된 14만 명만 구원받는 것이 아니라, 천사처럼 변하고자 하는 14만 명을 기초로 온 인류가 천사처럼 거듭나는 영적인 개혁이 시작되는 것이다.

- 천 년에 걸쳐서 하늘에서 이루어진 것같이 이 세상을 낙원으로 만들어, 만백성이 지상의 천국에서 살다가 죽어서 그대로 하늘의 천국으로 들어가는, 영원한 지상 낙원을 건설하는 것이 하나님의 계획이다.

- 이것이 구약과 신약에 이어 "새로운 성경"으로 역사하시는 하나님의 창조의 완성이다.

- 지금의 믿음으로 구원받을 수 있다면 그 길을 가라. 그러나 자신이 없다면 하나님께서 직접 내리신 160권의 "새로운 성경"을 읽고 구원의 길을 보라!

하나님 머리말씀

이 새로운 성경을 읽는 너희 모두는
이 율법에 따라 행하면 영원히 구원받을 것이니라.

너희 인간이 수년, 수십 년, 평생
성서를 공부하고 기도하는 것은
하늘나라 나의 곁으로 오고 싶은 소망일진대,

몇천 년 전의 너희 인성과 생각이
지금의 너희와는 판이하게 다르니,

꺾여 가고 병들어 가는 너희를 고칠 수 있는 길은,
오늘 내가 선지자에게 내리는 새로운 성경과 같이
너희가 변화되는 것뿐이니라.

나의 예수가 태어난 것처럼
내가 아들 선지자를 선택하여
나의 새로운 성경을 온 세계에 전하고자 하니,

묵은 것은 버리고 새로운 것은 취하여,
너희 모두는
'여호와 하나님! 저의 죄를 용서하여 주옵소서.'
하는 기도문으로 기도하고, 죄를 뉘우치라.

이 새로운 성경은
수천 년간 내려온 성서를 요약한 것이니,
너희는 이 책을 정독하여 쉽게 깨달음을 얻고,
이대로 실천하여 하늘에 오르라.

대역자 머리말

■ 하나님의 율법을 지키는 선지자로 선택을 받도다.

저는 남들처럼 그저 열심히 살아온 평범한 사람이었습니다. 그러나 50대 중반에 사업에 실패하여 많은 부채에 시달렸으며, 건강도 악화되어 눈이 잘 안 보이고, 걷기도 어렵고, 두통이 심해서 잠을 이룰 수 없는 고통의 나날을 보냈습니다. 그때 제가 선택할 수 있는 것은 육의 삶을 끝내는 길뿐이었습니다.

죽기 직전에 그동안에 죄를 지은 이들에게 용서를 빌고 인생을 끝내기로 작정하였습니다. 어려서부터 지은 죄를 빌고 빌다 보니 끝이 없었고, 죽음으로도 그 많은 죄를 용서받을 길이 없다는 생각에 하염없이 눈물이 흘렀습니다. 그 순간 '재래식 화장실의 구더기는 죄를 짓지 않는데, 나는 인간으로서 구더기만도 못한 삶을 살았구나.' 하는 생각이 들면서 괴로움에 몸부림칠 때, 갑자기 하나님의 음성이 들렸습니다.

"나는 여호와 하나님이니라. 너는 십계명을 암송하고 내가 내려 주는 메시지를 받아 책으로 만들어 만백성을 구하라." 하시며, 제 눈을 손으로 문지르게 하시고, 아픈 머리와 다리를 손으로 두드리게 하셨습니다. 그러고 나니 눈도 잘 보이고 걸을 수 있었으며 머리의 통증도 말끔히 낫게 되었습니다. 그때부터 십계명을 암송하고 나면 들려주시는 말씀을 기록하였고, 1999년 8월부터 2004년 7월까지 권당 288쪽, 총 160권을 받아서 "새로운 성경"이라는 책으로 펴내게 되었습니다.

그러한 저에게 죽기보다도 힘든 길이 시작되었습니다. 모든 교인들이 저에게 사탄이요, 이단이요, 악마요, 마지막 시대에 온 거짓 선지자라 하면서 공격하였고, 저를 짐승을 보듯이 대하는가 하면, 편협한 종교 지도자들의 선동으로 신도들이 이 책을 직접 읽어보고 평가할 기회마저 막아 버렸습니다. 그래서 하나님의 말씀을 세상에 내는 데 많은 어려움을 겪으며, 피를 토하는 심정으로 책을 전하고 있습니다.

그러나 아무리 인간의 힘으로 막으려 해도, 하나님의 뜻이 세상에 전해지는 위대한 역사는 계속될 것입니다. 책으로 전해지는 "하나님의 말씀"은 세상 끝날까지 항상 우리와 함께하실 것입니다. 사람은 죽어도, 책에 기록된 말씀은 영원히 남으니까요.

■ 따뜻한 실천

하나님께서는 어려운 사람들에게 삶의 터전을 마련해 주고, 미래를 열어 주는 것을 기뻐하십니다. 어려운 이웃이 스스로 자립할 수 있도록 이끌어 주는 것이 진정으로 이웃을 돕는 것이라고 말씀하셨습니다. 그래서 일자리가 없는 제자들에게 작은 사업장을 만들어 주는 "달란트 사업"을 하고 있습니다. 식당, 반찬 가게 등을 차려 주고, 기존의 어려운 사업장이 자립할 수 있도록 돕고 있습니다(커피숍, 미용실, 의상실 등).

하나님께서는 교회에 나와서 모든 시간과 재물을 쏟기를 원하지 않으시고, 그 시간과 재물을 교육에 투자하여 스스로 미래를 열어 가기를 원하십니다. 그래서 제때 공부하지 못한 제자들에게 학업을 이어 가도록 하였습니다. 중화요리 주방장을 하며 초등학교 검정고시부터 공부하여 2012년에 방통대를 졸업한 36세 남성, 만학도들의 2년제 중학교에 입학해서 2007년에 명지대학을 졸업한 38세 여성, 중학교 검정고시를 시작으로 숭의여자대학을 졸업한 47세 여성 등이 있습니다. 그밖에도 많은 제자들에게 나이를 초월하여 배우고 깨우쳐서 사회 속의 당당한 일원이 되도록 인도하고 있습니다.

학자금 대출로 힘겨워하는 젊은이들을 위해 "따뜻한 바람 장학회"를 발족하여(2016년 12월) 대출받은 학자금 전액을 매월 갚아 주고 있습니다. 또한, 다문화 가정을 위해 "다문화 가족 랜드"를 조성하여, 각종 시설을 무료로 활용하도록 하고 있습니다.

이러한 따뜻한 실천이 아직은 미약합니다. 그러나 책의 수입이 늘고, 저와 뜻을 같이하는 분들이 늘어나면 계속 확대할 것입니다. 지도자로서 신도의 재물을 헌금으로 거둬들여 착복하는 것이 아니라, 하나님께서 기뻐하시는 일에 사용하도록 중매 역할만 하며 살아가고자 합니다. 이런 제가 과연 사탄이고 이단인가요? 하나님께서 기뻐하시는 일이라면, 저에게 사탄이라 하든 거짓 선지자라 하든 굽히지 않고 실천해 나갈 것입니다.

끝으로, 일상의 삶 속에서 "지금 내가 하는 행동이 과연 하나님께서 기뻐하실까, 슬퍼하실까?" 생각하고, 매사에 하나님께서 기뻐하시는 길을 택하기 바랍니다. 교회에 모여서 집단적으로 예배 드리는 것이 아니라, 개인이나 가정 단위로 새로운 성경을 읽어 스스로 깨우치고 그대로 행하면 충분합니다. 그것이 마음속에 성전을 짓고, 신령과 진정으로 예배 드리는 길입니다. 그러면 천국의 문에 들어서게 됩니다.

2017. 2. 1.

하나님 말씀 대역자 김용철

차 례

십계명

이 책은 십계명을 암송하고 나면 내려 주시는 "하나님의 음성"을 듣고 그대로 받아쓴 기록입니다. 하나님께서 십계명을 모세에게 내려 주셨지만, 그것은 만백성에게 내려 주신 것입니다. 마찬가지로 이 책의 모든 말씀도 저에게 내려 주셨지만, 만백성 각자에게 들려주시는 말씀입니다. 여러분도 이 책을 접할 때마다 십계명을 암송하고 나서 정독해 주시기 바랍니다.

제일은, 너는 나 외에는 다른 신들을 네게 있게 말지니라.

제이는, 너를 위하여 새긴 우상을 만들지 말고, 또 위로 하늘에 있는 것이나, 아래로 땅에 있는 것이나, 땅 아래 물 속에 있는 것의 아무 형상이든지 만들지 말며, 그것들에게 절하지 말며, 그것들을 섬기지 말라.

제삼은, 너는 너의 하나님 여호와의 이름을 망령되이 일컫지 말라.

제사는, 안식일을 기억하여 거룩히 지키라.

제오는, 네 부모를 공경하라.

제육은, 살인하지 말지니라.

제칠은, 간음하지 말지니라.

제팔은, 도적질하지 말지니라.

제구는, 네 이웃에 대하여 거짓 증거하지 말지니라.

제십은, 네 이웃의 집을 탐내지 말지니라.

나 여호와가 존재함을 믿는 그 자체가 구원의 길에 들어서는 기본이요, 근본이며, 나의 새로운 성경을 가슴에 안고 정독하는 자, 반석 위에 서서 하늘에 오르는 찬란한 빛을 보게 되는 영광을 얻게 됨이니라. 진정 나를 따르고 믿는 자는 감히 사탄이나 마귀도 근접하지 못하느니라.

〈하나님 말씀〉

2002년 2월

1,892 번째 하나님 말씀

2002년 2월 23일 22시 20분

1 사랑하는 선지자야!
2 "네, 여호와 하나님! 말씀하옵소서."
3 너희 인간들이 '말'이나 '소'와 같은 너희들이 부리는 짐승에게 물을 먹이려 하나, 그 짐승은 제가 먹고자 하지 아니할 때에는 먹지 아니함이니,
4 너희들이 먼 길을 떠나야 되기 때문에, 가다가 중도에 물이 없어 짐승들에게 먹일 수 없기에 떠나기 전에 그들에게 물을 먹여서 끌고 가고자 한다 해도 그들이 먹지 아니하려 하면 먹일 수 없음이니,
5 너희들은 그러한 짐승들을 보면서 안타까워하며 답답해하느니라.
6 너희들이 관리하는 그 가축들에게 물이 있을 때 충분히 먹여 끌고 가고자 하여 그들에게 물을 먹이려 하나 그들이 먹지 아니하면 너희들의 그 답답하고 답답한 마음을 달랠 수 없으니,
7 그리하여 너희들은 그 짐승들을 보고 무어라 말하느냐?
8 어리석은 것들이라 말할 것이니라.
9 지금 하늘에서 내려다보이는 나의 피조물 만백성이 어찌 살아가고 있느냐?
10 너희들은 짐승보다도 열배 백배 높이 판단할 수 있고 생각할 수 있는 지혜를 내가 너희들에게 내려 주어 그 지혜를 갖고 아름답게 세상에서 살다 그 생명줄의 시간을 다 마치고 나에게 오라 하여 내려보내 너희들이 먹고살 수 있는 모든 은혜와 은총까지 다 주었건만, 너희들은 지금 어찌하느냐?
11 나에게 오르는 길이 이와 같은 길이요, 나에게 오르는 길이 이리 가는 길이며, 나에게 오르는 길이 순종하는 것이며, 나에게 오르는 것이 나의 뜻에 따라, 나의 계명에 따라 사는 것이라 너희들이 말하나, 너희들은 지금 그리하지 아니하느니라.
12 계명은 구약 시대의 것이라 필요가 없으며, 신약 시대의 것만 너희 것이라 너희들은 그리 말하느니라.
13 그것이 너희들이 편리한 대로 갖다 붙여 댐이니, 그러면 십일조라는 그 내용은 구약에 기록된 내용이더냐 신약에 기록된 내용이더냐?
14 너희들이 만일 구약이라는 그 성서 속에 십일조에 대한 것을 언급했다 하면, 너희들은 구약 속에 있는 그 십일조는 구약의 시대의 것이기 때문에 너희들과는 아무런 관계가 없으며, 그를 사용해서도 아니 되며 그것을 행하려 해서도 아니 되는 것이 아니더냐?
15 그러나 너희 종교 지도자들은 지금 어찌 가고 있는가?
16 구약 시대의 것은 이미 다 지난 것이며, 새로운 시대가 왔기 때문에 구약 시대의 것은 너희들과 무관하다 하여 내가 직접 불로 써 너희들이 지키고 하늘에 오를 수 있는 근본이요, 기본을 내려보낸 그 십계명을 짓밟다시피

하며 던져 버리고 그를 암송하지 아니
하며 그 뜻을 깨우치려 하지도 아니하
면서,
17 너희들이 재물과 은화를 거둬들이고
육신의 쾌락을 얻을 수 있는 구절은
강조하여 평생 고통스러이 버는 재물
의 10분의 1을, 그 재물을 너희들은
손 하나 대지 아니하고 세 치의 혓바
닥으로, 그 더러운 입으로 거두어들이
니,
18 그 십일조를 거둬들이는 것은 구약에
있는 내용인데 너희들이 그것은 철칙
이며, 그것을 지키지 아니하는 자는
하늘에 오를 수 없고 구원을 받을 수
없다 말하며,
19 재물을 그리 갖다 바치면 그 재물만큼
또 너희 육신이 사는 지상의 그 곳간
에 쌓아 준다 하는 이와 같이 해괴망
측한 말로써 구약에서 너희들에게 필
요한 것은 지키고 필요치 아니한 것은
지키지 아니함이니,
20 필요한 것에다 붙여 대는 것이 너희들
이니, 너희 종교 지도자들의 살아가는
형태가 그러하니라.
21 그리하여 내가 뭐라 했더냐?
22 성서가 나의 참뜻이요, 내가 나의 백
성들을 깨우쳐 하늘에 오르게 하는 길
이라 하였으나,
23 이를 정리하고 관리하는 그 간악한 인
간들이 나의 백성들에게 어려운 길을
가라 하고 그것이 나 여호와의 뜻이라
말하면서 가는 곳곳마다 중간 중간에
한 부분을 뚝 잘라 꿀을 바치라, 떡을
바치라, 그리고 생선을 바치라는 저희
들에게 필요한 대목을 한 구절씩 집어
넣었다 말하였느니라.
24 그리하여 너희들이 지금까지 나의 피
조물 만백성을 정신없이 이끌며, 짐승
과 같이 이끌고, 우매하도록 만들며,
사고력과 판단력 없게 만들어 그들로
부터 노동력을 착취했음이니라.
25 십일조가 무엇이더냐?
26 노동력을 착취한 것이니라.
27 그들이 힘들여 번 것을 그들이 사고하
고 판단할 수 있는 시간의 여유조차
주지 아니하고 그들한테 거둬들였으
며, 그들의 노동력과 자유의 시간까지
말살시킨 그 흉악무도한 범죄자들이
너희들이니라.
28 그것을 너희들은 덮어 두며, 신약이
왔기 때문에 필요 없다는 구약에 기록
된 내용을 가지고 쓰며, 어렵고 힘들
게 지켜 가야 되는 그 십계명은 구약
의 것이기 때문에 신약에서는 지키지
아니한다 하고 그리 가는 형국이 무엇
이더냐?
29 나의 성서를 너희들이 기록하고 보존
하는 사이에 너희들의 그 간악한 머리
로써 중간 부분쯤에 너희들에게 떡과
생선을 바치며 경배하고 순종하라는
그런 너희들에게 유리한 내용들을 한
구절씩 집어넣었음이니, 이것이 바로
그런 것이니라.
30 신약으로 가다가 너희들에게 불리한
것은 구약에 있는 한 구절을 찾아내어
재산과 재물을 거둬들이는 그 형국으
로써 너희들이 엮어 나가고 만들어 가
는 것이 이것이 근거이며 증거이니라.
31 너희들은 성서는 한 자도 고친 것이
없으며 오류가 없다고 말하나, 너희

인간들이 사악하여 그리 만들었으니,
중간에 너희들이 꿀과 떡을 바치라는
내용을 한 구절씩 넣었음이니라.
32 그리하여 나의 피조물 만백성의 노동
력을 착취하고 긁어모은 간악한 무리
들이니, 그것이 아니라고 너희들이 말
할 수 없는 근거가 바로 여기 있느니
라.
33 너희들이 십계명은 지키기 어렵고 힘
들기 때문에 구약 시대의 것이라 하며
구약 시대가 문을 닫았기 때문에 너희
들과는 아무런 관계도 없다고 말하며,
'하늘에서 이루어진 것과 같이 이 땅
에서 이루어지는 일용할 양식을 주옵
소서.' 하는 너희들이 바라고 요구하
는 것이 기록된 것만을 암송하고 기도
함이니,
34 그리하여 너희들이 신약을 가지고 공
부하다가 한 구절을 뭐라고 넣었느냐?
35 구약의 것을 슬그머니 갖다가 집어넣
고 너희들은 강론하느니라, '십일조를
바쳐라!'.
36 구약의 것이 지났으면 그것도 지났거
늘, 어찌하여 그것은 너희들의 생명의
보배처럼 간직하며 이를 지키라, 지키
라, 한 입 가지고 두 말을 하는가?
37 그렇다면, 구약에 기록되어 있는 십일
조라는 것이 너희들이 정녕 영혼의 깨
달음을 바치는 것이 아니고 재물을 바
치는 것이라 하면,
38 재물을 바치라는 그 대목과 십일조를
바치라는 그 대목보다도 구약에 있는
내가 직접 불로 쓴 십계명을 지키는
것이 더 우선이고 소중한 것이 아니던
가?
39 너희들이 구약 시대의 것이기 때문에
지킬 수 없다고 내팽개친 것 중에서
십일조라는 재물과 금화와 은화를 바
치는 부분은 꼭 필요한 것이며 그것은
지금까지 꼭 지켜야 한다 하여 신약을
공부하고 가르치는 그 속에 집어넣어
그를 가지고 나의 피조물 만백성을 그
리 고통스럽고 험한 길로 대대손손 천
년만년 너희 생명이 다하고 너희 후손
이 다 끊어질 때까지 그리 우려내어
착취하는 그 간악한 방법을 쓰고 있는
것이 무엇이더냐?
40 이것이 성서의 나의 뜻에 너희들이 하
나씩 변조시켜 꿀과 떡을 긁어 들이는
그 방법을 그대로 너희들이 지금 실행
하고 있으며 실천하고 있음이니, 이
말에 너희들이 반박할 수 있는 말이
있으면 하라.
41 지금 내가 선지자를 통하여 너희들에
게 내리는 이 경고의 메시지가 잘못된
부분이 있으면 너희들이 그를 반박하
라.
42 그리하면 내가 선지자에게 답을 줄 것
이니라.
43 너희들이 지금 살아가고 나의 피조물
만백성을 이끌어 가는 방법이 그와 같
은 간악한 방법을 쓰는 것이 아니던가?
44 너희들이 신약이라는 것을 깨우쳐 하
늘에 오르는 길을 닦다가 중간에 나에
게 십일조를 바쳐야 된다는 구약의 것
을 집어넣어 새기면서 '바쳐라, 바쳐
라.' 하면서 너희들이 간악하게 거둬
들이는 것이 무엇이더냐?
45 신약의 한 토막을 뚝 잘라서 그 가운
데에다가 십일조를 바치라는 것을 집

어넣었음이니라.
46 그러니 바로 나의 성서를 그리 만들었
음이니라.
47 너희들은 여기서 반드시 알아야 될 것
이니라.
48 구약에 기록되어 있는 나의 십일조라
는 그 재물을 바치라는 것이 더 소중
한 것인가, 내가 너희들에게 불로 직
접 써 지키고 하늘에 오라는 십계명을
지키는 것이 더 중요한 것인가?
49 지금 종교 지도자 너희들이 구약에서
한 구절을 발췌하여 신약에 갖다가 붙
여 구약에 대비하여 너희들을 위해서
활용하고 나의 피조물 만백성을 진정
하늘로 오르도록 한다 하면, 너희들이
제 일 번으로 선택할 것이 무엇이더냐?
50 너희들이 신약과 더불어서 구약을 접
목시켜서 나의 피조물 만백성을 하늘
에 오르도록 인도하는 자들이라면 너
희들이 제일 먼저 갖다 붙이고 깨우치
고 가르쳐야 될 것이 십계명이니라.
51 내가 직접 불로 써 내가 나의 성령의
가슴을 태워 내려보낸 그 십계명을 너
희들은 짓이겨 발로 뭉개면서, 너희들
이 재물을 거둬들이는 십일조라는 그
대목만 갖다가 앞에 내세우고 있음이
니,
52 돈과 재물을 거둬들이는 그 방법론이
우선이더냐, 나에게 오르고자 하는 나
의 피조물 만백성에게 '십계명대로 살
다 하나님의 뜻에 따라 하늘에 오르도
록 너희는 힘들고 어려운 그 길을 가
야 된다.' 하고 가르치는 것이 우선이
더냐?
53 어느 것이 정녕 너희들이 진정한 지도
자라 말하는 것이더냐?
54 그리하여 이 세상에 나의 진정한 지도
자가 한 명도 없다 말함이니라.
55 그리고 진실하게 하늘에 오르는 길을
모르며, 수박의 겉을 핥는다는 말이
있듯이, 성서의 깊이를 모르고 성서의
수박의 겉도 핥지 못하는 그러한 간악
한 자들이 지금 종교 지도자라 부르짖
고 있는 그와 같은 형국이니,
56 부끄러운 줄 알아야 될 것이며, 너희
자신들이 지도자라는 그 이름 석 자를
떼어 내 버려야 될 것이니라.
57 잘못 가르치고 잘못 지도하는 자들은
너희들 스스로 붙여 놓은 지도자의 그
명패를 스스로 불태워 버려야 될 것이
니라.
58 너희들이 정녕 바르게 가며 옳게 갔다
하면 나 여호와가 어찌하여 나의 선지
자를 통하여 아름답게 살며 행복하게
살아가는 길을 알려 주고 착하게 살고
사랑을 베풀며 나누며 살라는 이 귀한
나의 뜻을 내리며,
59 그리고 '내가 불로 써 내린 그 십계명
을 너는 지키며 너를 따르는 제자들과
나의 법전을 읽은 만백성이 십계명을
지키며 살아갈 수 있도록 인도하는 자
가 돼라.' 하여 내가 그 무지몽매한 나
의 선지자를 선택하여 이를 내렸겠는
가?
60 성서 한 줄도 암송할 줄 모르며 성서
한 줄도 읽은 적이 없으며 너희들이
간악하게 떠드는 그 설교라는 걸 들어
본 적도 없는 나의 선지자를 선택하여
내가 나의 십계명을 세상에 존속시키
며, 너희들이 발로 짓이기듯이 덮어

버린 그 십계명이 세상에 있음을 만방의 나의 피조물 만백성에게 전함이니,
61 너희 종교 지도자들이 십계명을 얼마나 암송하고 있으며, 그 십계명의 뜻을 과연 얼마나 알고 있는가?
62 나의 선지자보다 십계명을 더 많이 암송한 자 있으면 지금 나오라.
63 그리고 그 뜻을 깊이 아는 자 있으면 나와서 대적해 보라.
64 너희들은 그것을 암송할 줄도 모를 것이니라.
65 그 소중한 나의 십계명을 그렇게 암송하지도 못하며 그를 저버리던 너희들을 어찌 내가 선택하여 십계명의 소중하고 귀함을 만방에 전하여 나의 피조물 만백성을 구하는 지도자요, 선지자라 너희들을 명할 수 있겠는가?
66 너희들은 돌이킬 수 없으며 너희는 행할 수 없는 자들이니라.
67 그리고 알면서도 행하지 않는 너희들이기 때문에 아무것도 모르고 무지몽매하고 그저 순종이라 하여 내가 명하는 대로 따라오는 나의 선지자를 내가 예비시켜 나의 종이요, 나의 선지자요, 나의 아들이라 명하여,
68 너희들이 던져 버리고 태워 버리고 내버린 그 십계명대로 살며 그대로 지켜 살아 하늘에 오르는 길을 오도록 안내하고자 함이니라.
69 너희들이 버리고 태운 그 십계명이 얼마나 소중한 것인가를, 그리고 내가 직접 불로 써 나의 피조물 만백성을 구하기 위하여 내린 십계명이 있었다는 것을 나의 피조물 만백성에게 깨우쳐 주는 것이 첫 번째며,
70 두 번째는 그들에게 그 십계명대로 살아야 된다는 것을 일깨워 주며, 그리고 인간이기 때문에 십계명을 못 지키는 것이 아니라 지키고 살 수 있다는 것과 십계명을 지키는 자만이 하늘에 와 구원을 받을 수 있다는 것을,
71 너희들을 통하지 아니하고 아무것도 모르는 나의 선지자, 믿음 자체도 모르는 나의 종을 선택하여 이를 만방에 전하여 나의 피조물 만백성을 깨우쳐 주며,
72 그들이 하나의 마음으로써 십계명을 암송하고 십계명을 지키며, 십계명대로 순종하는 그 마음이 그들의 가슴에서 불탈 때 그들은 하나가 될 수 있음이니라.
73 그리하여 십계명을 위시하여 그들이 하나가 되어 하늘에 오르는 길을 향하여 달려오는 그들의 선한 마음이 세상을 덮을 때, 너희들같이 간악하고 추악한 악의 뿌리가 서서히 없어질 것이니,
74 이 역사가 천 년 동안에 이루어지는 것이니, 바로 너희들의 잔재가 없어진다는 것을 알아야 될 것이니라.
75 지금 나의 선지자를 따라 십계명의 소중함을 알며, 십계명이 존재하며 이것만이 하늘에 오르는 길이며 하나님의 뜻이라 배우고 공부하여 깨우쳐 그 길을 지키고자 발버둥치는 그 후손들만이 선한 백성이 되어 너희들의 그 사악한 뿌리들을 다 짓밟아 뭉갤 것이며,
76 그들의 자손만이 이 세상에 존재하여 낙원을 이룬다는 엄연한 사실을 너희들은 알아야 될 것이니라.

77 구약과 신약의 시대를 벗어나서 너희
들에게 말하느니라.
78 구약 시대의 것이라 하여 그들이 쓸
필요가 없으며 신약의 것이라 하여 너
희들이 배우고 그 길만 가면 된다는
그런 갑론을박을 접어 두자.
79 구약과 신약 쪽에서 십계명이라는 그
존재가 어떠한 것이더냐?
80 십계명대로 살아 하늘에 오르는 길을
보라는 자들이요, 간음하지 말고 도둑
질하지 말고, 이웃의 집을 탐내지 말
고, 부모를 공경하며, 살인하지 말고,
다른 신을 네게 두지 말고, 나 여호와
의 이름을, 나 여호와의 얼굴을 더럽
히지 말며, 그리고 아름답고 착하게
살아가라는 나의 계명을 지키는 백성
들이 선한 백성이더냐,
81 인간이기 때문에 내가 불로 직접 써
내린, 이와 같이 지금 나의 선지자를
통하여 암송한 이 십계명을 그대로 지
킬 수 없다 하여 저버리고 사는 너희
들의 후손이 선한 백성이더냐?
82 세 살 먹은 아이도 이것을 들으면 깨
닫고 알 것이니라.
83 말 못 하는 날짐승도 날면서 그 소리
를 들으면 알 것이니라.
84 선지자를 통하여 십계명을 지키고 하
나님의 뜻대로 사는 백성이 선한 백성
이라 하는 말을 듣는 그것이 진정한
길이 아니던가?
85 너희들처럼 십계명을 지키며 사는 것
이 잘못된 것이며, 그게 악의 뿌리고
악의 잔재며, 이 시대의 마지막 거짓
선지자가 나와서 외치는 그 소리라고
말한다고 하면,
86 날짐승이요, 네 발 달린 짐승이요, 하
늘에 있는 짐승이요, 땅에 있는 짐승
이요, 물 속에 있는 모든 생물들까지
도 너희들에게 침을 뱉으며 너희들의
그 더러운 소리를 듣기 싫어 귀를 막
고 돌아선다는 것을 알아야 할 것이니
라.
87 내가 불로 쓴 십계명을 너희들이 왜
지킬 수 없다고 말하느냐?
88 어렵고 힘들고 진실한 것이기 때문에,
인간 기본의 도리를 갖고 살아야 하기
때문에 너희들은 지킬 수 없다 말하여
그를 버렸느니라.
89 그러나 나의 선지자는 그 제자들을 통
하여 이 십계명을 지킬 수 있으며, 십
계명만이 존재하며, 이것이 하늘에 오
르는 길이요, 하나님의 뜻이라 하여
그를 지키도록 가르치고 설교하니,
90 그 선지자가 과연 거짓 선지자이더냐,
이 더럽고 추한 백성들아! 이 더럽고
추한 종교 지도자들아!
91 잘못 가르치는 종교 지도자, 너희들의
죄가 얼마나 무섭고 더러운 것인가를
이 법전을 읽고도 깨우치지 못한다 하
면, 너희들은 영원히 끓는 기름 가마
솥 속에서 시련을 겪고 살아야 된다는
것을 잊지 말라.

1,893 번째 하나님 말씀

2002년 2월 23일 23시

1 사랑하는 선지자야!
2 "네, 여호와 하나님! 말씀하옵소서."
3 너를 따르는 너의 제자들과 이 법전을
읽고 하늘의 길을 아는 나의 백성들에

게 너는 이제 전하고 명해야 될 것이
니라.
4 오늘의 너를 통하여 내가 내리는 나의
성령의 이 뜻에 의하여, 너의 제자들
이 그것이 옳다 생각하며 그것이 정녕
나 여호와의 뜻이라 생각하거든, 너희
들은 이제 행할 때가 되었느니라.
5 나의 법전을 읽고 나의 성전에 와 공
부를 하며 나의 음성을 듣는 너희들은
너희들만이 구원을 받으며 너희들만
이 하늘에 오르도록 하고자 하여 내가
너희들을 전사라 임하고 너희들을 선
택하여 구원의 길이요, 낙원의 에덴동
산에 너희 이름 석 자를 걸어 놓음이
아니니라.
6 나의 법전의 뜻을 깨닫고 내가 선지자
를 통하여 내리는 나의 음성을 들어
깨달은 너희들은 너희들만이 구원을
받으며 너희들만이 하늘에 오르는 그
길을 가도록 하기 위하여 너희들을 내
가 선택하여 나의 성전에 모아 나의
음성을 직접 듣게 하였음이 아니니라.
7 이제 나의 법전을 읽고 깨달은 나의
피조물 만백성들아, 그리고 나의 법전
을 가지고 공부하는 나의 피조물 만백
성들아!
8 너희들이 구원의 길에 들어서서 너희
들만이 구원을 받는 것이 아니라, 너
희 형제 모두를 다 구원하기 위하여
너희들은 이제는 심판관이 되어야 되
며, 너희들이 재판관이 됨을 알아야
될 것이니라.
9 나 여호와의 명으로, 나 여호와의 뜻
으로 너희들에게 심판의 칼을 손에 쥐
여 줌이니, 그 칼을 바로 쓰고 바로 다
스려야 될 것이니라.
10 그 칼을 바로 쓰며 그 칼로써 나의 피
조물 만백성을 다스림에 있어서 한 치
의 잘못됨이나 사가 있어서는 아니 될
것이며,
11 옳은 길을 가는 자들은 그 검으로써
보호하고, 잘못 가는 자들은 그 검으
로써 단죄하고 벌해야 되는 너희들은
전사요, 내 앞의 심판관이니라.
12 나를 대신하여 심판하는 자들이 무엇
이더냐?
13 곧 나의 전사들이니라.
14 나의 법전을 안고 나가 세상에 전하며
나의 피조물 만백성이 그를 보고 하늘
에 오르는 길을 따르도록 하는 것이
너희들의 임무요, 또한 그를 보고 깨
우친 나의 피조물 만백성을 바로 갈
수 있도록 너희들이 심판하니, 너희들
이 심판관이니라.
15 이제는 지금까지 살아온 종교 지도자
요, 나에게 선택되었다, 하늘에 오르
는 길을 인도한다면서 잘못 가르친 자
들과 그를 보고 잘못된 길로 가는 나
의 피조물 만백성을 너희들이 재판관
으로서 심판할 때가 되었음이니라.
16 잘못 가고 나 여호와와는 아무 관계도
없으며 나와는 정반대의 방향으로 사
악한 사탄 쪽으로 달려가는 그들에게
바친 재물을 너희들은 이제 찾아와야
만 될 것이니라.
17 이게 너희들이 지켜야 할 대명인 것이
니라.
18 수십 년에 걸쳐서 그들이 너희들에게
재물을 거둬들이고 너희들에게 직급
을 내려 준다 하며 그 직급을 팔아먹

고 재물을 받았으니,
19 너희들은 거래한 그 직급을 반납하며
그 직급을 산 너희들의 재물을 모두
찾아와야 할 것이니, 이것이 너희들이
심판하는 길이니라.
20 잘못 가는 종교 지도자들이요, 잘못
가르친 그들에게, 그들이 팔아먹는 그
이름에 재물과 금화와 은화의 나의 재
산을 바친 너희들은 그것을 찾아와야
만 될 것이며, 이게 그들을 단죄하고
심판하는 것이니라.
21 이게 곧 전사가 일어서며 전사가 해야
할 것이니라.
22 내가 오늘 선지자를 통하여 너희들에
게 말하나니, 너희들은 재판관이니라,
그리고 심판자들이니라.
23 나의 피조물 만백성이 잘못 가는 것을
심판하기 위하여 우선 심판자인 너희
들이 잘못한 것부터 거둬들여야 될 것
이니, 너희들의 이름 석 자의 명예요,
그들이 팔아먹는 그 이름을 사기 위하
여 너희들이 바친 재물을 찾아오라.
24 그를 찾아오는 자만이 내가 그를 품에
안을 것이니라.
25 잘못 가르치는 종교 지도자들 앞에 너
희들의 명예요, 아무런 쓸데없는 너희
들의 그 더러운 이름을 사온 그 금액
을, 사악한 무리 앞에 던져 준 나의 재
물을 찾아오라.
26 그것을 제일 먼저 찾아오는 자, 그를
내가 가슴에 안을 것이니라.
27 이 영광을 누구든 놓치지 말며, 내가
선지자를 통하여 내리는 그 영광을 누
군가가 차지하도록 나의 피조물 만백
성 너희들에게 전하나니, 이를 실행하
는 자를 나 여호와가 나의 가슴에 안
을 것이니라.
28 이제는 너희들이 그 이름을 팔아먹는
그들에게 바친 재물을 찾아올 때가 되
었음이니라.
29 나의 사랑하는 피조물 만백성들아,
30 내가 명하지도 않은 그 직급을 너희들
이 사면서 바친 재물들을 찾아오라.
31 그 재물을 제일 먼저 찾아오는 자, 그
재물을 찾아와 나에게 고하는 자, 그
에게 내가 가슴에 안는 그 영광을 내
릴 것이니라.
32 이것이 곧 너희들이 심판함이요, 이것
이 곧 지금 잘못 가는 자들이 무너지
는 기초이니라.
33 철옹성같이 쌓아 놓은 그 성곽의 벽돌
을 빼냄이니, 하나의 벽돌에 의하여
성곽이 무너지는 그 벽돌을 빼내는 영
광을 누군가가 누려 내가 내 가슴에
안는 그 영광을 놓치지 말라, 나의 피
조물 만백성들아!
34 오늘 내가 선지자를 통하여 이 뜻을
너희들에게 전하나니, 이를 시행하고
시행하지 아니함은 너희들에게 달렸
으며, 이는 곧 너희들이 방방곡곡에서
시행해야 될 일이니라.
35 그를 시행하는 것만이 철옹성 같은 그
성곽의 돌을 빼냄이니, 빠진 돌의 중
력을 지탱하지 못하는 그 성곽은 재가
되어 무너질 것이니, 그 역사를 이루
는 자, 그 공으로써 그를 내 가슴에 안
는다 하였음이니,
36 이는 죽어 너희들이 내 앞에 왔을 때,
그 영광된 것이 무엇인가를 알게 될
것이니라.

37 나의 사랑하는 선지자에게 선택된 선
지자의 제자들, 그리고 나로부터 선택
되어 전사라 명한 나의 피조물 백성들
아!
38 너희들은 너희들 자신부터 아픔의 그
심판을 받고, 그다음에 나의 피조물
만백성을 심판하는 전사로서 너희들
의 자리를 지켜야 할 것이니, 이를 명
심하여 새겨 두라.

1,894 번째 하나님 말씀

2002년 2월 24일 0시 10분

1 사랑하는 선지자야!
2 "네, 여호와 하나님! 말씀하옵소서."
3 이 세상에 바르게 살아가고자 하는 자
들이 수없이 있으나, 믿음의 세계요,
하늘에 오르는 길로 인도하는 자들이
지금 잘못 가고 잘못 깨우쳐 이와 같
은 흐트러진 세상이 되었으니, 이를
어찌 바로잡아야 되겠는가?
4 많은 세월 속에서 점점 골이 깊어졌으
며, 사악한 쪽으로도 멀리멀리 달아나
있어 나에게 돌아오라 하여도 돌아올
수 없이 그와 같이 멀리 떨어져 가 있
음을 너는 알고 있을 것이니,
5 이들을 돌아오게 하고자 하는 나의 이
아픈 마음을 너는 어찌하여야 되겠는
가?
6 그리하여 지금 내가 아무것도 모르던
너에게 나의 성령을 내려보내며, 60이
다 되도록 육신의 삶을 자유분방하게
살아온 너를 바로잡아 모두를 다 버리
고 나에게 오는 그 길과 인간이 십계
명대로 지키고 살 수 있으며,
7 그리 지키면 구원을 받을 수 있다 하
여 이를 너에게 명하여 나의 성령을
너에게 내려보내 나의 법전을 기록하
게 하였으며,
8 그를 기록하는 속에서 너 자신이 변하
고 깨우쳐 한 점의 부끄러움이 없는
삶을 살아가도록 내가 너를 다스리고
있음이니,
9 그 길을 오는 너의 고달픔과 힘듦을
나 여호와가 알고 있음이니라.
10 내가 너에게 잘못 가고 있는 모든 종
교 지도자들이요, 이 세상의 나의 피
조물 만백성이 얽히고설켜 살아가는
그 추하고 잘못된 모습을 보여 주며
그들에게 내가 단죄를 내리면,
11 그들이 살아가는 그 험악한 모습을 보
는 네 마음에 놀라움을 금치 못할 것
같아 내가 추하고 더러운 짓을 하고
살아가는 그 가증된 자들의 모습을 보
여 주지 아니함이니라.
12 차라리 나를 믿지 아니하고 나를 부르
지 아니하고 나에게 구원을 받고자 기
도하지 아니하며 나의 뜻에 따라 선하
고 아름답게 산단 말을 그들이 하지
아니하면 나 여호와의 마음이 편할 것
이니라.
13 사악한 그들이 하늘에 오르고자 하며,
저희들만이 나를 위하여 경배하는 길
이며 구원을 받는 길이라 그리 소리
지르고 저희들이 이 세상을 지배하며
이끌어 가는 양 그리 설치고 있음이니
라.
14 그리하여 착하고 아름답게 살며 하늘
에 오르는 그 빛을 보며 살아갈 수 있
는 자들에게까지 그들이 길을 막고 하

늘에 오르고자 하는 자들을 멈추게 하
고 있으며,
15 나를 향하여 아름다운 마음으로 살아
가고자 하는 자들을 밀어붙이고 그들
이 올라올 수 없도록 하며 그들의 아
름다운 마음에까지 상처를 주고 있으
니,
16 이 사악한 무리들의 모습을 내가 너희
들에게 낱낱이 파헤쳐 보이고 싶으나,
네가 받는 가슴의 상처가 너무 크고
네가 너무 충격을 받을 것 같아,
17 아직 네가 깨우침의 영이 높지 아니하
고 하얀 눈처럼 변해지는 네 마음을
지탱할 수 있는 너의 의지가 약하기
때문에 내가 더 이상 그들을 나무라지
못하고 있음이니, 그 추한 모습들을
일일이 너에게 보여 주지 못하고 있음
이니라.
18 선지자야,
19 내가 나의 피조물 만백성, 선한 자들
만 내가 만든 이 낙원에서 내가 베풀
어 주는 은혜 속에서 편안하고 안락하
게 즐거움을 알고 나눔을 알고 베풂을
알고 사랑을 알며 이 세상에 존속하도
록 하기 위하여 그 모두를 지금 다스
리고 너를 조이고 가며 너를 다스려
감이니,
20 어떠한 충격을 가슴으로 받든, 어떤
변화가 이루어지든, 어떤 역사가 이루
어지든, 너는 너무 놀라워하지 말고
두려워하지 말라.
21 지금 내가 너에게 명하며 너에게 보여
준 것보다도 더 사악하고 악랄한 것이
그들의 삶의 생활이니라.
22 정녕 나와는 아무런 관계도 없는 자들
이 나의 이름을 팔아먹으며, 나의 아
들의 피를 팔고, 나의 아들 예수가 고
통스럽게 죽어 간 그 죽음의 그 상황
까지도, 그 고통의 아픔까지도 팔아먹
고 있느니라.
23 그리하여 그들은 뭐라고 말하느냐?
24 구약 시대는 다 접어 뒀다 말하면서,
그들은 저희들이 거둬들이는 십일조
는 구약에 있는 것을 받아들여 그것을
지키지 아니하면 구원을 받지 못한다
는 그런 사악한 짓을 한다 말하지 아
니하였느냐?
25 그리고 그들에게 가장 중요하고 소중
하며 저희들이 지켜야 하고 영이 구원
을 받는 십계명은 두렵고 무서워서 그
것은 구약 시대의 것이라며 던져 버리
는 그와 같은 사악한 무리들이 살아가
는 그 뒷모습이 얼마나 추하고 더러운
지 네가 아는가?
26 그와 같은 행위를 하는 것은 보이는
것이니라.
27 보이지 않는 이면의 그 험악하고 더러
운 그들의 살아가는 모습을 내가 너에
게 낱낱이 보여 준다 하면 너는 숨이
멈출 것 같은 그 고통을 이기지 못할
것 같아 나 여호와가 너에게 보여 주
지 아니하는 것을 너는 알아야 할 것
이니, 네 마음을 단단히 지키고 굳건
히 가야 될 것이니라.
28 그 모두는 네가 행함이 아니요, 나 여
호와의 주관에 이루어지니, 너에게는
아무런 것이 없으니, 내가 내리는 대
로 그대로 너는 전하면 될 것이니라.
29 그를 전하며 그를 행하는 네가 또 아
울러서 남들이 보아 한 점의 부끄러움

이 없는 곱고 아름다운 삶을 살아야 됨이니,
30 남들이 감히 생각할 수도 없고 따라올 수도 없고 근접할 수도 없는 삶을, 그들의 그 검은 마음에서 그와 같이 살 수 없다고 부르짖는 삶을 너는 살 수 있으며 살아감을 보여 줘야 하는 것이 네가 또한 지켜야 할 대명이니라.
31 그리하여 그 아픈 가슴을 네가 움켜쥐고 산다 하여도 너는 내가 명하는 삶을 그대로 살아 한 점의 부끄러움이 없는 삶을 살면서,
32 내가 너에게 보여 주는 그 추하고 더러운 모습을 낱낱이 나의 법전에 기록하여 나의 피조물 만백성이 보고 깨우쳐 하늘에 오르도록 그 기초를 다져야 하는 그 아픔을 넘는 너를 나 여호와가 사랑함이니라, 선지자야!

1,895 번째 하나님 말씀

2002년 2월 24일 01시 10분

1 사랑하는 선지자야!
2 "네, 여호와 하나님! 말씀하옵소서."
3 죄진 여인에게 돌을 던지는 자들에게 예수가, '정녕 이 여인에게 돌을 던질 자격이 있는 자, 앞에 나와 돌을 던지라.' 하고 말했을 때 돌 던지는 자 하나도 없었음이니, 이는 곧 무엇을 말하는 것이냐?
4 지금 제3의 시대를 열어 나의 법전을 만들기 위해 나의 성령을 모두 너를 통하여 내려보내고 있음이니,
5 나의 성령을 받아 법전을 만들어 제3의 시대를 열어 가며 나의 피조물 만백성을 구원의 길로 인도하며,
6 세상의 모든 나의 피조물들이 한 언어로써 통일되고 하나로써 소통이 되며, 그리고 생활의 습관을 다 하나로 바꿔 가는 이와 같은 역사를 이루고 있는 너는 과연 어찌 되겠는가?
7 네가 이 세상에서 가장 많이 나의 언약인 십계명을 암송하며, 그를 지키겠다는 약속을 가장 많이 하는 자이니,
8 그리고 너와 너의 제자들은 십계명을 지키고 살 수 있다 말하며, 그를 지키고 사는 것이 하늘에 오르는 길이며 구원을 받는 길이라는 것을 알고 있는 자들이니,
9 이제는 너희들을 핍박하기 위하여 모여드는 자가 수없이 많이 있을 것이며, 너희들에게 말로써 시비를 걸다가 더 이상 말을 할 수 없고 너희들이 깨우쳐 주는 그것을 모두 다 받아들일 수도 없으며 이해하지도 못하는 그들은 이와 같은 말로써 너희들을 공격할 것이니라.
10 '과연 당신은 십계명을 지키고 사느냐, 그리고 죄를 짓지 않고 사느냐?' 너희들에게 그들은 그것으로써 공박을 결정지으려 할 것이니라.
11 이때에 선지자 너는 뭐라고 대답을 하여야 되겠는가?
12 거기에 여러 가지 말로써 변명할 필요성이 있는가?
13 '깨우쳐 전진하여 가는 것만이 하나님께 향하는 길이라' 할 것인가?
14 그리고 '노력하는 자는 변하여 가니 더 노력하라' 할 수 있겠는가?
15 너는 이제는 아니 되는 것이니라.

16 돌팔매를 맞는 그 여인에게 '죄짓지
않은 자, 돌을 던지라.' 하여 돌을 던
지지 못한 그들의 형국을 네가 뒤집어
놓고 바라보며 생각해 보라.
17 너에게 와 '당신은 십계명을 지키며
죄를 짓지 않고 사느냐' 하며 그들이
마지막 공격의 화살을 너에게 던졌을
때, 너는 뭐라고 말할 수 있는가?
18 이제는 돌을 던지지 못하고 돌아서는
그와 같은 사람의 형국이 되어서는 아
니 될 것이니라.
19 너는 말해야 될 것이니라.
20 '나는 전지전능하신 여호와 하나님께
서 직접 불로 써 우리 피조물 만백성
을 구하기 위해 내리신 그 십계명을
지키고 사노라.' 그리 당당히 말할 수
있는 네가 되어야 될 것이니,
21 죄진 자 앞에 수없이 돌을 던지고 침
뱉는 자들에게 돌을 던질 수 있는 자
격이 있으면 나와 던지라 하고, 만일
그와 같은 죄를 짓고 던진다 하면 그
를 용서하지 않는다 하였을 때,
22 집었던 돌을 던지지 못하고 돌아서는
그와 같은 사람의 형국이 되어서는 안
되는 것이니, 그것이 네가 가야 할 길
이며 네가 지켜 가야 할 길이니라.
23 너는 '나는 당당히 지키고 산다. 그리
고 죄를 짓지 아니하고 사노라.' 그리
말해야 할 것이니,
24 그리 가는 것이 너의 제자들을 바로
서게 함이요, 또 너의 제자들에게 기
본이요, 근본이요, 모범이 되는 것이
니라.
25 너는 이제 그리 대답할 때가 되었느니
라. 그리 대답해야만 되는 것이니라.
26 거기서 네가 대답을 못 하고 쭈뼛거리
며 물러선다 하면 너는 나의 선지자로
서 자격이 없을 것이니라.
27 1부의 열여섯 권의 법전을 세상에 내
고 2부의 법전을 지금 기록하고 있는
네가 거기서 말 못 하는 자가 되어서
는 안 될 것이니,
28 이것이 네가 가야 할 길이고 지켜야
할 책무이며, 이것이 네가 남들과 다
르게 차별화되는 것이니라.
29 그리하여 그것을 지켜야만 네가 예수
의 삶을 그대로 사는 것이고 예수의
행적을 따라서 네가 그리 사는 것이
며, 나의 성서에 들어 있는 비밀과 법
전 속에 들어 있는 그 비밀을 네가 다
보지 아니하여도 알 수 있음을 깨달을
것이며,
30 그리고 예수가 전하고자 하는 것, 내
가 전하고자 하는 것을 네가 완벽히
알 수 있을 것이니, 그와 같은 것이 너
의 모습이니라.
31 그리되어 가는 것이 너의 모습이며 네
가 그리되어 가야만 하는 것이니, 이
제는 지켜야 될 때며 이제는 그리 대
답해야 할 때가 되었느니라, 선지자야!
32 이와 같이 내가 너에게 내리는 뜻을
깊이 새겨, 네가 스스로 한 점의 부끄
러움이 있어 고개를 숙이는 그와 같은
나의 사랑하는 선지자요, 나의 종이
요, 나의 아들이 되어서는 아니 될 것
이니,
33 나의 아들 예수의 이름이 지금까지 존
속하며, 그 행적을 연구하고 그 행적
을 따르며 그의 보혈로써 모든 은혜를
받았다 그리하는 자들이 있는 것은 그

가 살아온 삶이 한 점의 부끄러움이
없이 밝고 곧은 인생을 살았고 그와
같은 삶을 실천했기 때문이니라.
34 그것만이 역사에 길이 남는 것이니라.
35 예수의 그림이 성전에 있지 아니하며,
예수의 모형이 그려진 곳이, 그 실체
가 지금 없지 않더냐?
36 그러나 지금 너는 천 년, 2천 년, 지구
가 영원히 존속되는 그때까지 나의 법
전이 세상을 덮으니, 너의 모습이 거
기에 그려져 있음이니,
37 천년만년 역사가 흐른 다음에 나의 피
조물 만백성이 네가 실존 인물인 것을
알게 됨이니라.
38 지금 나의 아들 예수의 행적이나 예수
의 살아온 모든 기적들을, 성령으로
태어난 것들을 너희들은 보지 못하여
지켜지는 신빙성이 없기에 너희들은
더러 너희들 나름대로 수천수만 가지
생각을 하고 있음이나,
39 나의 법전이 나의 성령으로써 세상에
나간 나의 뜻이라 천 번, 만 번 말을
해도, 그리고 그 받아쓴 사람이 실존
인물이라는 것을 말을 해도,
40 천년만년의 역사가 흐른 다음에, 또
수만 년의 세월이 흐른 다음에 그들은
네가 실제로 존재한 인물이었는가, 그
리고 나로부터 성령을 받아 네가 실제
로 그 시대의 60평생의 인간의 삶을
살고 변화된 33년의 그 역사 속에서
산 실존의 인물인가 하는 것을 의심하
고 의혹을 갖게 되며,
41 과연 60년이라는 인간의 삶을 살고
네가 깨우쳐 하늘에 오르는 길의 나의
메시지를 듣고 한 점의 부끄럼이 없이
산 사람인가 하는 것을 그들은 의문을
갖게 되며 의혹을 갖게 됨이니라.
42 그리하여 그들에게 수만 년이 흐른 다
음에도 너의 모습을 보게 하며, 지금
찍혀 나가는 너의 모습이 그대로 존속
되어 역사가 흐른 다음에 존속되는 너
의 모습이 똑같음을 그들이 알게 될
것이며,
43 그리하여 그들은 네가 실존 인물인 것
을 알게 되며, 네가 현실적으로 존재
한 인물이라는 것을 그들이 알 때,
44 나의 이 성령이 직접 나 여호와가 너
에게 내려 만든 책이며, 너는 오로지
받아쓴 자로서, 네가 주관하여 네 뜻
대로 말하여 기록하고 만들지 아니하
였으며
45 나의 주관에, 나의 뜻에 의해 너는 그
저 듣는 것을 기록하여 나의 법전을
만든 나의 종이요, 나의 선지자요, 나
의 아들임을 확실히 그들이 알게 됨이
니,
46 그리하여 오늘 나의 법전에 너의 사진
을 넣은 이 깊은 뜻을 또한 네가 하나
더 깨우쳐야 될 것이니라, 선지자야!
47 이 뜻을 알겠는가?
48 똑같은 책으로써 세상에 나가 이것이
나 여호와의 뜻이라 하여 전해진다면,
그들은 그저 어떠한 사람이, 또는 성
인이요, 깨우침이 있는 사람이 기록하
였다 할 것이나, 그러나 이는 그리할
수 없는 것이니라.
49 너의 그림이 엄연히 그려져 있으며 받
은 자가 존속해 있음이니, 세월이 흐
르고 흘러도 그 모습은 변화되지 않을
것이니라.

50 몇천 년, 몇만 년의 역사가 지난 다음
에 오늘의 네가 나의 법전을 만들어
낸 이 책을 가지고 있는 자가 있다 하
면, 그 몇만 년 후에도 너의 모습은 똑
같을 것이니 그들이 믿지 아니하겠는
가?
51 몇만 년 후에도 너의 모습을 그대로
찍어 내고 그려 낼 것이며, 나의 법전
표지의 그 그림을 영원히 존속시킬 것
이니,
52 네가 지금 만든 나의 법전으로써 대대
손손 수만 년 동안에 왔다 가는 나의
피조물 만백성의 손에 다 쥐여 줄 수
없음이니, 이 사업을 대대손손 계승해
한 계통으로써 네가 연결되고 지속되
게 됨이니,
53 그 역사가 흐른 뒤에 그들이 똑같은
것을 가지고 보존하고 존속하여 대대
손손 내려갈 것이니,
54 많은 나의 피조물들이 오늘 네가 만들
어 낸 나의 이 법전이요, 내 법전 속에
네가 그려져 있는 그 사진 또한 첩첩
이 쌓여서 대대손손 수만 년 동안 영
구히 보존될 것이니라.
55 그리하여 원본이 이렇게 세상을 덮고
있음이니라.
56 원본이요, 진본을 이렇게 많이 만들어
냄이니, 이를 가지고 지키는 자들이
수없이 있을 것이니,
57 몇천 년, 몇만 년, 몇억 년의 세월이
흐른 다음에도 이가 실존 인물이라는
것을 알게 될 것이니,
58 지금 모세의 실제 모습이 있던가? 어
떤 예언자들의 실제 모습이 있던가?
그리고 나의 아들 예수의 실제 모습이
지금 존속해 있던가?
59 그리하여 너희들은 그를 믿을까 말까
하며 신비 속에 쌓여 가는 그와 같은
형국이 되었음이니,
60 그러나 이제는 실존 인물인 네 모습이
그대로 찍혀 몇천 년, 몇만 년, 몇억
년이 흘러도 그가 보존될 것이며 존속
될 것이니,
61 이 시대를 그들이 알 것이며, 이 시대
에 네가 존재함을 알게 될 것이며, 나
로부터 받아 기록한 나의 성령이라는
것을 그들이 깨닫게 되는 그 증표가
바로 너의 그림이 한몫을 하게 됨을
알아야 할 것이니라, 선지자야!
62 그러니 네가 어찌 살아야 되겠는가?
63 그들이 너를 보고 네가 실존 인물이
며, 네가 나의 법전을 받아서 기록한
그 실존 인물의 삶을 그들이 뒤져 낼
것이니, 그때 가서 어떠한 오류를 범
하거나 기록하는 역사가 있어서는 아
니 될 것이니라.
64 너를 비방하는 자, 너를 욕하는 자, 네
가 나의 법전을 받아서 쓰기 시작한
그 후에 네가 잘못 살아온 부분이 있
다 하면 그를 기록하여 암암리에 글로
남겨 너를 무너뜨리며, 나의 성령으로
써 내린 것이 위선이요, 거짓이라고
반박하고자 하는 자가 한 곳에서 지금
기록해서 준비하고 있다는 사실도 또
한 알아야 할 것이니라.
65 그러한 자가 이 세상에 존속하고 있음
을 알아야 될 것이니라.
66 그 모두를 이 세상에 펴지 못하고 나
타내지 못하며 숨을 쉬지 못하게 하고
자 함이니,

67 이는 바로 네가 남에게 꼬리를 잡히는 일을 해서는 안 되며 남들로부터 시시비비의 대상이 되어서는 아니 될 것이니,
68 그리하여 남들이 너에게 물을 때, 너는 지키고 살아온 자라 그리 말하여야 할 것이며, 지킨 자라, 그대로 지키고 사는 자라, 그리고 지켜 왔음이라 네가 나의 법전 어느 한구석에 반드시 너 스스로 기록하여야 될 것이며,
69 내가 너에게 그를 하나하나 물으면서 하나하나 묻는 것에 대답을 하라 하여 그를 기록하여 남길 것이니,
70 그게 십계명과 같이 빛을 발휘하는 너와 나의 약속의 증표가 또 하나 세상에 나오게 됨이니라.
71 십계명을 써서 내렸으나, 그 십계명 한 구절 한 구절을 '네가 지킬 수 있겠는가, 지키고 살았는가?' 내가 그리 물어, 네가 그리 실천하고 살아왔음을 거기에 기록하여 둘 것이니라.
72 모세가 나의 십계명을 받아 그것이 기록되도록 전했으며, 그것을 갖고 그는 많은 사람들을 깨우쳐 일깨워 주려 하였으나, 그가 십계명을 지키고 어찌 살아왔으며 어찌 행적을 이끌어 왔는가 하는 그 기록은 없음이니라.
73 누구도 십계명을 지키고 그대로 행하며 살아왔다는 기록은 지금 없음이니, 이 하나를 알 때, 너희는 지금 제3의 시대가 준비되었으며, 나의 선지자가 준비되었으며, 이것이 나의 성령임을 알아야 될 것이니라.
74 수천 년 역사가 흘러오는 속에 십계명을 지키고 살아온 자의 문답식의 그와 같은 역사의 기록이 없으며, 지키고 살았다는 자가 없으며, 나로부터 십계명을 지키겠느냐는, 또 지키고 살아왔느냐는 그 질문을 받은 자가 없으며,
75 모세 역시 십계명을 받아 전하였으나 그가 과연 십계명을 지키며 살았는지 안 살았는지 그 내용이 기록되어 있지 않으니,
76 누군가 이를 지키고 살아왔다는 근거가 없음이니라.
77 그 역사의 기록의 장이 이 세상에 또 글로써 나올 날이 머지않았음이니, 그것은 영원히 보존될 것이니라.
78 십계명은 나로부터 받은 나의 성령으로서, 이를 지키고 살라 명하여 모세가 전한 것이며, 그 받은 자가 또한 어찌 살았나 기록되어 있지 아니하며, 그를 받은 나의 피조물 만백성이 어떻게 지키고 살았다거나 그것을 바로 지키며 살아온 자가 있다는 그 기록도 없음이니,
79 이제 그 기록이 남게 되는 역사가 이루어짐이니라.
80 오늘 내가 너와 이루어지는 그 약속을 위하여 내가 너에게 나의 법전 속에 십계명을 하나하나 너에게 물어 네가 지키겠느냐, 지켜 왔느냐는 것을 물을 때, 네가 바른 대답을 할 수 있으며 한 점의 부끄럼이 없이 나에게 대답할 수 있는 그와 같은 삶의 형태로 네가 지금 변해 가야 될 것이니,
81 그때 가서 네가 대답을 못 하여 그를 기록하지 못한다 하면 그 십계명은 누구도 지키지 못하였으며, 직접 받은 나의 선지자요, 나의 아들이요, 나의

종도 그를 지키지 못한 대목은 지키지
못하였다 기록될 것이니,
82 내가 묻는 질문에 너는 꼭 '네'라고 대
답하여 기록하는 자가 되어야 될 것이
니라.
83 네가 고개를 못 들고 '아니요'라고 하
는 대답이 나온다면 나의 피조물 만백
성은 천 년, 만 년, 수억 년이 흘러가
면서도 너도 지키지 못한 그 대목을
그들도 지킬 수가 없다 말할 것이며,
84 '여호와 하나님으로부터 직접 받아쓴
그도 지키지 못하였으니 우리 인간이
어찌 지키겠느냐?' 그리 나올 것이니
라.
85 지금 수천 년 역사가 흘러오는 동안에
십계명을 지켰다는 자, 그와 같이 산
자가 기록되어 있다 하면, 그를 보고
너희들에게 '지키고 살라.' 할 수도 있
으며 '지키고 살아야 된다.', '지키고
살 수 있다.' 그리 가르칠 것이나, 그
와 같은 표본이 하나도 없음이니,
86 지금서부터 제3의 시대를 열면서 천
년에 걸쳐 선한 자만 세상에 존속하도
록 하는 이 대업의 역사를 이루는 나
여호와가 너만이 지킨 그 십계명의 대
명을 너와 나의 대화 속에 남기고자
함이니,
87 네가 '아니요'란 대답을 해서는 아니
될 것이며, 네가 또 그와 같이 '아니
요'라는 대답을 할 것을 속여서 '네'라
고 대답해도 아니 될 것이니,
88 내가 너에게 물을 날이 머지않았음이
니, 그 안에 너 자신이 바로 서서 내가
묻는 말에 '네'라는 대답만을 할 수 있
도록 너를 다스려 곧게 세우라, 선지
자야!
89 이 천기를 너에게 미리 알려 줌은 너
를 바로 다스리고자 함이며, 몇천 년
의 역사가 흘러온 지금에 와서 내가
내린 그 십계명을 지킨 자 한 사람의
표본을 만들어,
90 내가 너에게 묻는 것에 '네'라는 대답
을 이룬 너의 그 대답을 기록하며 내
가 묻는 그것을 기록하여 대대손손 영
원히 나의 피조물 만백성이 지켜 나가
도록 하고자 함이니, 이를 잊지 말라.
91 모세가 나로부터 내가 직접 불로 써
내린 그 십계명을 떼어 전했던 것보다
도 역사적으로 더 위대한 현실이 도래
하여 준비하고 있음을 알아야 될 것이
니 그리 알라, 사랑하는 나의 선지자
야!

1,896 번째 하나님 말씀

2002년 2월 24일 08시 20분

1 사랑하는 선지자야!
2 "네, 여호와 하나님! 말씀하옵소서."
3 내가 너에게 '네가 아름답게 살아가며
나의 계명인 십계명을 지키고 사느
냐?' 하고 물었을 때, 말 못 하며 얼굴
붉히고 눈물 흘리며 돌아서는 네가 되
지 않기 위하여 오늘의 네가 노력하는
그 모습을 나 여호와는 아느니라.
4 모든 자들이 그를 보고 놀라고 있을
것이며, 어느 누구도 지킬 수 없는 그
것을 지킬 수 있는 사람이 있다 하는
것은,
5 그 하나의 씨앗이 얼마나 소중한 것이
며 얼마나 귀한 것인가를, 그리고 세

월이 흐르면서 너희들의 자손대대에
얼마나 영광된 길을 갈 수 있도록 하
는 것인가를,
6 그리고 그것이 나 여호와가 이루고자
하는 지상에 에덴동산의 낙원을 이루
게 되는 근본임을 아무도 모를 것이니
라.
7 그러나 나 여호와는 알며, 천사들이
알며, 사악한 마음의 무리들이 그를
보고 공포에 떨고 있음을 하늘에서는
알고 있음이니라, 선지자야!
8 내가 '정녕 너는 나의 계명대로 살아
가는 자냐?' 하고 물었을 때, 네가
'네!' 하고 대답할 수 있는 그 길을 위
하여 가고 있는 그 아프고 고통스러운
마음을 아느니,
9 구약과 신약의 길고도 긴 세월 속에
십계명을 지키고 산 자, 또 그를 지키
고 살았다 하는 자, 어떠한 사람도 당
당하게 이름을 내세울 사람이 없었다
함은,
10 모든 근본이 흔들렸으며 나에게 오르
는 그 길과는 아무런 관계도 없는 그
와 같은 너희들의 삶의 세월이 흘러왔
다는 것임을 알아야 될 것이니라.
11 60평생 육신의 삶을 가지고 육신을
위하여 모두를 바치고 살았던, 너희들
과 똑같은 형체를 가진 한 인간이 나
여호와의 뜻이요, 나의 계명에 따라
살아가기 위하여, 또 그리 실천하고
살아가기 위하여 그와 같이 변화되는
삶을 산 자가 있다 하면,
12 그가 얼마나 소중하고 귀한 자인가를
하늘에서는 알고 있건만, 육신을 가진
너희들은 모르고 있음이니,
13 그와 더불어 숨을 쉬고 그와 더불어
생활을 하며 그와 더불어 너희들이 나
의 역사에 나의 뜻을 이루고자 하는
그 길을 같이 가고 있는 그것이 얼마
나 소중하고 아름다우며 귀한 것인가
를 너희들은 모를 것이니라.
14 그와 같이 축복되고 영광된 것을 너희
들이 깨닫기 전에, 시기하고 질투하고
의심하고 불안해하며 그러한 마음을
가지고 너희들이 그와 더불어 살아간
다 하면 이는 너희들 자신의 마음이니,
15 그로 인하여 나의 선지자가 가고자 하
는 그 마음에 파장을 이루는 그와 같
은 자는 선지자의 주변에 있을 수 없
음을 스스로 알 것이며, 그들 또한 내
가 용서할 수 없음을 알아야 할 것이
니라.
16 너희 종교 지도자들이 말하느니라.
17 하늘에 오르는 나의 백성들을 인도하
는 자요, 나로부터 선택되었다 하여
나의 구약과 신약을 가지고 설법하는
자, 그를 가르치는 지도자라 하는 자
들이 당당히 말하고 있음이니라.
18 하나님으로부터 선택된 자요, 하나님
의 말씀을 전하는 자는 선택된 자이기
때문에, 일반 백성들이 그를 벌할 수
없고 그를 다스릴 수 없고 그를 평할
수 없으며, 오로지 하늘에 계신 아버
지, 나 여호와 하나님만이 그를 심판
하고 다스릴 수 있다 그와 같이 말을
하나니, 그 또한 너희들이 말하는 것
이 맞느니라.
19 그 말이, 그 행동이 틀리다 함이 아니
니라.
20 그러나 여기서 너희들은 하나 깨달아

야 될 것이니라.
21 그는 나의 뜻인 십계명에 따라 살며
나에게 순종하고 내가 명한 그대로 사
는 천사와 같은 자를 말함이니라.
22 그리고 나로부터 선택된 자를 말함이
니라.
23 너희같이 앞과 뒤가 다르고 속과 겉이
다르며, 육신을 위하여 추한 행위를
서슴지 않고 하며 부끄러운 행위를 하
는 그러한 자들을 그와 같이 심판하지
말라 함이 아닌 이것을 여기서 너희들
이 확실히 알아야 할 것이니라.
24 나의 뜻과는 전혀 다르며, 나의 율법
대로 살지 아니하고 나에게 순종하지
않는 자, 겉으로 순종하는 척하나 속
으로는 다른 마음을 가지고 있으며,
또 겉으로는 천사처럼 행동하나 속으
로는 사악한 이리와 같이 행동하는 그
러한 자들을 위하여 그와 같은 것을
명한 것이 아니며 그와 같은 뜻을 전
하게 된 것이 아님을 너의 제자들부터
먼저 깨우쳐야 될 것이니라.
25 나와는 아무런 관계도 없으며 내가 내
린 계명을 지킬 수 없다고 말하는 자
들은 그와 같은 은혜를 받을 수 있는
자들이 아니며, 그들은 나만이 평가하
는 그와 같은 자들이 아니니라.
26 육신을 가지고 일반 백성 너희들과 같
이 육신을 위하여 살아가는 자는 너희
들이 심판하고 너희들이 단죄할 일이
며, 그는 나와 아무런 관계도 없는 자
이니,
27 그들을 나만이 심판하며 나만이 단죄
할 수 있다 하는 그와 같은 저희들의
사리사욕을 위해서, 저희들을 위해서
하는 사악한 이야기는 나와는 아무런
관계가 없느니라.
28 내가 벌하고 나만이 다스릴 수 있는
자는 내가 선택한 자요, 나의 율법대
로 사는 자요, 나의 뜻에 따라 나의 명
대로 순응하며 살아가는 자이며,
29 내가 직접 그에게 내린 것을 그가 지
키지 아니하고 따르지 아니하였을 때
그를 내가 바로 다스리고 바로 쓰고자
하여 그를 다스리는 것이니라.
30 나의 율법을 지키며 나의 십계명을 지
키고 나의 뜻에 따라 순종하며 천사와
같이 곱고 아름다운 형태로 살아가는,
또 그리 살아가고자 노력하는 나의 종
이요, 나의 선지자요, 나에게 선택된
자를 너희들이 심판하지 말라 하며 심
판할 수 없다 함은,
31 너희들이 그가 바르게 가고 옳게 가는
것을 모르는 것이며, 나를 향하여 나
의 뜻에 따라 그가 반성하며 옳고 바
르게 천사처럼 살아가는 그러한 것을
너희들이 잘못 심판하고 잘못 평가하
여 그로 하여금 하는 일에 파장이 생
기니,
32 너희들이 능가할 수 없는 그러한 나의
선택된 자를 너희들이 평하거나 논하
지 말라 하며 너희들이 단죄하지 말라
함이니라.
33 나의 뜻에 따라 계명을 지키며 살아가
는 자, 너희들보다 높이 가 있는 자를
밑에 있는 자가 평할 수 없음은 그 뜻
을 모르기 때문이며,
34 나를 향하여 나의 뜻에 따라 나에게
직접 명을 받고 행하는 자, 천사와 같
이 변하여 가는 자, 잘못함이 없이 살

아가는 나의 선택된 자를 너희들이 평
하고 시비하는 것은 질투요, 모함과
음해가 있기 때문이니,
35 그리하여 그자를 너희들이 단죄할 수
없으며 오로지 나 여호와만이 심판하
고 나 여호와만이 다룰 수 있다는 그
와 같은 뜻이 여기에 있음을 알아야
할 것이니라.
36 그것도 내가 그를 체벌함이 아니라 그
가 가고자 하는 길이 잘못되었을 때,
그가 잘못 시행할 때, 그를 내가 체벌
하여 깨우치도록 하며 그를 바로잡아
바로 쓰도록 하는 것이 내가 그에게
내리는 벌이며 체벌인 것이니라.
37 그러나 이와 같은 나의 뜻을 너희들은
어찌 이용하고 있는가?
38 나와 아무런 관계도 없으며 나의 뜻을
따르지 아니하고 나의 계명을 따르지
아니하고 나에게 순응하지 아니하며
인간의 그 세속에서 인간의 뜻을 위하
여, 육신을 위하여 모두를 다 바쳐 살
아가는 자들이 나로부터 선택된 자도
아니면서 저희들이 나에게 선택된 자
라 말하는 것이지,
39 그들은 내가 선택한 자가 아니며 내가
명한 자가 아니니라.
40 사랑하는 선지자야!
41 "네, 여호와 하나님! 말씀하옵소서."
42 구약의 역사가 흐르는 그 시간에, 그
속에 살아가는 자들 중에 내가 대제사
장이라 명하였고 선지자라 명하였으
며 지도자라 명하였으니,
43 내가 필요로 하여 쓰고자 하는 자는
내가 명하였으니, 그들이 바로 나로부
터 뜻을 받은 자요, 명을 받은 자이니
라.
44 진정 나의 제자요, 나의 선지자요, 나
의 백성으로서 나의 피조물 만백성을
이끄는 자는 내가 직접 선택하여 그에
게 명함이니,
45 지금 나에게 명을 받은 자가 어디 있
으며 나로부터 임명장을 받은 자가 어
디 있나 물어보라.
46 그들은 내가 선택한 종교 지도자가 아
님을 너희들은 알아야 될 것이며, 정
녕 그들은 내가 사랑하는 나의 피조물
만백성을 인도하는 목자도 아니고 인
도자도 아니니라.
47 저희 스스로 나에게 선택되었다 하고
저희 스스로 나로부터 명을 받았다 하
며 저희 스스로 나에게 오르는 길을
가르치는 종교 지도자라 하여 저희 스
스로 만든 것이며,
48 그리하여 그는 나의 피조물 만백성을
인도하고 깨우치는 자라고 제가 소리
지르고 있음이니, 나와 정반대의 길을
가고 있는 형국이 이루어지는 것이 바
로 그와 같은 형태이기 때문이니라.
49 나로부터 선택된 나의 사랑하는 선지
자의 제자 너희들은 오늘 그 뜻을 깊
이 깨우쳐 알아야 할 것이니라.
50 나에게 선택된 자는 나에게 순종하며
내가 내리는 모든 계명을 지키고 살아
가느니라.
51 나의 예수가 무엇이 너희들과 다르더
냐?
52 그는 제 목숨을 바치는 그와 같은 어
렵고 힘든 것도 내가 명했을 때 순종
하고 따른 자이니, 내가 선택하고 내
가 명한 자는 그것이 다르니라.

53 그리하여 나로부터 선택된 나의 선지
자요, 나의 종이요, 나의 아들이라 내
가 입증할 수 있는 것이니라.
54 또한, 나의 성령을 받아 내가 직접 내
린 것을 쓰고 이를 전하는 진정한 나
로부터 선택된 너라 하는 것이 다른
것이 무엇이 있느냐?
55 바로 여기에 있음이니라.
56 나의 계명인 십계명을 지켜야 되며 지
키고 살아갈 수 있다 부르짖음이 그들
과 너와 한 자의 차이인 것 같지만, 이
가 엄청난 차이가 있음을 너희들은 알
아야 될 것이니라.
57 하나는 '맞지 않다' 하는 자며 하나는
'맞다' 하는 자니, 너희들이 말하는 것
은 '맞다', '맞지 않다' 하는 것이 단 몇
자의 차이인 것 같지만, '맞다' 하는
자와 '맞지 않다' 하는 자와는 엄청난
차이가 있음이니라.
58 맞는 것을 '맞다'고 말하는 자는 나로
부터 선택된 자며 나의 명을 받아 행
하는 자요, 맞는 것을 '틀리다'고 말하
는 자는 나의 백성이 아니고 나에게
선택된 지도자가 아니며 그는 나와 아
무런 관계가 없음이니,
59 그는 나의 선지자요, 나의 종이 아니
며, 사탄이요, 마귀요, 사악한 자라 하
는 것을 너희들이 여기서 구분할 줄
아는 그와 같은 현명함도 어찌하여 모
르고 사는가?
60 사랑하는 선지자야!
61 "네, 여호와 하나님! 말씀하옵소서."
62 너의 제자들에게 반드시 이 이치를 깨
우쳐 주어 그들이 눈을 바로 뜨고 듣
는 모두를 바로 듣는 현명함을 깨우쳐
주어야 할 것이니라.
63 나로부터 선택된 자와 선택되지 아니
한 자는 여기에 차이가 있음이니라.
64 그리고 내가 선택하여 다스리고 부리
는 자는 나만이 그를 처벌할 수 있고
다스릴 수 있으며, 그를 바로잡는 매
를 내릴 수 있고 벌을 내릴 수 있음이
니라.
65 그러나 내가 선택하지 않은 자들은 나
와는 아무런 관계도 없으니, 너희들
말대로 너희들을 나만이 심판할 수 있
고 재판할 수 있다는 그와 같은 해괴
망측한 말을 오늘 이후로는 거두어들
이라.
66 나의 피조물 만백성, 너희들과 똑같은
육신을 가지고 나의 뜻대로 살 수 없
으며 나의 계명을 지킬 수 없다 하는
자들은 나로부터 선택된 지도자가 아
니기에 그들은 나와 무관하니,
67 잘못 살아가며 너희들의 재물과 너희
들의 모두를 착취하고 빼앗아 가는 그
사악한 무리들을 너희 스스로 단죄하
여, 너희들이 지불한 만큼 너희들 것
을 찾아오는 것이 당연한 것이니라.
68 단순한 논리가 있느니라.
69 단순한 법칙이 있느니라.
70 나 여호와를 아버지라 하며, 나의 뜻
에 의하여 모든 것이 주관되고 이 세
상 모두가 나의 뜻대로 이루어지며 내
가 다 창조한 것이라 말하는 너희들
이, 어찌하여 너희들에게 필요한 것만
을 내가 창조한 것이며 나의 뜻에 따
라 살아간다 말하는가?
71 내가 원하고 내가 이루고자 하여 내가
선택한 자는 나의 뜻을 거역함이 아니

니라.
72 나의 뜻을 거역하는 자는 나와는 아무
런 관계가 없는 자이기 때문에 그가
곧 무엇이더냐?
73 사악한 자이니라.
74 이 간단한 이치를 너희들은 깨달으라.
75 나의 선지자가 너희들에게 가르치기
를, '십계명을 지켜라, 이는 하나님께
서 내리신 하나님의 성령이요, 몸체
요, 하나님의 정신이요, 하나님의 마
음이니, 이는 목숨을 바쳐서 지켜야
된다.' 하며 이를 지킬 수 있다고 가르
치니,
76 그리 가르치는 나의 선지자와 '지킬
수 없다'고 가르치는 그들과는 하늘과
땅의 차이이니, 이 하나를 보고 너희
들은 깨달아야 할 것이며,
77 지켜야 한다고 가르칠 수 있고 지킬
수 있다고 외치는 자가 바로 나로부터
선택된 나의 백성이요, 내가 거둬들이
고자 하는 자들이라는 것을 알라.
78 그리하여 나의 선지자를 따르는 너희
들 모두는 지킬 수 있고, 지켜야 되며,
그를 지키려고 노력하며 살아가고 있
음이니,
79 너희들만이 그리하여 나에게 선택된
백성들이며, 너희들의 그 변하는 모습
을 보고 대대손손 나의 피조물 만백성
이 아름다운 삶을 살아, 선을 가슴에
심어 악을 짓밟아 버리는 그와 같은
나의 백성들이 태어나게 됨이니,
80 이 이치 하나를 오늘 너의 제자들에게
심어 주도록 그리하라, 선지자야!

1,897 번째 하나님 말씀

2002년 2월 24일 10시

1 사랑하는 선지자야!
2 "네, 여호와 하나님! 말씀하옵소서."
3 내가 너에게 일깨워 주었노라.
4 내가 원하는 길이요, 내가 너희들에게
지키고 살다 오라 한 그 십계명이 너
희들이 사는 기본이요, 근본이며, 수
천 년, 수만 년의 역사가 흘러가도 그
것은 변화되지 아니하고 변조될 수 없
으며, 그것은 시대에 따라 그 시대에
맞춰서 개정해야 될 그러한 것이 아니
니라,
5 영원히 너희들이 지상에 지속되는 한
너희들의 자손 대대에도 그것이 필요
한 것이며 그리 지켜야 하는 것이니,
6 그리하여 그리 내가 불로 직접 써 내
렸음이니, 그 뜻이 얼마나 위대하고
깊으며 넓은가를 너희들은 알아야 할
것이니라.
7 그러한 계명을 내가 내렸거늘, 그를
'지킬 수 없다', '지킬 수 있다' 갑론을
박하는 것은 그 자체가 나를 부인하고
자 함이며, 내가 존재한다고 생각하지
아니함이니,
8 나에게 선택된 자들이 감히 그와 같이
말할 수 없는 무서운 그 현실을 그들
은 서슴없이 말하며 지껄이고 있음이
니라.
9 그러한 그들이 어찌하여 나에게 오르
는 자들이며, 나의 피조물 만백성을
나에게 오르게 하고자 나에게 인도하
는 자들이라 그리 말하는가?
10 선지자야, 네가 너의 제자들을 가르치

며, 나의 법전을 읽고 나의 성전에 와
나의 음성을 듣는 너의 제자와 너를
따르는 백성들에게 뭐라 말하느냐?
11 '십계명은 하나님의 뜻이요, 하나님의
마음이요, 얼굴이요, 몸체이기 때문에
우리가 지키고 살아야 한다.' 하며, 그
를 읽고 깨우치는 자와 내가 같이 있
다 말하며, 그를 아침에 너희들이 읽
는 그 순간에 나의 뜻에 따라 지키고
살겠다 하여 서약서를 낭독하는 것과
같다 하였음이니,
12 그와 같이 지키고 따르고자 하며 살아
가는 너희들이 나에게 선택된 백성이
요, 나의 종이요, 나의 백성으로서, 내
가 존재함을 믿고 그를 지키며 하늘에
오르고자 하는 너희들의 마음 자세가
아니던가?
13 그와 같이 소중한 내가 직접 써 내린
것을 그들은 지킬 수 없고 행할 수 없
다 하며, 그뿐이더냐?
14 그것은 한 시대의 역사 속에 지나간
단어들이기 때문에 지금에 살아가는
너희들과는 아무런 관계도 없다고 말
하는 사악한 자들이니, 그들이 어찌하
여 나의 백성이며 나에게 선택된 자라
말할 수 있겠는가?
15 그들은 그를 지킬 수 없다고 말하는
것만이 아니니라.
16 이제는 그들이 지킬 수 없다는 그 말
자체도 저희들이 부끄러워 더 이상 지
탱할 명분이 없기에, 그것은 지나간
구약 시대에 있는 단어라 중요시할 필
요가 없으며 신약에 있는 대로 살아가
면 된다 그리 변명을 하며, 그리하여
'죄를 짓고 살며 그 죄를 용서 빌라.'
하고, 거기에다 그들이 한술 더 떠서
또 어떤 사악한 계략을 쓰더냐?
17 나의 아들 예수가 고통 속에 죽어 간
그 피로써 너희들의 죄를 다 사하여
주었으니, 저희들이 지어 놓은 그 성
전에 와서 고개 숙여 저희들의 설교를
듣고 설법을 듣는 한 이미 그 모든 죄
를 사함받았다 그리 말함이니,
18 더덕더덕 지은 그 죄가 무섭고 두려워
자신이 설 수 없는 그러한 인간들에게
그곳에 오는 자부터 그 죄를 사하여
주었다는 말을 한다면, 그보다 더 편
하고 그보다 더 좋은 꿀과 떡이 어디
에 있겠는가?
19 그리하여 그들은 너희들을 유혹하며
이끌어 가고 있는 사악한 자들이니,
그들이 어찌하여 나의 자식이며 나에
게 선택된 자라 말하며 나에게 오르는
길을 인도하는 자들이라 말하는가?
20 내가 오늘 너희들에게 다시 한 번 강
조하며 깨우침을 이르고자 함이니, 내
가 명한 것을 지켜야 되고 지키고 살
아와야만 구원을 받으며 하늘나라에
와 나 여호와를 대할 수 있다고 그리
가르치는 자가 나에게 선택된 나의 선
지자요, 나로부터 선택된 지도자며,
너희들을 이끌어 하늘에 오를 수 있는
그 책무를 맡은 자니, 그리 알라.
21 그는 단 한 사람뿐이니라.
22 그리고 나의 선지자로부터 배우는 너
희들이 또 그다음에 선지자의 제자로
서, 나의 피조물 만백성을 구하는 지
도자로 역사를 이룸이니,
23 너희들 또한 선지자를 따라서 나 여호
와가 존재함을 믿으며, '십계명이요,

이 율법은 어떠한 역사가 흐르고 변한
다 해도 변할 수 없는 그 뜻이 깊이 들
어 있으며, 그를 지키는 자만이 하늘
에 오를 수 있다.' 그리 설법하고 가르
칠 나의 제자들이니,
24 너희들이 얼마나 소중한 나의 백성이
라 말할 수 있겠느냐?
25 이 세상에 나의 모두를 한 사람을 통
하여 내리고 그를 통하여 거둬들이니,
그는 한 사람뿐이니라.
26 그 한 사람의 밑에서 배우는 자들은
진정 하늘에 오르는 길이요, 너희들이
말하는 정도의 배움을 가는 자들이며,
그렇지 아니한 자들은 다 사행심이요,
사리사욕이요, 제 욕심에 의하여 살아
가고자 하며 갖은 권모술수를 다 써
가며 살아가는 자들이니라.
27 그 사악한 무리들이 이 세상을 덮고
있으며, 나의 뜻을 실행하고 살아야
된다는 진정한 나의 백성이요, 내가
선택한 너희들은 있는 둥 없는 둥 너
희 자신의 자리가 없음이니라.
28 그러나 그게 머지않음을 알아야 될 것
이니라.
29 그 사악한 것은 견딜 수 없는 것이니
라.
30 오로지 너희들만이 견딜 수 있는 것이
니라.
31 내가 너희들에게 이를 깨우쳐 주지 아
니하였던가?
32 진실이라 하는 것은 영원히 변하지 아
니하며 그보다 더 당당한 것이 없다
말하였음이니, 그리하여 너희들에게
작은 거짓말도 하지 말고 살라 함이
여기에 있음이니라.
33 진실만을 가슴에 안고 사는 자는 당당
하며, 그 당당한 삶을 살아갈 수 있는
자가 나에게 선택된 백성이며, 나의
법전을 읽고 나의 성령을 듣는 그와
같은 선택된 자들이니라.
34 그들이 있음으로 하여 너희들의 후손
이 그 사악한 무리들을 다 밟아 뭉개
고 밀어내며 내가 만든 이 지상의 낙
원에 발을 붙일 곳이 없도록 하는 것
이니, 그 세월이 천 년이니라.
35 너희들이 생각할 때 천 년이 긴 듯하
나, 그 천 년 후에 이 지상이 변하지
않고 영원히 존속해 흘러가는 그것을
생각하면 너희들의 천 년은 하늘나라
의 하루밖에 안 되는 것이니,
36 하늘나라의 천 년이요, 만 년의 그 세
월이 얼마나 방대하고 위대한 것인가
를 너희들은 깨우쳐야 할 것이니라.
37 오늘의 너희들만이 나에게 선택된 자
들이며, 나의 선지자만이 지금 이 지
구상에서 나의 뜻을 따르며 나의 뜻을
향하여 가는 나로부터 선택된 자라는
자부심과 긍지를 너희들이 버려서는
안 될 것이니라.
38 너희들에게 다시 한 번 강조하나니,
나의 십계명이요, 나의 율법을 지키고
살아야만 하늘에 오를 수 있으며,
39 '하나님께서 인간에게 은혜와 지혜와
은총을 주며 십계명을 지키라 하였으
니, 이를 지키지 아니하는 자는 하늘
에 오를 수 없으며, 하나님의 백성이
아니니라.' 그리 가르치는 자만이 나
에게 선택된 백성이요, 나에게 선택된
지도자라는 것을 알아야 할 것이며,
40 이것이 사악한 무리와 천사를 구분하

는 가장 확실한 증거이니라.
41 이를 놓고 너희들이 기준으로 삼도록
하라.
42 너희와 더불어서 계명을 지키고 살 수
있다 하는 자는 내가 터치하는 백성이
며, 그들은 너희들과 손을 잡고 호흡
을 같이하여도 될 자들이니, 그러한
자가 너희들을 찾아오거든 가슴으로
푸근히 감싸 주라.
43 그것이 아니라 하는 자와는 너희들이
갑론을박하지 말라.
44 그는 사악한 씨앗의 무리이기 때문에,
그리고 사악한 씨앗의 종이기 때문에
그들과 갑론을박하지 말라 함이니라.
45 그 더러운 때를 너희들에게 묻히지 말
라.
46 그들에게서 튀겨 나오는 그 오물들을
너희에게 묻히지 말라 함이니, 그리하
여 갑론을박을 하지 말라 함이니라.

1,898 번째 하나님 말씀

2002년 2월 24일 12시 30분

(강론을 마치며)

1 사랑하는 선지자야!
2 **"네, 여호와 하나님! 말씀하옵소서."**
3 오늘 너의 제자들에게 깊이 일깨워 줘
야 할 것이 있느니라.
4 '네 부모를 공경하라.' 하는 말이 계명
중에 한 구절을 차지하고 있음이니,
그 뜻을 너희들은 그저 흘러가는 말로
읽어 넘어가는 그러한 행위를 해서는
안 될 것이니라.
5 내가 내린 그 열 개의 계명이 다 소중
하며, 역사가 천년만년 흘러가도 그
시대에 다 맞아 적용할 수 있도록 그
와 같이 정돈·정립되어 내려온 것이
나의 십계명이니라.
6 너희 과학자들이요, 능력 있는 자들이
만들어 내는 글이나 너희들이 남기고
있는 그 역사의 유적, 또는 너희들이
생활하는 것도 모두 세대 차이가 있으
며, 세월이 흐르면 그 차이가 있다 말
하고 그리 되게 되어 있는 것이 너희
들이 만든 것이니라.
7 이는 곧, 너희 인간들이 한계가 있음
이니, 이를 알아야 될 것이니라.
8 그러나 수천 년 전에 내가 너희들에게
지키라 내린 이 십계명은 앞으로 천년
만년의 하늘의 역사가 흐른다 하더라
도 살아가는 나의 피조물 만백성이 항
상 지켜야 될 것이며,
9 거기에 너희들이 세대 차이가 나거나
흐름에 따라서 고치고 수정하여야 할
내용이 없음이니,
10 이것이 바로 내가 역사하여 불로 써
내린 십계명이요, 나의 뜻이기 때문에
그러하니라.
11 그 계명 속에 '네 부모를 공경하라.'는
대목이 있음이니, 너희들은 이를 어찌
깨우쳐야 될 것인가?
12 즉, 이는 역으로 말하면 너희 부모를
공경하는 것은 너희들이 살아서 이 세
상에 나의 피조물 만백성이 종말을 고
할 때까지 영원히 지속되어야 되는 것
이며,
13 천년만년 전에 살았던 나의 피조물 백
성도 저희 부모를 공경했어야 되는 것
이며, 너희들 또한 너희 부모를 공경
해야 되는 것이며, 앞으로 너희 후손

들까지도 대대손손이 저희 부모를 공
경하고 살아야 될 원칙이 있기 때문이
니,
14 이는 그 시작에서부터 끝까지 끝이 없
음이며, 내가 만든 나의 지구 위에 에
덴동산이 존재하지 않을 때까지 존속
하게 되는 소중한 글이니라.
15 그리고 그 뜻이 거기에 있음이니라.
16 그리하기에 내가 너희들에게 일렀으
니, '네 부모를 공경하지 않는 자는 나
에게 기도할 수 있는 자격이 없다.' 말
하였음이니라.
17 낳아 주고 길러 주는 부모의 고마운
은혜요, 그 공조차도 모르는 자가 그
부모요, 형제를 저버려 두고 나에게
오고자 너희 인간들이 만든 성전이라
는 곳에 가서 금화와 은화를 바치면서
저희들의 구원의 욕심에 의해 기도드
리는 것은 나로부터 구원의 티켓을 사
고자 하는 그 사악한 생각에서 이루어
짐이니,
18 그와 같이 기도를 드릴 수 있는 자는
제 부모를 먼저 공경하고, 제 부모의
은혜를 알며, 제 부모를 잘 섬기며 그
고통과 어려움을 생각할 수 있는 그
아름다운 사랑의 마음이 먼저 그의 가
슴에 싹터 그를 시행하는 자만이 나의
성전에 와 기도할 수 있음을 너희들은
알아야 할 것이니라.
19 내가 너희들에게 임하여 명하였느니
라.
20 너희들은 성서의 구절구절에 지도자
들이요, 또 그 시대를 이끌어 가는 자
들에게 유리하고 아름다운 단어가 있
는 것을 다 찾아서 선지자에게 고하라
하였음이니라.
21 너희들은 구약 시대에 이루어진 것을
모르느냐?
22 몇십 년에 걸쳐 이룩했던 그 성전을
내가 다 헐라 하였으며, 헌 뒤에 예수
가 3일 만에 그를 다시 짓는다 하였을
때, 예수는 뭐라고 말하였더냐?
23 거기에 반드시 기록되어 있음이니라.
24 육신 속에 있는 영이, 그 영이 들어 있
는 육신의 그 성전에 와 임하며 설교
하고 가르치는 곳이 성전이라 말하였
음이 거기에 기록되어 있느니라.
25 너희들은 그 대목을 나의 피조물 만백
성에게 그리 가르치고 '너희들이 깨우
쳐 하늘에 오르며, 하나님의 뜻을 깨
우친 자가 앉아서 설교하는 것보다 더
아름답고 위대한 성전은 없다.' 그리
가르쳐서 그리 행하도록 해야 될 것이
며 너희들이 먼저 실천하고 그리 가야
할 것을,
26 너희들은 그 대목은 그저 접어 두고
불태워 짓이겨 버리면서, 너희들의 손
으로써 아름다운 성전이요, 아름다운
궁궐 같은 것을 짓는 것이 성전이라
말함이니,
27 여기에 너희들이 얼마나 나의 뜻을 거
역하며 오류를 범하여 가고 있는가?
28 그와 같이 말하는 너희들은 무엇을 위
해서 그러는가?
29 그것은 너희들이 육의 마음을 버리지
못하고 믿음이라는 것을 행하기 때문
이니라.
30 여기서 나의 선지자를 따르는 너희 제
자들은 가슴에 손을 얹고 너희 자신을
다시 한 번 돌아다봐야 될 것이니라.

31 나의 선지자를 따르며 내가 내리는 나
의 육성의 성령을 직접 듣고 나의 법
전을 보고 깨우치는 너희들은 육의 삶
을 완전히 지워 버렸는가를 생각하여
야 될 것이니라.
32 그를 먼저 너희들이 지워 버리고 다
태워 버리고 없애 버렸을 때, 오로지
내가 내린 그 영의 심판을 위해, 영을
구원받기 위하여 살아가는 그 길을 온
다 하면 너희들에게는 아무 것도 필요
없음을 알게 될 것이니라.
33 그러나 저희들이 유리한 쪽으로 삶을
유도하며 저희들이 유리한 쪽으로 무
엇인가를 이끌어 가고자 하는 자들은
그 속에 육의 삶의 그 뿌리를 버리지
못하고 기도하는 자들이니라.
34 잘 들으라, 너희들은.
35 저희 손으로 아름답게 성전을 짓는 것
이요, 모든 재물을 바침으로써 내가
너희들에게 몇 배의 복을 내려 주니
많이 바치고 많이 가져오라 하는 자들
은 육을 위해서 사는 자들이니라.
36 저희들이 믿음을 향하여 마음을 다 비
웠다 하며 눈물로써 기도하고 땅을 치
고 통곡하며, 오로지 나 여호와만을
향하여 나 여호와의 뜻에 따라 살아가
는 자들이라 말하나,
37 그들의 마음 깊은 곳에는 육의 생각과
육의 마음을 버리지 못하고, 그 육의
생각 속에서 나에게 향하는 길이요,
저의 영혼을 구원받겠다는 위장된 형
국에서 오기 때문에 그들이 그와 같은
것을 실행하지 아니하려 함이니라.
38 육의 근본과 육의 행복과 육의 영화를
위해, 그를 놓고 거기서 나에게 오르
는 영혼을 구원하는 믿음이라는 그것
으로써 너희들이 겉포장을 하여 나의
피조물 만백성을 이끌어 온다 하면,
39 달려오는 너희들을 내가 받아 주지 아
니하고 그 기도 소리를 내가 듣지 아
니할 것이며,
40 육이라는 것을 완전히 마음속에 저버
려 속마음과 겉마음이 영을 위한 믿음
을 향하여 달려오는 자들만이 하늘에
오르는 빛을 볼 수 있으며 그를 내가
영접함을 너희들은 잊어서는 안 될 것
이니,
41 이와 같은 간단한 이치요, 진리를 너
희들이 하나 더 깨우쳐야 할 것이니라.
42 너희들은 높이 보며, 세상을 넓게 보
라.
43 지금 나를 향하여 믿음의 길을 오는
나의 피조물 만백성을 인도하는 자들
이 과연 육을 버리고 영만을 위하여
그들을 구하고자 하는가?
44 우선 육신의 아픔이 쓰리니 이것을 덜
어 준다는 그와 같은 명분하에 하늘에
오름으로 하여 그 모두를 덜어 줄 수
있으며 너희들이 벗어날 수 있다는,
육에 초점을 맞춰 그들을 인도하고 이
끌어 오는 믿음은 과연 아닌가?
45 여기서 너희들은 하나 깨우쳐야 될 것
이니라.
46 너희들 육의 영화와 육의 부귀와 너희
몸과 마음의 편안함을 위하여 나의 성
전을 찾으며 나의 법전의 뚜껑을 여는
자는 그 뚜껑을 닫아야 할 것이며, 그
는 나의 성전에 올 자격이 없음이니라.
47 오로지 영을 향하여 가는 그와 같은
깨달음으로써 너희들이 나에게 달려

올 때, 너희들의 영이 지탱할 수 있고 영이 오를 수 있도록 그 모두를 내가 너희들에게 내리는 상으로써 너희들을 감싸 주는 영광을 얻는 자만이 하늘에 오를 수 있는 길을 보고 가는 자이니, 이를 잊지 말라.

48 이제는 선지자의 깨우침이 높아지고, 선지자의 보는 눈이 높아지고, 성서를 보고 그가 옳고 그름을 판단하며, 나에게 많이 올라와 있음을 너희들은 알아야 될 것이며,

49 그 선지자를 통하여 너희들에게 내리는 이 높고 깊은 뜻을 너희 것으로 만들어 다스려야 할 것이니라.

50 내가 오늘 선지자를 통하여 말하였느니라.

51 내가 선지자와 언약의 시간이 머지않았음이니라.

52 6천 년 동안 역사가 흐르면서 그 언약을 받은 사람이 없으며 그 언약을 한 사람이 없느니라.

53 내가 내린 그 십계명을 따라 하나하나 그에게 언약하라 하여, 그를 지키고 못 지키고, 잘 살고 못 삶을 언약받은 자가 없느니라.

54 새로운 시대의 역사가 이루어지며, 제3의 시대가 열리며 나의 법전으로써 나의 피조물 만백성을 구하여 선한 자만이 세상에 존재하는 그 시발점인 지금에 다시 태어나는, 나의 피조물 만백성 너희들이 다시 태어나는 마음으로 자리를 같이하고자 함이며,

55 내가 나의 선지자로부터 십계명의 언약을 받아 그를 명시해서 너희들에게 내려보낼 때, 그때부터 삶의 시작이 다시 이루어진다는 것을 잊지 말라.

56 그다음에는 선지자를 따르는 너희 제자들이 지켜야 할 덕목이며 너희들이 행해야 할 것이니,

57 너희들은 각자 어두운 방에서 너희들 자신을 놓고 생각해 보라.

58 그리고 너희들에게 내가 물었을 때, 나의 사랑하는 선지자가 너희들 한 사람 한 사람에게 그를 물었을 때, 너희들은 정녕 대답할 수 있는가를 너희들이 깨우쳐야 될 것이며,

59 그를 대답할 수 없다 생각하면 너희들은 너희들의 팔다리를 자르는 그 아픔보다도 더 힘든 역경을 이겨서라도 대답할 수 있는 너희들이 되어야 될 것이니라.

60 대답할 수 있는 너희들로서 다시 태어나야 될 것이며, 너희들이 자리를 잡아야 한다는 것을 잊지 말라.

61 이것만이 너희들이 갈 수 있는 길이며,

62 너희들이 정녕 그리 대답했을 때, 그리고 그리 실천하고 갔을 때, 그때 내가 너희들에게 내리는 그 모든 은혜와 은총을 너희들이 스스로 알게 될 것이니라.

63 나는 육의 삶을 원하는 것이 아니니라.

64 내가 내린 십계명에 따른 영의 그 반듯함을 원함이니, 반듯하게 오는 너희들의 그 자세를 가졌을 때, 그 자식을 내가 어찌 버리겠는가?

65 부모의 뜻을 순종하며 열심히 살아가는 그 자식에게 왜 부모가 매를 대며 그를 핍박하고 욕하겠는가?

66 그가 바로 눈에 넣어도 아프지 않는 자식으로 보임이니, 너희들이 또한 그

보다 몇천 배, 몇만 배 더 소중한 나의
아들이요, 딸로 비춰짐을 잊지 말며,
그 영광을 놓치지 말라.
67 내가 선지자와 계명을 약속한 다음에
는 너희들이 그를 치러야 하고, 너희
들이 가야 할 길을 너희들 한 사람 한
사람에게 내가 직접 명할 것이니, 그
때 가서 나의 명을 받지 못하는 사람
이 되지 말도록 그리하라.

1,899 번째 하나님 말씀

2002년 2월 24일 17시 40분

1 사랑하는 선지자야!
2 "네, 여호와 하나님! 말씀하옵소서."
3 네 어찌 두려워하며 네 어찌 불안해하
는가?
4 수천 년 역사가 흘러오는 동안에 나의
피조물 만백성이 말하기를, 구약의 시
대를 지나 신약의 시대에 도래하였으
니, 나의 아들 예수의 이름으로 모두
를 기도드리고 경배하면 그는 구원을
받고 구원의 길에 들어섰다 말하였느
니라.
5 그 대목을 지금 너는 뭐라 말하느냐?
6 나 여호와에게 직접 경배하고 나에게
기도하며 나를 향하여 너희들이 아름
다운 삶을 살아오면 된다 함이니, 이
것이 무엇이 틀렸고 무엇이 잘못되었
던가?
7 나 여호와를 경배하고 하늘에 오르고
자 하는 그 백성들에게, 나를 경배하
지 아니하며 나의 아들 예수를 경배하
는 것만이 구원을 받는다 네가 그리
가르친다 하면 이는 문제가 있을 것이
나,
8 나의 아들 예수를 경배하고 그로써 구
원받았다 하는 그 백성들에게, 나 여
호와를 직접 경배하며 나 여호와요,
너희들의 창조주요, 너희들의 어버이
인 나를 찾으라 네가 가르치고 깨우쳐
줌이니,
9 이 자체 하나 가지고 네가 불안해할
것이 없으며 두려워할 것이 없느니라.
10 그러면 지금의 믿음의 세계를 놓고 너
희들은 어찌 말하느냐?
11 그들은 나의 모든 뜻을 어렵고 힘들기
때문에 지킬 수 없다 말하며, 편안한
대로 저희들이 믿어 가다가 잘못하여
죄를 지으면 그를 용서를 받으며 또
구원을 받는다 말함이니라.
12 그러나 너는 뭐라 말하느냐?
13 알고 짓는 죄는 허용할 수 없으며, 인
간은 지혜를 가졌기 때문에 죄를 짓지
말아야 한다고 말하고 있음이니,
14 지금 모든 종교 지도자들이 나의 피조
물 만백성을 하늘로 이끌기 위하여 가
르치는 그 방법은 어딘지 모르게 원액
에 물을 탄 것과 같은 그러한 것을 너
희들이 느끼지 아니하는가?
15 지금의 종교 지도자들은 원액에 물을
탄 것처럼 그리 가르치고 있으며, 그
와 같은 요행을 바라고 있으며,
16 그 속에는 저희들의 육신을 위하여 저
희들이 안일한 길을 가고 저희들이 편
안한 길을 가기 위한 것을 먼저 마음
에 두고 있으니,
17 육의 생각을 한 자리 깔고 있는 자들
이 종교 지도자라 말하기 때문에 죄를
짓고 용서를 빌면 용서를 해 주며, 잘

못 살아온 것을 용서를 빌 때 용서를
해 준다 하여, 그들을 가장 편안한 마
음으로써 하늘에 오를 수 있는 길이
있다 하여 그리 현혹하여 가르치고 있
는 형국에 있음이니, 그것이 바로 그
들이 가르치는 오늘의 현주소가 아니
더냐?
18 그것을 바로잡기 위하여 너는 뭐라 말
하느냐?
19 창조주 하나님이라 하여 내가 명하여
내린 그 모두는 다 지켜야 된다 말하
고 있으니, 그를 지키는 것이 얼마나
힘들고 고달프고 어려운 길인가?
20 그러나 너는 그 어렵고 힘든 길을 지
키고 가야만 되며, 그것이 하늘에 오
르는 길이라 하였으며 그를 지키라 하
였으며, 스스로 알면서 지은 죄는 용
서받을 수 없음이니,
21 그는 상대성이 있으며 그로부터 피해
를 입은 자가 있기 때문에, 알면서 계
속 행하는 그 죄는 용서받을 수 없다
하였음이니, 말로써 기도하는 것으로
는 그 죄를 용서받을 수 없음이니,
22 너희가 한 번 남에게 피해를 입힌 것
은 그 열 배로 보상을 해야만 너희들
의 그 죄를 사할 수 있다 그리 가르치
라 내가 너에게 말하였음이니,
23 열 배의 보상으로써 그를 갚으려 하면
그가 죄를 지을 수 있겠는가 없겠는가?
24 그리하여 죄를 짓지 말고 살아야 되는
것이며, 죄를 지었을 때, 알고 너희들
이 남의 것을 하나 훔치면 열 배를 갖
다 주라는 그와 같은 어렵고 힘든 가
르침이요, 그 길을 가라 말하는 것이
무엇이 잘못되었으며, 누가 잘못 가르
치고 누가 잘 가르치는 것인가?
25 선생이 가르침에 있어서 한 선생은 정
도로 바르게 가르치고, 한 선생은 지
금 대충대충 배우고 살다가 한 계단
더 올라가 고급 학교로 가고 승급하면
그때 가서 바로잡을 수 있으니 기초는
대충대충 배우라 한다고 해 보자.
26 그리고 너희들이 기초를 대충대충 배
워서 상급 학교에 가면 스스로 그가
잡힌다 그리 말한다고 해 보자.
27 이것은 나에게 오르는 그것과는 비교
할 수도 없는 예를 들어 너희들에게
깨우침이니,
28 힘들고 어렵지만 기초를 단단히 하고
바로잡아서 나가야 된다고 가르치며
그 기초를 바로잡아 주는 선생에게 배
운 자와, 기초를 바로잡는 것은 힘들
고 어려우니 대충대충 배워도 된다고
그리 가르치는 선생에게 배운 자는,
세월이 지난 다음에 사회에 나와 생활
을 하며 살아가는 데 얼마만큼 차이가
있는가 너희들은 잘 알 것이니라.
29 모든 기초를 어려서부터 힘들고 어렵
게 가르친 그 선생 밑에서 배운 학생
은 기초가 단단하여 흔들림이 없이 나
아갈 수 있으나,
30 기초를 대충대충 가르치며 세월이 지
나면 된다고 가르치는 선생의 밑에서
배운 학생은 아무리 많은 것을 배우고
깨달아도 그 기초의 흔들림 때문에 바
로 설 수 없으며 무너지는 그와 같은
형국이니라.
31 이것은 너희들 인간사의 스승이 가르
친 하나의 예를 들어 너희들에게 깨우
침을 주고자 함이나, 하늘에 오르는

길은 그렇지 아니함이니라.
32 하늘에 오르는 길은 연습이 없음이니
라. 그리고 두 번이 없는 것이니라.
33 지금의 종교 지도자들은 '하늘에 오르
는 길을 그저 죄를 짓고 설렁설렁 걸
어가듯이 그리 대충 깨닫다가 죽어 하
나님 앞에 가면 하나님께서 용서를 해
주신다.' 그리 말하는 것과 똑같으니
라.
34 죄를 짓고 저희들이 만든 성전에 가서
용서를 빌며 그 잘못을 눈물로 회개하
며 또 나쁜 짓을 하고 죄를 짓고 그와
같이 반복하는 생활 속에서 계속 그리
하면 구원을 받는 것이며 하늘에 오르
는 영광을 얻게 됨이라 그리 가르침이
니,
35 그 길을 마다하는 사람이 어디에 있겠
는가?
36 어리석고 불쌍한 나의 피조물 만백성
이 옳고 그름을 판정을 내리지 못하여
그와 같이 가르치는 그곳에 벌 떼같이
모여들어 있음이니,
37 이는 바로 속에는 독약을 발라 놓고
겉에 꿀을 발라 그 꿀을 먹는 자는 죽
어 가니, 벌레들을 유혹하여 잡는 그
와 같은 형국보다도 더한 죄를 짓고
있음이니라.
38 그러나 너희들은 어찌 가르치느냐?
39 작은 죄를 지어도 아니 되며, 가장 작
은 죄가 무서우며, 그를 용서받지 못
하며 그로 하여금 하늘에 오를 수 없
는 무서움을 깨우치며,
40 그리고 알고 짓는 죄는 상대성이 있고
그 피해자가 있기 때문에 말로써 비는
것은 안 되며 행동으로써 그에게 열
배 이상으로 갚아야만 된다는, 그리하
여 죄를 짓지 말라 가르치는 너희들
밑에서 배우는 제자들은 오늘이 다르
고 내일이 다르며, 1년, 2년, 10년 후
에는 그들이 얼마만큼 높이 경지에 올
라 변해 있을 것인가를 너희 스스로
알 것이니,
41 매일 죄를 짓고 빌고 또 빌라 하는 자
는 제자리에서 그저 팔딱팔딱 뛰는 개
구리와 같은 형국밖에는 아니 되니,
42 이와 같이 엄청나고 무서운 시점의 가
르침의 길을 가고 있는 네가 무엇 때
문에 두려워하며 겁을 먹는가?
43 하나의 오자나 하나의 탈자가 생겼다
하여, 무엇을 설명을 잘 못 하였다 하
여 두려워하지 말라.
44 다만, 내가 너에게 임하여 내리는 그
모두는 정답이며 그리 지키고 나가면
될 것이니라.
45 지금과 반대의 현상이 이루어졌을 때
네가 사탄이요, 이단이요, 마지막 시
대에 오는 거짓 선지자라 말할 수 있
음이니라.
46 지금의 이 종교 지도자들이 나의 율법
을 지키고 계명을 지키며, '죄를 짓는
자는 구원받지 못하고, 작은 죄도 구
원받지 못하며, 아름답고 착하게 사는
자만이 구원을 받을 수 있으니, 그 어
렵고 힘든 하나님의 계명을 지키고 살
아가야 된다.' 그리 가르쳤더라면 오
늘과 같은 형국은 이루어지지 아니하
였을 것이니라.
47 만약 종교 지도자들이 그리 가르쳐 나
의 피조물 만백성이 하늘에 오르는 길
을 바로 오고 곧게 걸으며 그와 같이

깨우친 그 시점에서, 네가 세상에 나
와 나 여호와의 뜻이라 하고 네가 선
지자라 말하며, 그와 같이 살아온 자
들에게 대충대충 살며 죄짓고 가서 빌
고 또 죄를 짓고 빌면 그래도 그자들
도 또 구원을 받으니 그리 믿으라 한
다 하면, 이는 네가 마지막에 오는 거
짓 선지자이며 잘못된 자가 아니던가?
48 그러나 이 모두가 반대 현상에서 이루
어지고 있는 이 엄연한 사실 앞에 너
희들에게 손가락질하며 이단이요, 사
탄이요, 사악한 무리라 말하는 자, 그
들이 바로 이단이요, 사탄이요, 사악
한 자들이며, 하늘에 오르는 길을 모
르는 자들이니라.
49 나에게 오르는 길을 전혀 모르는 그들
이기에 그들이 너에게 갑론을박하는
말에 귀 기울이지 말라.
50 오로지 내가 너에게 명하는 대로 너는
실천하고 지키면 되는 것이니라.
51 너를 따라오는 제자들과 너를 따라오
는 나의 피조물 만백성은 대충 죄를
짓고 용서를 빌고 오면 하늘의 구원을
받을 수 있다 가르치는 그들보다 열배
백배 고달프고 힘든 길을 가나니,
52 진실을 찾기 위하여 힘들고 어려운 길
을 가며, 정답을 찾기 위하여 노력하
고 고생하는 그들이 잘못되었는가?
53 100점 만점에서 100점을 맞기 위하여
밤새워 공부하는 사람이 잘못되었는
가?
54 놀다가 아는 대로 찍찍 그어 놓고 나
서 그저 세월이 지나면 100점을 맞을
수 있다고 생각하는 자들과 얼마나 차
별화가 되어야만 너희들은 알겠는가?
55 하늘에 오르는 길은 그와 같은 것이
없느니라.
56 이것이 지금 너희들이 처해 있는 환경
이며 실태이니라.
57 그러니 너는 두려워하지 말고 불안해
하지 말라.
58 네가 '죄를 짓고 용서를 빌면 하나님
께 구원을 받을 수 있으니, 그저 편안
한 대로 대충대충 살라.' 하고 가르친
다면 너는 정녕 용서받지 못할 자며
정말 사악한 자니,
59 대충대충 살아와 용서를 빌고, 또 죄
를 짓고 험악한 일을 하며 또 용서를
빌고, 그 대가로 재물을 바쳐 그 죄의
사함을 받으며,
60 또한, 재물로써 그 복을 살 수 있고 구
원을 살 수 있다 그리 가르치는 그와
같은 허무맹랑한 자들 밑에서 그 길이
맞다 하여 가고 있는 자들이,
61 또 그리 부르짖는 자 밑에 가서 고개
숙여 광란의 짓을 하며 그와 같이 편
하게 살아가고자 하는 자들이 과연 정
녕 하늘에 오르는 길을 가르치는 자들
인가?
62 아니니라.
63 너희들이 타고 다니며 사용하는 차라
는 기계의 연료가 있느니라.
64 그 연료는 원액만 가지고서 그가 움직
일 수 있으며 그 성능을 발휘할 수 있
으니, 그 연료에도 좋고 나쁨이 있어
서 좋은 것을 택하여 사용한다면 그
기계는 100퍼센트 그 성능을 발휘하
며, 원액을 부어야만 정상적으로 갈
수 있으니,
65 그리하여 그 연료를 100퍼센트 원액

으로써 부어 넣어야만 그 기계가 제
기능을 발휘한다고 부르짖는 자들과,
물을 대충대충 섞어도 그 기계가 갈
수 있다고 부르짖는 자가 있다 하면,
과연 누가 정답인가?
66 원액을 부어야만 모든 기능을 발휘할
수 있는 기계에 원액과는 거리가 먼
물을 부어서 기계를 활용한다면, 그
기계가 제 기능을 발휘하고 그가 존속
할 수 있으며 견딜 수 있다 생각하는
가?
67 지금 너희들의 믿음이 그와 같은 형태
에 이르렀음이니라.
68 죄를 짓고 대충 기도하며 용서를 빌면
구원을 받을 수 있으며, 목적지에 도
달할 수 있으며, 하나님이 너희들을
선택하여 영광의 문을 열어 주며 낙원
에 너희를 받아들일 거라는 그런 생각
을 하고 있는 자들이니,
69 원액의 연료만을 가지고 달려가는 기
계에 물을 부어서는 그것이 갈 수 없
음이니, 물을 섞어서는 갈 수 없는 것
을 너희들은 오늘 깨달아야 될 것이니
라.
70 원액 중에서도 깨끗하고 아름다운 원
액만을 부어야 그가 성능을 발휘할 수
있으며 목적지까지 무사히 갈 수 있음
이니, 이는 무엇이더냐?
71 내가 너에게 지키라고 내린 그 계명이
요, 율법이 원액이니라.
72 그 원액을 외우고 또 외우고 갈고 닦
아 그 속에 있는 참뜻을 깨달아 하늘
에 오르는 길을 보라 함이니, 이것이
엄청난 차이의 벌어짐이 있음을 너희
들이 알아야 할 것이니라.
73 원액만을 부어야 가는 그 기계에 더
좋은 원액을 넣어서 그 성능을 발휘할
수 있도록 하는 자와, 그 원액 속에 물
을 붓고 잘못된 것을 붓고 그 기계가
목적지까지 갈 수 있다는 감언이설로
속이는 자는, 그 기계의 돌아가는 것
을 보면 알 것이니라.
74 이와 같은 이치를 너희들이 깊이 깨우
쳐야 할 것이니 그리 알라.

1,900 번째 하나님 말씀

2002년 2월 24일 23시 05분

1 사랑하는 선지자야!
2 "네, 여호와 하나님! 말씀하옵소서."
3 내가 내린 계명을 지키며 그리 순종하
고 살겠다 하여 나에게 서약하는 것을
나의 피조물 만백성 중에서 네가 제일
많이 시행하고 실천함이니, 그러나 이
제 너는 하나를 더 깨우쳐야 될 것이
니라.
4 네가 십계명을 암송하며 나에게 서약
하는 그 순간에 네 마음의 자세가 어
찌 되어 있느냐 하는 것을 돌이켜 보
아야 할 것이니,
5 네가 나에게 십계명을 암송하며 서약
하는 그 순간에 너 자신이 흔들리는
생각이 있다고 하면, 그는 나에게 기
도드리는 것이 아니며, 내가 그를 듣
지도 아니하고 들을 수도 없음을 너는
알아야 할 것이니라.
6 네가 십계명으로써 서약을 하는 그 순
간에는 창조주인 나에게 서약함이니,
너와 나의 만남의 그 시간보다 더 근
엄하고 더 소중한 시간이 없으며, 네

가 나에게 맹세하며 지키겠다고 서약
하는 그것보다 더 소중한 것이 없음이
니,
7 네 마음의 자세가 어떠해야 하는 것인
가를 네가 깨우칠 때가 되었음이니라.
8 너의 제자들에게 이르라.
9 그저 지나가는 말로써 너희들이 나의
십계명을 암송한다면 아무리 많이 암
송한다 하여도 그를 내가 듣지 아니하
며 나와는 아무런 관계도 없다 함을
깨우쳐 주며,
10 몸과 마음의 모든 정성을 다하여 너희
들이 정신을 하나로 집중하여 나에게
언약의 십계명을 암송할 때, 그때만이
너희들이 암송하는 십계명의 음성이
나에게 들림이며 그를 내가 듣고 있음
이라 너의 제자들에게 일깨워 줘야 될
것이니라.
11 지금 네가 가고 있는 길과 너의 제자
들이 너를 따라 행하는 그 길이 얼마
나 멀고도 힘든 길인가를 너희들이 알
아야 할 것이니라.
12 너희들이 모여 말하기를, '우리는 십
계명을 지키는 사람들이며, 그를 지키
기 위하여 나의 목숨을 내놓을 수 있
고, 누가 뭐라 해도 우리는 지킬 수 있
다.' 하느니라.
13 그러나 정녕 너희들이 너희 목숨과 바
꿔야 할 때, 과연 그리할 수 있는 사람
이 얼마나 있다 생각하는가?
14 나 여호와를 위하여 나의 계명을 지키
고 살아가는 것이 너희 목숨을 던지는
것보다 더 소중하고 더 힘드니,
15 너희들이 과연 너희 목숨을 나 여호와
를 위하여 바칠 수 있는지 네가 네 제
자들에게 물을 때, 그들은 대답하느니
라.
16 정녕 네 앞에서 그를 대답하는 자는
그를 실천하고 시행할 수 없음이니라.
17 말없이 조용히 저의 마음을 다스려 보
고 제 생각을 정리하며 그리고 저 자
신의 모두를 태울 수 있는 자는 말이
없느니라.
18 그리고 먼저 제가 시행할 수 있다고
말하지 아니하느니라.
19 먼저 시행할 수 있고 지킬 수 있다 하
며 행하겠다고 하는 자, 막상 저희들
의 목을 내놓아야 할 그러한 상황이
된다면 그가 제일 먼저 변명과 이유를
대어 돌아설 수도 있을 것이니, 이것
이 지금 바로 무엇이더냐?
20 육을 저버리지 못하고 육의 근본에 너
희들이 생활하며 그 생각을 하고 있기
때문이니라.
21 너희들이 평소에 살아가면서 과연 그
와 같이 지키고 행할 수 있는가 생각
해 봐야 될 것이니라.
22 너희들이 나의 법전을 다루며 나의 법
전을 읽고 정독할 때 너희들의 자세가
어떠하며, 이 지구상의 모든 피조물
만백성 중에서 나로부터 선택된 단 한
명인 나의 선지자요, 또 나의 음성을
받아 법전을 만들고 모두를 기록하고
전하는 나의 선지자를 향한 너희들의
그 눈초리 속에 있는 너희들의 마음이
어떠하며, 선지자를 바라보는 너희들
의 눈망울의 생각은 어디에 있으며,
너희들의 마음의 기준은 어디에 있는
가?
23 그리고 너희들이 정녕 나의 법전을 읽

고 시행하고 그리 실천하며 살아가는
것은 얼마나 굳어져 있으며, 과연 하
늘을 향하여 한 점의 부끄럼이 없는
삶을 스스로 살아가고 있는가?
24 정녕 그리 살아가고자 하는 자는 제가
못 지키는 것을 부끄러워하고 그 죄를
느끼며 그 죄를 용서받을 수 없다 생
각하니, 나를 향하여 진정으로 모두를
다 바쳐 깨우쳐 하늘에 오르고자 하는
자는 고개 숙여 그 말에 대답을 하지
않느니라.
25 나 여호와가 존재함을 믿고, 나 여호
와가 얼마나 무서운가를 알며, 나에게
약속을 하고 그를 시행하지 못했을 때
그 죄가 얼마나 무서운 것이며, 그리
고 너희들이 나의 계명들을 지키고 살
지 못하는 것이 얼마나 두렵고 무서운
죄인지를 알고 있기에, 감히 두 번의
죄를 짓지 아니하려고 자기가 지킬 수
있다 말하지 아니하고 조용히 고개를
숙이는 그자는 정녕 모두를 다 비워
가고 있는 사람이라는 것을 알아야 할
것이니라.
26 그리하여 할 수 있다고 말하는 자와
말없이 묵묵히 따르며 시행하는 자와
의 차이점이 여기에 있느니라.
27 사랑하는 선지자야!
28 "네, 여호와 하나님!"
29 오늘 네가 성서의 한 구절을 또 고치
고 바로잡아야 할 것이 있느니라.
30 나의 아들이 그와 같은 고통 속에서
만백성을 구하기 위하여 십자가에서
피를 흘려 죽어 갈 때, 그는 죽어 가면
서 나 여호와에게 그리 말하였노라.
31 '저를 창조하시고 저의 아버지이신 하
나님 아버지! 저의 영혼을 거두어 주
옵소서.' 그리 기도하였음이니라.
32 그 자신도 내가 그 영혼을 거둬 하늘
에 제가 다시 돌아올 수 있는가 없는
가 하는 그 문제를 스스로 결정하지
못하였으며, 나에게 그 영혼을 거두어
달라는 그런 간곡한 기도를 하며 숨을
거두었음이니라.
33 그러나 그들은 그 성서의 한 줄에 뭐
라 기록하였는가?
34 예수가 죽어 가면서 좌우에 강도로서
같이 단죄를 받는 자들 중에 한 명은
예수를 원망하고 꾸짖었으나 또 한 명
은 예수를 찬양하고 예수를 믿었다 하
여 그에게 당장 '너와 같이 낙원에 올
라가 영원히 사는 그 세계에 인도하겠
다.' 그리 예수가 말하였다고 기록되
어 있음이니라.
35 이 대목이 그러하지 아니함이니라.
36 예수는 말하였느니라.
37 '여호와 아버지께 당신의 마음을 전하
고, 당신의 그 뜻을 전하며, 내가 영원
히 당신의 그 말씀을 기억하오리다.'
그리 말하였던 것이니라.
38 그러나 그들은 여기서 그와 같이 기록
하였느니라.
39 나의 아들 예수가 그를 구원하여 낙원
으로 같이 올라간다 그리 말하였다 하
였음이니라.
40 이것이 세월이 흐르는 동안에 바뀌고
변조되어 기록되었음이니, 이 뜻은 너
희들에게 죄를 짓고 험악하게 살아온
자도 마지막 순간에 죽어 가면서 회개
하고 반성하면 구원을 받는다 하며 그
와 같이 너희 마음을 역이용하여 너희

들이 제대로 믿음의 길을 가지 못하게
하며,
41 너희들이 살아가면서 죄를 짓고 그 죄
에 대한 대가를 저희들에게 바치며 빌
고 구원을 받을 수 있는 그 길을 가도
록 그리 유도하는 그들의 간악한 흉계
에 의해서 그 대목이 변조되어 기록되
었음을 알아야 할 것이니라.
42 내가 너에게 수차 말하여 가르치지 않
았더냐?
43 너희들이 잘못하며 알고 짓는 그 죄로
인한 상대방의 아픔이 있기에 말로써
백날 천날 빌어도 그는 거둬들일 수
없으니, 열 배의 은혜로 갚으라 하였
음이니라.
44 그가 제가 저지른 그 모든 죄악의 행
위를 모르고 행했다 너희들은 생각하
는가?
45 그는 알면서 모든 죄악을 행하였으며
그리 죄를 지었음이니라.
46 나의 아들 예수는 죽어 가면서 죽기
전에 저를 찬양하며 저를 믿는다 하여
그의 손을 잡아 나의 나라, 하늘에 오
르는 그 문으로 그를 데리고 들어와
낙원에 오른다 하는 말을 한 사실이
없음을, 변조되어 기록된 것임을 알아
야 할 것이니라.
47 이는 너희들이 죄를 짓고 용서를 빌며
사악한 무리로 살아가다 마지막 숨을
거둘 때 그 죄의 용서를 빌면 구원을
받을 수 있다는 그와 같은 안일한 생
각으로써, 너희 마음을 달래기 위하여
그리 사악한 생각으로 변조하였음을
오늘 내가 선지자를 통하여 전하느니,
너희들은 이 뜻을 잘 기억하여야 될
것이니라.
48 나의 아들 예수를 판 자들이요, 또 사
악한 죄를 지은 자들이요, 그리고 종
교 지도자들이 뭐라 생각하느냐?
49 저희들이 다시 선하고 아름답게 나의
뜻대로 세상을 살아갈 수 없음이니,
그리하여 나의 계명들을 지키지 못하
면 저희들이 구원을 받지 못한다는 것
을 엄연히 알면서 지키지 아니하고 육
신의 편안한 생활을 따라 살다 보니
저희들이 누덕누덕 지은 죄의 대가를
저희 스스로 위로하고자 함이니라.
50 저희 스스로 그 죄의 대가를 위로하며
죄를 짓고 사는 그 공포감을 떨쳐 버
리고 스스로 면죄부를 씌워 주기 위해
서 저희 생각을 기록하였음이니, 그것
은 어떠한 생각에서 그들이 기록했는
지 아는가?
51 그들은 저희들이 대충대충 살아오다
가 지은 죄를 죽을 때 나 여호와에게
진정 눈물의 기도로써 용서를 빌면 구
원을 받을 것이라는 그러한 생각을 하
면서 저희들의 마음을 위로하고 달래
기 위해서 그와 같은 간계로 사악한
방법을 써넣었으니,
52 그것으로써 저희들의 마음의 위로가
되며 위안이 될 수 있으나, 그를 읽는
나의 피조물 만백성은 어찌 깨닫는가?
53 죄를 짓고 살다가 그저 마지막에 가서
하나님의 계심을 믿고 예수님의 계심
을 믿으며, 하늘이 있고 지옥이 있으
며 심판을 받는다는 것을 뼈저리게 깨
우치고 죽어 가면 저희들은 구원을 받
을 수 있을 것이라는 한 가닥의 위로
의 마음을 갖기 위함이며, 또 그 자체

도 어디서 나오는 생각이더냐?
54 저희들의 육신이 편안하게 살아가고
자 하는 그 육의 욕심에서 나오는 것
이니, 이러한 과정에서 나의 성서가
변질되었으며, 잘못 전해진 그 대목들
을 너희들이 바로잡아야 할 것이니라.
55 반드시 성서의 잘못된 부분에는 그다
음에 전하는 그 나의 성령의 것은 바
로 쓴 것이며 나의 진실이기 때문에
앞에 있는 구절과 뒤에 있는 구절이
절대적으로 맞지 아니함을 너희들이
알아야 할 것이니라.
56 지금 너희들이 나의 법전을 기록하면
서 너의 제자들과 네가 깨우치지 아니
하더냐?
57 내가 내리는 나의 성령을 네가 받아
너의 제자들이 기록하다 그 중간에 너
희들의 생각을 집어넣게 되면 앞과 뒤
가 맞지 않으며 연결되지 아니함을 너
희들이 알 것이니라.
58 그리하여 스스로 너희들이 잘못된 부
분을 찾아내고, 너희들이 잘못된 부분
을 기입하지 아니하며 고쳐 가고 있음
이니, 이와 같은 형국이 이루어지는
것이 나의 성경이니라.
59 그들이 그것을 처음부터 끝까지 다 고
치지 못하기 때문에, 고칠 수가 없기
때문에 저희들이 중간에 한두 구절을
저희 마음대로 지어 넣었다면 그 뜻이
앞과 뒤가 맞지 아니함이니,
60 바로 그다음 구절을 읽으면 너희들이
알 것이니라.
61 나의 아들 예수가 숨을 거두면서 뭐라
기도하였느냐?
62 '아버지여! 저의 영혼을 구원하여 주
옵소서.' 그리 기도하였음이니, 그는
무엇이더냐?
63 그가 만일 사람으로서 잘못됨이 있었
다 하면 그는 나에게 오를 수 없으며
나에게 부름을 받지 못한다는 것을 알
고 있었기 때문에 그가 마지막에 죽으
면서 한 말이 '여호와 아버님이시여!
저를 기억하여 주옵소서.
64 그리고 저의 영혼을 아버님께서 거두
어 주옵소서.' 그리 기도하고 숨을 거
두었느니라.
65 그 대목이 바로 그들이 앞의 대목을
고치며 뒤의 대목을 고치지 못한 것이
니, 오늘 나의 선지자가 그를 증거로
하여 그들이 잘못 전하고 잘못 기입하
며 저희 마음대로 삽입한 그 뜻을 지
금 밝혀 줌이니, 이 뜻과 앞의 뜻을 잘
맞춰 깨우침을 얻어야 될 것이니라.
66 나의 아들 예수는 그리 말하였느니라.
67 '내가 나의 아버지께 그를 구할 것이
며 당신을 영원히 기억하고자 한다.'
하는 그런 말을 예수는 그에게 전해
주었음이니라.
68 그것으로써 그가 예수에게 깨우침을
얻어 예수를 진정한 나의 아들이요,
죄 없이 많은 선을 베풀고 사랑을 베
풀며 실행하다 죽어 가는 나의 아들임
을 알아보며 그가 마지막 기도를 드린
영광으로써 그를 기억하고 있다 하는
그 자체가 그 몇천 배의 영광을 얻은
것이니,
69 낙원으로 나의 아들이 그의 손을 잡고
오른다 한 사실이 없으니, 이는 저희
들이 죄짓고 불안하고 불안한 그 마음
을 달래고 육신이 편안하고자,

70 저희들이 죽을 때까지, 죽어서 어찌
되든, 죽어 와 숨을 거두기 전까지는
저희들의 마음의 위안과 평안함을 얻
게 하기 위하여 그와 같은 행위를 저
질렀으며,
71 또한, 저희들이 죄를 짓고 와 그 죄가
무겁고도 너무도 무서운 그것을, 죽을
때 그저 나 여호와를 찾으며 나에게
경배하면 그 죄를 사함받을 수 있다는
그 간교하고 얕은 꾀를 내어 그와 같
은 것이 삽입되었으며 그들이 그리 말
하였음이니라.
72 나의 아들 예수가 고통스러운 피를 흘
리는 그 순간에 제가 지은 죄의 대가
를 받는 그가 나 여호와의 아들인 예
수에게 그리 기도하고 경배하였다 하
여 그를 낙원으로 예수가 손을 잡고
올라왔다는 이야기는 가당치도 않은
것이며,
73 그러한 일이 있다 하면 나는 공의의
하나님이 아니며 내가 나의 피조물 만
백성을 심판하고 재판함에 있어서 이
는 영원히 기록될 수 없는 부분임을
너희들이 깨우쳐야 되며,
74 너의 제자들이 반드시 이를 나의 피조
물 만백성에게 일깨워 줘야 할 것을
잊지 말라.

1,901 번째 하나님 말씀

2002년 2월 25일 0시 10분

1 사랑하는 선지자야!
2 "네, 여호와 하나님! 말씀하옵소서."
3 지금 내가 너희 모두를 주관하며, 또
내가 너희들로 하여금 천 년의 역사에
걸쳐 지금까지 잘못 오고 썩어져 있는
그 모두를 바로잡고자 함이니,
4 이 역사가 하루아침에 이루어질 수도
없는 것이며, 이 변화가 간단히 이루
어짐이 아니니라.
5 그리하여 너를 돕고 너를 따를 수 있
는 나의 피조물 만백성에게 내가 부분
적인 깨우침을 줘 그들을 터치해 놓아
서, 네가 부를 때 모여들 수 있도록 다
듬어져 있는 나의 백성이 많이 있음이
니라.
6 지금 그와 같은 것을 나로부터 받아
그것을 가지고 어찌할 줄 모르는 자들
이 수없이 있으며, 또 더러는 그것을
가지고 그들이 공부하며 주변을 일깨
워 주고 있음이니라.
7 그런가 하면 그것으로써 저희들이 선
택되며 나의 피조물 만백성을 이끌어
가는 자라 생각하는 자도 있으며, 더
러는 그를 받아 어찌할 줄 모르고 소
화하지 못하여 저 혼자만이 전전긍긍
하며 때를 기다리며 누군가 저희들을
이끌어 주기를 바라는 사람들이 있으
니,
8 그들 모두의 공통된 마음은 불안하고
초조한 것이니라.
9 그들은 확실한 나의 답을 받지 못하
며, 내가 그들에게 다음 단계의 움직
임의 명을 내려 주지 아니하여 한계에
부딪혀 있기 때문이니라.
10 그리하여 그들은 초조하고 더러는 불
안해하고 있느니라.
11 그 모두가 다 나의 법전이 세상에 나
가 전해질 때 그를 보고 깨우쳐 스스
로 저희들의 할 일이 무엇이며 누가

부르고 있고 어찌해야 되는지를 깨달
아 네 앞에 올 것이니,
12 그들을 잘 다스리고 그들에게 임무를
주며 그들을 통제하여 나의 뜻을 이루
는 기초를 다지는 그와 같은 역사를
이뤄야 하는 너이니라.
13 또한, 네가 이러한 대명을 받아 시행
하는 자로서 너 자신이 두려워하고 불
안해하며 너 자신이 감내하기 어려운
역사라 하여, 네가 다 이룰 수 없는 임
무라 하여, 너 자신이 행할 수 없다 하
여 불안하고 초조한 마음을 갖는다 하
면 이를 이루는 데는 너무나도 어려운
역경에 부딪히게 됨이니라.
14 너는 오늘 내가 너에게 명한 몇 가지
를 기억하여야 될 것이니라.
15 너는 세상에 존재하지 아니하며, 죽은
자라 말하였음이니라.
16 네가 나의 성령을 받아 세상에 나의
피조물 만백성을 구하는 나의 법전을
만드는 역사를 행하지 아니한다면 너
는 죽은 자의 몸이라 하였음이니라.
17 죽은 자이니 네가 나의 뜻에 따라 모
든 백성들을 이끄는 그 대업을 이루며
나의 성령을 태워 내려보내 나의 법전
을 기록하는 그 대명을 위하여 내가
너를 다시 잡아 두었다 하였음이니,
18 네가 이를 믿는다 하면 무엇이 두렵고
무엇이 겁이 나며, 네가 가고 있는 그
길에 대하여 네가 어찌 어렵게 생각하
며 고난의 길이라 생각하는가?
19 아직도 네가 육의 정신을 벗어나지 못
했단 말이던가?
20 내가 너에게 두려워 말라 하였음이니
라.
21 너는 깨달아 알고 있을 것이니라.
22 네가 어떤 자와 대적하든, 갑론을박을
하든, 나 여호와가 너에게 내리는 메
시지를 받아 행할 수 있는 그와 같은
능력과 내가 너에게 내리는 이 메시지
를 받아 기록하는 네가, 어떠한 형태
에서 이루어지고 있는가를 잘 알고 있
는 너로서, 너 자신이 불안한 마음을
가져서는 아니 될 것이니라.
23 그리고 너 자신이 흔들리는 자세가 되
어서는 선지자로서 결코 아니 됨이니
라.
24 어떠한 파장이 오든, 어떠한 바람이
불든, 어떠한 형태로써 모든 것이 밀
어닥치든 그를 다 받아야 되며, 그를
받아 이겨야 되며, 그를 헤치고 나아
가야 하는 것이 너이니라.
25 너는 지금 너에게 파장이 오며 너에게
밀어닥치는 그 모두를 알고 있기 때문
에 스스로 네가 견딜 수 없다 생각하
며, 과연 네가 견딜 수 있을까 하는 그
마음을 가짐이니, 이는 네가 육의 생
각이 있기 때문이니라.
26 나 여호와가 존재함만을 생각하며 내
가 너를 감싸고 있고 너를 지탱시키고
있다고 생각한다 하면 너는 두려운 마
음을 버려야 할 것이니라.
27 그리고 내가 내린 성령을 받아 기록하
여 세상에 전하는 것 외에는 아무런
생각도 해서는 아니 되는 것이니라.
28 네가 가야 할 그 길을 너는 가야 하며,
그를 벗어날 수도 없고, 네가 이루지
아니할 수도 없음이니라.
29 나의 아들 예수가 그와 같은 고통과
시련의 길을 갔듯이 네가 그 길을 가

고자 하며, 그 길을 마다하지 아니하
고 나의 명에 따라서 그리 갈 수 있다
하면, 너는 너 자신이 온유한 그 마음
의 자세밖에는 가질 것이 없거늘,
30 너의 붉은 피로써 나의 법전을 붉게
물들이는 그것이 너의 대명이며, 네가
가야 할 길이며, 네가 치러야 할 그 길
이니, 너는 이를 두려워하지 말며 불
안해하지 말라.
31 모두는 다 네가 인내할 수 있으며 그
모두를 넘을 수 있다 생각하며, 갈 수
있는 자이기에 네가 선택되었음이니
너는 불안해하지 말라.
32 무엇이 네가 두렵고 무엇이 불안한가?
33 모두를 다 던져 버리며, 네가 육의 생
각을 완전히 버리고 나에게 오르는 그
길만을 생각하며 오늘 밤 깊이 잠들라.
34 모든 이루어지는 변화에 두려워하지
말라. 그리고 네 생각으로써 생각하지
말라.
35 나 여호와가 존재함이니라.
36 너는 네가 잘못 가 잘못 지탱하여 쓰
러졌을 때 너를 따르는 제자들이요,
나의 법전을 전한 자들이요, 그를 접
한 자들의 아픈 마음과 그들의 가슴에
흘리는 그 눈물을 두려워하고 무서워
함을 내가 알고 있음이니라.
37 네가 지켜 온 너의 제자들이요, 나의
법전에 기록된 모두가 진실이며 그가
이루어질 수 있다는 것을 너는 알고
있지 아니한가?
38 네가 만일 실수하거나 잘못하여 그를
이루지 못하고 쓰러지는 자가 되었을
때, 그리고 네가 나와의 그 약속을 시
행하지 못했을 때, 너의 제자들이 흘
릴 눈물을 생각하며 네가 불안해하고
두려워하는 것을 내가 아나니,
39 너는 갈 수 있으며 지킬 수 있음이니
라.
40 네가 지킬 수 있으며 그를 인내하고
갈 수 있기에 나 여호와가 너를 선택
하였음이며, 네가 명을 받았으며, 그
리하여 내가 너를 말하기를, 나의 사
랑하는 선지자요, 나의 종이요, 나의
아들이라 함이니, 네가 무엇이 두려울
것이 있는가?
41 네가 쓰러져 너의 제자들이 너에게 실
망하고 나의 법전을 읽은 모든 피조물
만백성이 이 법전을 알리기를 두려워
하며, 그리고 너를 원망하고 그들이
나의 법전을 접했던 것을 가슴을 치고
통곡하는 그러한 역사의 현실이 벌어
질 것을 네가 불안해하며 인간으로서
겁을 먹고 너 스스로 마음이 흔들리
는 것을 내가 알고 있음이니라.
42 그러나 그러한 일은 결코 없을 것이니
두려워 말라.
43 지금 이대로 네가 깨우쳐 가며 경지가
높고 높을수록 그 누구도 너를 따라잡
을 수 없으며, 네 마음이 흔들리지 아
니하며 지탱하고 갈 수 있음을 네가
알 것이니라.
44 네가 너 자신이 어떠한 고통의 역경을
견디는 것보다도, 또 네가 나의 법전
을 붉게 물들이는 것보다도 너의 제자
들이 마음 아파하는 현상을 네가 볼까
두려워함이니,
45 이는 네가 그만큼 마음을 지킬 수 있
고 너 자신이 굳은 결의가 되어 있으
며 각오가 되어 있음이니, 너는 너 스

스로 아무런 생각을 하지 말라.
46 나 여호와가 너에게 명하여 임하는 대
로 너는 그저 시행하면 될 것이며,
47 성서의 어떠한 구절을 네가 파헤치며
그를 바로잡는다 하여도 그는 오로지
진실만이 존재하기 때문에 영원히 그
와 같음을 깨닫는 나의 피조물 만백성
이 이 세상을 지배하며 이 세상에 존
재할 것이니,
48 너는 두려워하지 말고 내가 너에게 명
하는 그대로 기록하라, 선지자야!
49 이 밤, 깊이 잠들라.

1,902 번째 하나님 말씀

2002년 2월 25일 10시 30분

1 사랑하는 선지자야!
2 "네, 여호와 하나님! 말씀하옵소서."
3 '굵은 아름드리나무가 굽어서 올라간
다면 그 나무를 어찌 바로 펴겠느냐?'
하고 내가 너에게 말했듯이, 그 나무
를 인간으로서는 펼 수가 없음이니라.
4 그리고 너희들의 힘으로써는 그를 바
로잡을 수가 없음이니,
5 지금에 몇천 년의 역사가 흘러오면서
나에게 오른다 하여 믿음이라는 세계
에 들어가 있는 나의 백성들과 그리고
종교 지도자라 하여 저희들이 성전을
이루어 그곳에서 설교하는 자들이 많
으면 많을수록 그 아름드리나무가 굵
고 휘어졌음이니,
6 어린나무는 그래도 부목이라도 대어
그를 바로잡을 수 있으나 굵고 굵은
아름드리나무는 잡을 수가 없음이니,
7 지금 성전이라 하는 곳에 가서 기도하
는 자들의 숫자가 많으면 많을수록,
그리고 너희 인간이 만든 성전이 크면
클수록 그를 바로잡을 수 없음이니,
그와 같이 네가 깨닫고 있으면 될 것
이니라.
8 그러나 그를 바로잡아야 하는 것이 너
의 사명이요, 대명이며, 너의 제자들
이 가야 할 길이니라.
9 너희들 힘으로써 작은 것들을 바로잡
아 나가기 시작하면, 너희들이 이룰
수 없는 것은 나 여호와가 바로잡을
것이니,
10 이는 나의 기적이요, 나의 능력에 의
하여만 그게 이루어질 수 있음이니라.
11 네가 작은 나무들을 바로잡기 시작하
여 어느 정도 바로 세워 놓았을 때, 굵
은 나무는 나 여호와가 자르든, 바로
잡든, 뽑아내든, 이와 같은 결단을 내
려서 행할 것이니,
12 너는 너무 염려하지 말고 불안해하지
말며 두려워하지 말라.
13 너를 찾아오는 자 한 명이 있고 너의
설법을 듣고 한 명이 깨우치면 너는
그를 거둬들이고 그리 가라.
14 한 아름이 넘는 그 굵고 굽은 나무를
어찌 잡을 수 있겠느냐?
15 지금의 믿음의 길을 가고 있는 자들이
저희들이 지은 성전이 크면 클수록 더
욱 굳어져 있으며 굵어져 있으니, 그
를 바로잡는 것은 나의 결단에 의하여
할 수 있음이니라.
16 그리하여 내가 나의 법전을 세상에 내
보내어 그곳에 양분을 공급하는 모든
뿌리와 모든 물줄기를 서서히 잘라 가
고 있음이니라.

17 네가 작은 나무들에 부목을 대여 바로 잡기 시작하여 나의 법전의 생수로써 그들을 하나하나 잡아 가는 것이, 그 아름드리나무의 휘어진 가지를 잘라 냄이고 뿌리를 잘라 냄이며 없어서는 안 되는 물의 공급의 맥을 네가 막아 감이며, 너희들이 잘라 가는 역할을 함이니라.

18 그리하여 아무리 굵고 굽어 있는 고목이라 하여도 저희 생명수인 물이 공급되지 아니하며 그 가지와 줄기가 부러져 운반 작용을 하지 못한다 하면 그는 어찌 되는지 알지 않겠느냐?

19 그 고목은 말라비틀어져 쓰러짐이니라.

20 그와 같이 되는 것이 지금 그 아름드리나무들의 형국이니, 저희들이 호화찬란하게 지어 놓은 성전에서 저희 육신의 부귀영화와 육신을 위하여 나의 피조물 만백성에게 시련과 고통을 준 그 역사만큼 서서히 그들이 말라비틀어져 가는 그 기적과 역사가 이루어질 것이니 너는 그리 알라.

21 이제는 네가 성서를 들여다보며 그 잘못된 부분을 고쳐 세상에 드러내는 그 대명을 이행하고 수행함에 있어서 많은 이들이 너를 핍박할 것이고, 너를 노릴 것이며, 너의 가는 길을 막고자 할 것이니라.

22 절대로 너는 그들과 갑론을박을 하지 말라.

23 그저 불에 휘발유를 붓듯이 지금 훨훨 타고 있는 그들에게 기름을 붓는 그와 같은 갑론을박을 하지 말며,

24 너는 앞으로 어디로 움직이든, 너의 제자들을 대동하여 항상 같이 움직이도록 하는 것을 잊지 말라.

25 네가 어디를 가든, 어디로 움직이든, 너의 제자들과 동행하여 항상 같이 행동을 할 것이며, 네 임의로, 자의적으로 하는 개인의 행동을 삼가라.

26 내가 지금 세상에 보낸 나의 법전을 곳곳에서 정독하고 탐독하는 자들이 있는가 하면, 시시비비를 위하여 한 자 한 자 오자와 탈자를 잡아내고자 하는 자가 있으며, 그 흐름의 배경을 알아 그를 반격하고자 준비하고 있는 자들이 있음이니라.

27 그들은 많은 나의 피조물 만백성을 하늘로 이끈다고 소리 지르는 저희들이 잘못 가고 잘못되어 있음을 알며 저희 마음속이 공허하고 불안하다는 것을 알고 있음이니라.

28 그들이 나의 피조물 만백성을 거짓으로 인도하고 거짓으로 유혹하는 그 시간이 길면 길수록, 나이 먹은 자들일수록, 나에게 올 시간이 임박한 자들부터 지금 불안과 공포에 떨고 있음이니, 그 불안과 공포를 잊어버리기 위하여 광란의 짓을 할 수 있는 것이 그들이니라.

29 그러니 네가 그들과 갑론을박하는 것은 훨훨 타는 장작불에 기름을 붓는 역할을 함이니라.

30 그들은 너의 생명수와 같은 그 음성을 듣지도 못하고 들으려 하지도 아니하며 나의 법전에 있는 그 뜻을 깨우치려 하지도 아니함이니,

31 너희들이 하는 말에 '불난 집에 부채질을 한다.'라는 말이 있듯이 훨훨 타

는 장작불에 기름을 붓는 역할을 하게
됨이니,
32 절대 갑론을박하지 말고 그저 너는 기
도와 묵상으로써 나의 법전을 만드는
데만 전념을 다할 것이며, 네 개인행
동으로 움직이지 말라.
33 그들이 지금 조용한 듯하나 나름대로
이를 분석하고 있으며, 나의 법전이라
는 280여 쪽의 주옥같은 말씀이 담긴
책이 나가니 그 책을 저희들이 다 거
둬들일 수도 없고 다 불 지를 수도 없
으며 그를 막을 수도 없다는 것을 그
들은 알고 있음이니라.
34 그리고 이 법전은 서서히 더 흘러나가
며 퍼져 나가 세상을 다 덮을 것이며,
35 그 내용이 세상을 덮었을 때, 저희들
의 추악한 모습이 세상에 드러나며,
저희들을 단죄하는 신도들이 생길 것
이며, 그리고 저희들이 설 자리가 없
다는 것을 그들은 알고 있으니,
36 그 생명줄이 조여지는 그들이 얼마나
발버둥을 치겠는가?
37 너희들이 한 사람의 생명줄을 조인다
하자.
38 그리고 떨어지면 죽는 낭떠러지로 그
를 밀어붙인다 하자.
39 그가 나뭇가지를 잡고 매달려 있을 때
그 힘이 얼마나 세겠는가?
40 한 사람을 낭떠러지로 밀어붙이기에
다섯 명이 대들어도 힘에 겨운 것이
그와 같이 발버둥치는 자들의 형국이
니라.
41 그들은 저희들 자리에서 저희를 따르
는 신도를 앞에 두고 그들을 방패로
삼아 발버둥치니, 그 힘을 밀어붙이고
꺾기에는 역부족이니라.
42 그리하여 저희들이 쓰러질 것을 알며
저희들이 지금까지 살아왔던 거짓과
저희 육신을 위하여 안락한 생활 속에
젖어든 그 타성을 버리지 못하여 그들
은 얼마 남지 않아 나에게 재판을 받
는다는 사실과 그 죄를 용서받지 못한
다는 것을 알기 때문에 최후의 발악을
할 것이니라.
43 최후의 발악을 하는 그들의 그 발악은
감히 인간으로서 막을 수가 없음이니
라.
44 성난 사자보다도 더하며 성난 황소보
다도 더 무섭게 돌진을 할 것이니, 그
들은 죽고 사는 것을 가리지 않을 것
이니라.
45 그리고 나 여호와에게 와 심판을 받고
안 받는 것을 가리지 않을 것이니라.
46 지금까지 쌓아 온 그 죄들을 용서받을
수 없는 것을 알기 때문에 그들은 차
라리 끝까지 사악한 성격으로 발악하
다가 그저 지옥이면 지옥이요, 불 속
이면 불 속이요, 그리고 고통이면 그
고통 속으로 그대로 받아 제가 없어지
는 생각을 하고,
47 그러다 고통이 지금의 영화보다는 못
할 것이라는 생각을 하며 그 지옥의
고통보다는 지금의 육신의 영화와 행
복이 차라리 낫다는 그 사악한 뿌리를
버리지 못하고 악을 쓸 것이니,
48 그 악쓰는 속에 네가 말려들지 말며
그들의 표적이 되지 말라.
49 지금 그와 같은 형국이 이루어지고 있
음이니라.
50 다음에 법전이 또 세상에 나갈 때 그

들은 칼을 갈 것이며, 또 한 번 법전이
나갈 때 그들은 칼을 빼어 들 것이니,
그 갈고닦은 칼날이 어디로 향하여 가
겠는가?
51 너의 심장을 향하여 그들은 그 칼을
빼어 들고 찌를 것이니라.
52 그리하니 그들에게 갑론을박하지 말
며 너 자신이 개인으로서 행동하지 말
라.
53 이것이 지금 내가 너에게 이르는 것이
니, 이를 철저히 시행하도록 그리하
라, 선지자야!

1,903 번째 하나님 말씀

2002년 2월 25일 11시 10분

1 사랑하는 선지자야!
2 "네, 여호와 하나님! 말씀하옵소서."
3 네가 나의 피조물 만백성을 구하고자
하는 그 마음의 정성이 갸륵하도다.
4 네가 밤과 낮을 가리지 아니하며 나
여호와에게 기도하고 나의 메시지를
받아 나의 피조물 만백성을 구하고자
하는 네 마음이,
5 나의 아들 예수가 피 흘려 숨져 가며
만백성을 구하고자 하는 그 순종하는
마음 못지않은 애달픈 마음으로써 만
백성을 구하고자 하는 너의 그 마음이
너무나도 갸륵하도다.
6 오늘 그리하여 너희들이 잘못 가고 잘
못 깨우쳐 시행하고 있는 것을 나 여
호와가 너에게 다시 하나 명함이니,
이를 만백성에게 너희들은 전해야 할
것이니라.
7 너희들은 말하느니라. 나 여호와로부
터 구원을 받는 것은 죽은 자들 속에
서 다 구원을 받으며, 산 자도 그 속에
서 구원을 받는다 함이니라.
8 그러나 지금 너희들은 알아야 할 것이
니라.
9 내가 너희들에게 일러 알려 주었음이
니라.
10 죽어서 너희들이 나에게 와 심판을 받
으면 그 심판을 받는 자는 그 심판에
따라 저희들이 그 위치에 가 대가를
받으니,
11 짐승으로 나가는 자요, 또는 지옥 불
에서 고통을 겪는 자요, 모든 형태로
저희들이 변해져 가 있음이니,
12 그들을 놓고 너희들이 물건을 차리고
음식을 차려 놓으며 절을 하는 것이
우상을 섬기는 그 죄이니, 짐승 등으
로 간 그 형태에게 너희들이 절을 하
는 것이라 말을 하였음이니라.
13 그러한 형태에서 어찌 그들이 죽은 자
들 속에서 다시 구원을 받으며 죽은
자가 다시 살아와 구원을 받는다 그리
말하는가?
14 이와 같은 죽은 자 속에서 너희들이
다시 살며 산 자 속에서 살아서 구원
을 받는다는 그러한 나의 뜻이 아님이
니, 오늘 여기서 너희들은 하늘의 뜻
을 잘 깨우쳐서 시행하여야 될 것이니
라.
15 너희들은 지금 육신이 살아서 움직이
느니라.
16 형제와 이웃과 자식 간에 또는 너희들
이 살아가는 생활 속에서 그 육을 위
하여 열심히 움직임이니, 이는 바로
무엇이냐?

17 육이 살아 있음이니라.
18 그러나 너희들은 나의 뜻을 깨우쳐 하
늘에 오르고자 하는 그 길을 가지 아
니하고 그를 보지 아니하며, 오로지
육만을 위하여 생활함이니, 너희들 속
에 있는 나의 영은 죽어 있음이니라.
19 너희들을 보호하고 있는 집인 육신을
위하여 너희들은 단장하며 살아가고
자 발버둥치나, 그 집을 지키고 있는
나의 영이요, 내가 내려 준 나의 영이
요, 내가 거둬들이고 내가 심판하며
나로부터 그에 대한 살아온 대가에 대
해서 재판을 받고 그 벌에 대한 모두
를 치르는, 나에게 오르는 그 영은 너
희들이 나를 향하여 오는 길이 아니기
때문에 그 영혼 자체가 죽어 있음이니
라.
20 그러니 너희들이 하나의 육신의 몸속
에 육은 살아 있으며 산 자요, 영은 죽
어 있음이니 그 영이 죽은 자이니라.
21 그리하여 너희들이 죽은 자 가운데에
서 살아난다 함은 바로 나의 법전을
너희들의 육신이 접하여 그 뚜껑을 열
어 그를 너희 죽어 있는 영혼에게 전
하는 역할이 시작되며,
22 너희 영혼이 나의 법전을 접하는 그
순간에 그는 죽은 자 가운데에서 깨어
나며 삶을 얻는 것이니라.
23 그리하여 그 산 영혼이 나를 향하여
기도하고 경배하며 나에게 오르는 그
길을 달려오고 있음이니,
24 그리하여 너희들이 산 자와 죽은 자
속에서 다 구원을 받으며 살아난다 하
는 말의 그 이치가 여기에 있음을 너
희들이 깨달아야 할 것이니라.
25 너희들 하나 속에 모두가 다 있음이
니, 죽은 자와 산 자가 같이 있음이니
라.
26 그것을 너희들이 말하기를 영이 죽어
나에게 심판받은 자가 다시 사는 것이
며, 너희들이 또한 육이 살아 있는 자
가 심판을 받는다 그리 착각하고 있음
이니라.
27 너희들 육은 육으로써 살다가 흙으로
돌아감이며, 너희들 육 속에 있는 나
의 영이 나에게 와 심판을 받고 그 영
혼만이 나에게 올라옴이니라.
28 그러나 너희들이 나의 법전을 깨우치
지 못하고 나와는 정반대의 먼 길로
돌아가고 있으며, 내가 지키고 살라는
그 계명에서 육신의 삶과 육신의 영화
와 육신의 행복을 위하여 점점 멀어져
가며, 내가 존재함을 생각지도 아니하
고, 내가 원하는 방향으로 살지도 아
니하며, 내가 원하는 방향으로 오지
아니함이니라.
29 그리하여 너희들의 육신이 살아서 움
직이나 그 영혼은 나와는 관계없는 쪽
으로 멀리 달려감이니, 그 영혼은 무
엇이더냐?
30 죽은 영혼이니라.
31 육은 흙으로 돌아가 그것으로 끝나나
구원을 받아야 할 그 영혼은 점점 나
와는 먼 곳으로 죽어 감이니, 그리하
여 너희들이 산 자의 육신 속에 영이
죽은 자이니, 육은 살았으며 영은 죽
은 자이니라.
32 그러나 너희들의 육이 법전을 접하여
한 장의 뚜껑을 열어 그 나의 법전의
뜻을 너희들의 육을 통하여 영이 받아

들인다 하면 그 순간부터 영이 살아남
이니,
33 너희들은 죽은 자 가운데서 죽은 자들
이 다 살아나는 그와 같은 영광의 축
복을 얻게 됨이니라.
34 그리하여 죽은 자 속에 산다는 것이
너희들의 육 속에 있는 나의 영이 나
의 법전을 접하면서 산 자로 다시 태
어남이니,
35 그리하여 죽은 자가 산다는 뜻인 것이
며, 육신이 살아 있는 자가 살아 있기
에 그 육신이 또 삶이니,
36 그 육신의 영이 바르고 고운 길을 가
면서 너희 육신이 아름답고 착하고 선
한 일을 행하고 살아갈 수 있도록, 육
신이 그리 사악한 길을 가지 아니하고
죄짓지 아니하고 남에게 피해를 입히
거나 모진 짓을 하지 않도록 너희 육
신을 다스려 나간다 하면 그 육신 또
한 구원을 받아 삶과 같으니
37 즉, 말하자면 너희들의 육신이 사악한
생각을 하고 사악한 행동을 하는 것이
너희들의 사는 집이 부서짐이요,
38 그 육신이 바르게 살아가면 부서지지
아니하고 온건한 집으로서 그 집을 지
키고 있다가 그가 흙으로 돌아가니,
그가 산 자의 그 임무를 다함이니라.
39 그리하여 너희들 속에서 산 육이 바른
자기의 임무를 다하고 마친 자라 말할
수 있으며, 그 속에 잠자고 죽어 있던
그 영혼이 깨우쳐 하늘에 오르는 길을
향하여 나에게 오를 수 있도록 함이니
그가 산 자이니라.
40 그리하여 죽은 자와 산 자가 다 같이
구원을 받는다는 뜻이 여기에 있거늘,
너희들은 이를 잘못 해석하고 잘못 깨
우치고 있음이니,
41 오늘 이후 너희들이 이를 바로잡아 깨
우쳐 죽은 자와 산 자가 같이 구원을
받는다는 그 뜻을 깊이 깨우쳐 행하도
록 그리하라, 나의 피조물 만백성들아!

1,904 번째 하나님 말씀

2002년 2월 25일 12시 05분

1 사랑하는 선지자야!
2 "네, 여호와 하나님! 말씀하옵소서."
3 지금 나의 피조물 만백성이 저희들이
만든 성전이라는 곳에 가 기도하고 찬
송하고 눈물을 흘리며 회개한다 하며,
그리고 지도자라 하여 설교하고 가르
치는 자들의 뜻에 따라 살아가고 있느
니라.
4 그러나 그들 속에 잠재해 있는 마음에
는 저희들이 가고 있는 길이 잘못된
길이라 생각하고, 무엇인가 가슴에 무
거운 짓눌림을 받고 있으며, 저희들의
마음에 시원한 대답을 얻지 못하고 있
음이니, 그들의 마음이 공허하기가 이
루 말할 수 없느니라.
5 그러나 그들이 그를 위하여 무엇인가
를 종교 지도자요, 또는 저희들을 이
끄는 자에게 항변하고 묻고 싶으나,
그 지도자라는 자들이 뭐라 말하느냐?
6 '너희들은 나를 평할 수 없다.' 하는
그 성서의 말씀이요, '성서의 말씀은
한 점도, 한 획도 고칠 수 없으며 틀린
사실이 없다.' 말함이니, 그들이 그와
같은 행위를 하지도 못하며 지금 그대
로 괴로움 속에서 있음이니라.

7 정녕 이것은 아니요, 무엇인가 잘못
가고 있다 하는 것을 깨닫지만, 그들
이 무엇인가를 깨달아 의지하며 그 길
을 찾아 정녕 하늘에 오르는 길이 어
디에 있으며 어떠한 것이 바른길인지
모르고,
8 그리고 인도하는 하나님의 말씀조차
없기 때문에 그들은 그곳에서 물러 나
오지 못하고 돌아서지 못하며 그리하
여 그들이 가슴 아파하고 있음을 너는
알아야 할 것이니라.
9 너는 들으라.
10 도살장이라는 곳에 끌려가는 짐승이
제가 죽는 것을 알면서도 묶여 있는
고삐요, 줄에 의하여 달아나지 못하고
그저 죽는 길을 가는 그 마음이 얼마
나 고통스럽고 괴롭겠는가?
11 지금 믿음이라는 속에 있는 나의 피조
물 만백성의 한 70퍼센트라는 인구가
그와 같은 형국에서 끌려가고 있음이
니라.
12 그러나 그 길이 정녕 잘못되었고, 무
엇인가 잘못 가고 있고, 저희들의 공
허한 마음을 달래 줄 길이 없으며, 그
마음을 채워 줄 수 없는 그들의 종교
지도자들의 매일 반복되는 그 가르침
속에서 그들은 대안이 없음이니라.
13 그리고 그들을 깨우쳐 하늘에 오르는
길로 인도하는 것이 없음이니라.
14 그리하여 내가 나의 선지자를 통하여
나의 법전을 세상에 내보냄이니라.
15 공허한 마음을 가지고 있는 자, 불안
속에 있는 자, 그리고 정녕 그것이 하
늘에 오르는 길이 아니라고 생각하면
서도 고삐 매여 도살장으로 끌려가는
짐승의 형국처럼 벗어나지 못하고 가
고 있는 불쌍한 나의 피조물 만백성의
손에 나의 법전을 전해 주어 그들을
깨우치고자 함이니, 나의 뜻이 여기에
있느니라.
16 너는 생각해 보라.
17 죽음을 향하여 끌려가며 그 도살장에
임하는 짐승들처럼, 그 죽음의 길이
요, 잘못 가는 길이라는 것을 알면서
도 가고 있는 그들의 마음이 얼마나
고통스럽고 쓰리고 아프겠는가?
18 그러나 거기서 벗어날 수 없고 돌아설
수가 없으며 방향을 바꿀 수도 없는
그러한 형국에서 살아가고 있는 그들
의 그 아픈 마음을 네가 헤아려야 할
것이며, 고통 속에서 번뇌하는 그들을
네가 일깨워 하늘에 오르는 길로 인도
하고자 하여야 할 것이니, 그 길은 무
엇이더냐?
19 그것은 바로 그들의 가슴에 나의 법전
을 전해 줌이니라.
20 그들이 나의 법전을 접하는 그 순간에
'이는 하나님의 진리요, 여호와 하나
님께서 선지자를 통하여 세상에 내보
내 저희들을 구원하고자 하는 말씀'이
라 깨달을 때,
21 그들은 그 순간 두 무릎을 꿇고 나 여
호와에게 감사의 기도를 드리며 눈물
의 기도를 드릴 것이니라.
22 그리하여 그들이 나의 법전에 따라 하
늘에 오르는 길을 깨우치고 그 길을
향하여 오며, 저희들과 같이 공허한
마음속에서 정녕 그것이 하늘에 오르
는 길은 아니라는 것을 알면서도 고삐
에 묶여 도살장으로 끌려가는 짐승처

럼 벗어나지 못하며 그리 끌려가고 있
는 그들을 그곳에서 구원하고자 인도
할 것이니라.
23 이와 같은 역사가 이루어지는 것이 내
가 계획하고 있는 바이니,
24 너는 나의 법전을 그들에게 전해 주는
일에 잠시도 게을리해서는 아니 될 것
이니라.
25 지금 나의 피조물 만백성의 70퍼센트
라는 그 인구가 잘못 가르치는 종교
지도자 밑에 가 고개 숙여 찬송 부르
며 환호하고 소리 지르고 눈물의 기도
를 드리고 있으나, 그들의 공허한 마
음은 채울 수가 없음이니라.
26 그리하여 그들이 나의 법전을 접하여
감사함을 알며, 하늘에 있는 하나님께
서 말씀을 내려 하늘에 오르는 그 길
을 비춰 줌과 그 빛이 있음을 알 때,
그들이 얼마나 감사하며 기쁨의 눈물
을 흘리겠는가?
27 그리하여 그들이 기쁨의 눈물을, 감사
의 눈물을 흘리는 순간, 돌아서서 저
희들의 동료를 구원하고자 할 것이니,
28 그리하여 지금 방황하며 공허함과 불
안함 속에서 떨고 있는 나의 백성들을
인도하고자 하는 것이 나의 뜻이니,
29 그들을 깨우쳐 하늘에 오르는 길로 인
도하는 데 네가 모든 열과 성의를 다
해야 할 것이니, 게을리하지 말라, 선
지자야!
30 그들에게 대안이 없음이니라.
31 그들이 보고 배워 하늘에 오를 수 있
는 깨우침이 없음이니라.
32 그리하여 그들 가슴에 나의 법전이요,
나의 성령을 기록한 책을 전해 줌이
니, 그들이 이를 보고 이것이 바로 하
늘에 오르는 길이요, 하나님의 말씀이
라는 것을 깨닫게 될 것이니, 그들을
인도하는 데 네 한 몸 다 바쳐 이루도
록 그리하라, 선지자야!

1,905 번째 하나님 말씀

2002년 2월 25일 23시 30분

1 사랑하는 선지자야!
2 **"네, 여호와 하나님! 말씀하옵소서."**
3 지금 네가 존재하는 나라, 네가 태어
나서 성장한 이 나라의 민족이 온유한
것 같고 조용한 것 같고 사랑이 있는
것 같고 나눔이 있는 것 같은 인정이
있는 민족이나,
4 그들 속에서 불이 붙었을 때는 어느
민족도 너희 민족과 같이 강렬하며 굳
은 의지를 가지고 목숨을 저버리며 단
행하는 사람들이 없느니라.
5 너희보다 우세한 민족이요, 앞에 가
있는 백성들이요, 깨달음이 높고 유사
시에 크나큰 일을 해낼 수 있는 그와
같은 민족이 있을지라도,
6 그들은 계산이 빠르고 행동에 따라서
수지타산을 따지며, 크게는 나라의 이
익을 따지고 작게는 개인의 이익을 따
지는 그 습성에 젖어 있음이니,
7 함부로 자신을 던진다든지 또는 무모
한 행위를 하지 아니하며 재고 또 재
서 가는 것이 타민족들이니라.
8 그러나 네가 태어난, 너와 같이 가는
이 동양의 민족은 가장 유하고 인자하
며 조용한 것 같으나, 한번 마음에 결
심이 서면 이해타산이 없으며, 대의명

분을 위하여 자신을 희생하는 데 어느
민족보다도 무서운 열기를 가지고 있
으니,
9 이와 같은 너희들의 모든 장점이요,
단점을 나 여호와가 그리 관리해 왔으
며 너희들을 그리 내가 잘 보존해 왔
음이니라.
10 그리하여 너희들이 나로부터 선택된
민족이며, 천 년에 걸쳐 세계를 통일
하며, 모든 백성들이 한 몸으로써 이
세상을 덮으며, 모든 삶의 방향까지도
전환하고자 선택된 것이 바로 너희 민
족이며, 너와 같이 살아가는 백성들인
것이니라.
11 그러나 여기서 너희들은 하나 알아야
할 것이 있으며 너의 제자들이 깨우쳐
행해야 할 것이 있느니라.
12 이들은 옳고 그름을 분별하고 생각하
기 전에, 대의명분을 생각하기 전에
저희 집단에 대한 이해관계를 생각하
고 저희가 스스로 옳다는 생각을 갖게
되면 앞뒤를 바라보지 않고 그저 자신
을 불태워 돌진하는 민족이니, 너희들
과 같은 민족이 이 지구상에 어디 있
는가 보라.
13 부모에게 효성하기 위해서 엄동설한
에 고기를 잡으러 가는 자식이 있는가
하면, 고기를 잡지 못하여 제 살을 베
어서 부모에게 봉양하는 민족이 어디
에 있는가?
14 또 나라와 민족을 위하여 그 목숨을
스스로 던짐을 영광스럽게 생각하며,
대의명분을 위하여 민족의 어떤 역사
나 저희들이 잘못 간 것, 또는 잘못된
것을 바로잡기 위한 그 명분을 위하여
스스로 목숨을 던질 수 있는 그와 같
은 민족이 너희들이니라.
15 그걸 돌이켜 생각하면 좀 더 여유 있
고 시간과 때를 기다릴 수 있는 그와
같은 성격이 없으며 불과 같은 성격을
가지고 있는 민족이니라.
16 그리하여 너희들은 종교요, 믿음이라
는 것도 마찬가지니라.
17 어떤 계파가 너희 나라에 뿌리를 내리
기는 힘드나, 그가 뿌리를 내렸을 때,
그를 추종하는 백성들은 좌우를 보지
아니하며 그저 그 길만을 가게 됨이니,
18 너희 민족이 사랑이 있고 너그러움이
있는 백성들 같으나 그 백성들이 편협
하고 외골수이며 그리고 좌우와 타협
할 줄 모르는 그와 같은 불같은 기질
이 또 있음이니라.
19 그리하여 네가 사는 이곳의 백성들이
지금 각 종파의 가장 많은 수의 신봉
자가 생겼으며, 거기에 연연하는 사람
이 있으며, 어느 한 곳인가를 의지하
지 아니하는 백성들이 없느니라.
20 그리하여 그들은 작든 크든 저희들의
집단에 불이익하며 정의롭지 못한다
하면 목숨을 가리지 않고 행동에 임하
느니라.
21 그리고 저 자신을 버리는 것을 영광으
로 생각하는, 어찌 보면 단순하면서도
극렬한 성품을 가지고 있는 것이 너희
민족이며 너희 백성이니라.
22 조용한 듯하면서도 극렬하고 행동파
요, 몸으로써 모든 것을 해결하고자
하는 그러한 백성이 너희들이니라.
23 그리하여 세계의 모든 종교의 전쟁이
너희들로부터 시발될 수 있으며, 너희

백성으로부터 문제가 제기될 수도 있음이니라.
24 그리하여 너희 백성들은 적은 인원이면서도 서로 하나가 되지 못하며 하나로 결속하지 못함이니, 너희 민족이 또한 하나로 결속하여 그 힘을 발휘하고자 할 때는 어느 민족도, 어느 백성도 너희들을 따라올 수 없는 그와 같은 성격의 소유자들이니,
25 이는 다 나의 주관이며, 그런 백성들이 지금 네 주변이요, 네가 살고 있는 이 나라의 백성이니라.
26 그리하여 너희들은 여기서 하나 짚고 넘어가야 될 것이 있느니라.
27 너희들의 말에 물불을 가리지 않는 성격이라 말하듯이, 물불을 가리지 않고 일을 저질러 놓고 보는 것이 너희 백성들이니라.
28 그리하여 지금 너희 민족이요, 너희 백성이요, 너희 나라, 이 지구에 살고 있는 백성들의 종교의 믿음이 곧 붕괴 직전에 와 있으니, 이를 네가 잘 바라보아야 할 것이며 이를 잘 다스려야 할 것이니라.
29 너희들이 존재하는 나라의 그 백성들이 각자가 한 사람씩 종교를 가지고 있고, 그를 갖지 않은 사람들이 없으며, 저희들이 신봉하며 따르는 그 종교가 여러 파로 갈라져 있음이니,
30 그러니 저희들이 함께 믿는 종교가 없음이니 그가 하나로 될 수 없으며, 제각각 종파를 가지고 있는 백성을 한 우리에 모아 놓게 되면 그는 터지게 되어 있음이니라.
31 그리하여 작고 큰 종파의 시시비비가 지금 살고 있는 동양의 너희 나라에서 시작되게 됨이니,
32 이를 완충 작용을 잘 할 수 있는 것이 너희들이며 나의 법전이니라.
33 지금 화약에 불을 댕기기 직전의 그와 같은 형국에 와 있는 것이 동양의 너희 민족들이 사는 이 지구의 형태이니라.
34 그것은 특별히 너희 백성들만이 가지고 있는 특성이며 너희들만이 가지고 있는 고유의 성격이니,
35 이는 내가 너희들을 한 곳으로 모을 수 있는, 또한 몇 명에게 그 힘을 발휘하는 것도 누구보다도 빠르게 적용될 수 있는 백성이기에,
36 또한, 나의 법전의 모두를 너희들이 한마음으로 이룰 수 있는 그와 같은 민족이고 그와 같은 백성이기에 지금 너를 준비하여 이곳에 보냈음이니라.
37 지금 화산이 폭발하기 직전의 극한 상황에 있으며, 모든 종파들이 저희들끼리 물고 뜯는 그러한 전쟁이요, 싸움이라는 것이 이루어지기 직전에 있음이니,
38 내부에서는 지금 부글부글 끓고 있음이니라.
39 그 끓는 것이 좀 더 끓는다면 그 뚜껑을 열고 그가 폭발하게 되어 있음이니라.
40 그리하여 그것이 끓기 전에, 끓어 폭발하기 전에 너희들이 그 뚜껑을 열어 주는 역할을 해야 됨이니,
41 바로 나의 법전이 세상에 물 흐르듯이 조용히 흘러내려 가 그걸 읽고 깨우치는 자들이 저희들의 종교요, 종파만이

위대한 것이 아님을 깨닫고,
42 정녕 하늘에서 원하는 것이며 창조주
가 원하는 그 길을 바라볼 수 있는 그
와 같은 깨달음을 전해야 하는 것이
너희들의 대업이니라.
43 모든 백성이 다 준비되어 있느니라.
44 그리고 한마음 한뜻으로 모을 수 있는
것이 너희들 백성이니라.
45 너희 민족 외에는 어느 민족도 하나로
만들 수 없기에 그리되어 있음이니라.
46 지금 나의 법전이 가서 끓는 그릇의
뚜껑을 열어 주지 아니한다면 이는 폭
발하게 되어 있음이니라.
47 그리하여 내가 너를 통하여 너희들에
게 나의 법전을 조용히 물 흐르듯이,
봄바람이 불듯이 전하라 하는 뜻이 여
기에 있음이니라.
48 많은 종파를 다 가슴에 안고, 지금 터
지기 직전인 그와 같은 상황의 그들의
마음과 자세요, 그들을 다스려 주어야
할 것이며,
49 그들에게 하늘에 오르는 길이 있고,
이 세상의 모든 것을 만든 창조주가
있음을 깨우쳐 주며, 그 창조주를 바
라볼 수 있는 눈을 열어 주는 것이 너
희들의 대명이니라.
50 지금 터지기 직전에 와 있음을 알아야
될 것이니라.
51 그러나 여기에서 너희들이 하나를 깨
우쳐야 될 것이니라.
52 그들이 모든 마음을 규합하여 너희들
을 공격하는 길이 있으며, 너희들을
이 지구상에서, 동양의 이 나라에서
존재하지 못하도록 밀어붙이는 길이
있는가 하면,
53 나의 법전을 보고 수긍하여 하나가 되
어 그 힘을 실어 주는 길이 있으니,
54 힘을 실어 주도록 하는 그 길은 그들
이 나의 성령이 나 여호와로부터 직접
내려온 나의 말이며 나의 뜻이라는 것
을 깨닫게 하는 길밖에 없음이니라.
55 그리하여 그들이 나의 법전을 한 사람
두 사람 읽고 깨우쳐 그와 같이 나의
성령의 뜻을 깨우치는 자들의 그 힘이
조용히 물이 흐르듯이, 물이 땅으로
스며들듯이 내려가는 그와 같은 형국
이 되었을 때 흔들리지 아니함이니라.
56 이 동양에 네가 살고 있는 이 백성이,
이 민족이 두 가지 길을 선택하게 되
어 있음이니라.
57 너희들을 사탄이요, 이단이라 하여 밀
치는 길과, 너희들의 뜻이 나 여호와
의 진정한 말씀이며 하늘에 오르는 길
이고 영혼을 구하는 길이라 하여 바라
보는 그와 같은 두 가지의 길이 있음
이니,
58 너희들이 조용히 천사와 같이 변하는
모습으로 가야 될 것이니라.
59 지금 너와 같이 사는 동양에 있는 이
모든 백성들의 믿음이 잘못 가고 있음
이니,
60 그들이 영혼을 구하여 하늘에 오르는
그 영혼의 믿음으로 가는 것이 아니라
육을 위하여 지금 거기에 매달려 있으
며 육의 믿음을 위하여 맹종하고 있음
이니,
61 영원히 구원받는 그 믿음을 위해서 가
는 것을 그들에게 조용히 깨우쳐 줘야
될 것이니라.
62 모든 종교와 종교끼리 전쟁을 하며 저

희들과 믿음이 다르다 해서 서로 치고
받고 물고 무는 그와 같은 전쟁이 일
어나는 것은 그들의 모든 생각이 육에
맞춰져 있기 때문이니라.
63 육에 맞춰져 있지 않고 영혼을 구하는
것에 그들이 눈을 뜨고 바라본다면 저
희들끼리 치고받는 그와 같은 싸움이
없을 것이고, 서로 물고 무는 일이 없
으며 시기하고 질투하는 그와 같은 일
이 없을 것이니라.
64 너는 나의 법전을 전함에서 봄바람이
불듯이, 조용히 땅속에 물이 스며들듯
이 그러한 방법으로써 전하며,
65 그들이 육의 믿음이 아닌 영의 믿음을
위하여 살아가는 그 길을 바라볼 수
있도록 최선을 다하여 나의 백성들을
이끌어 내어,
66 내가 선택하여 특별히 관리해 온 이
곳, 동양의 사랑하는 나의 백성들이
구원의 길을 올 수 있도록 너희들이
그쪽으로 인도하고 가야 될 것이니라.
67 너희들이 지금 모든 종파들이 화산이
터지기 직전의 그와 같은 형태에 대한
책임을 질 수가 있음이니라.
68 저희들이 더 이상 끌고 갈 수 없고, 더
이상 깨우칠 수가 없고, 더 이상 깨달
음을, 올라갈 수 없고, 이끌어 갈 수
없는 모든 종교 지도자들이 너희들에
게 화살을 돌리며 그 원성을 너희들에
게 돌릴 수도 있음이니,
69 그러한 간교한 자들이 그와 같은 행위
를 할 수 없도록 나의 백성들이 나의
법전을 보고 뿌리를 내려야 함이니라.
70 이 이치를 깊이 깨달으라.
71 지금 모두가 건들기만 하면 터지며,
훨훨 타고 있으며, 그 타는 것이 뚜껑
이 열릴 지경에 와 있으니, 그들을 다
스릴 수 없는 그와 같은 지금의 형국
에 와 있음이니라.
72 '구할 것이요, 얻을 것이라.' 하고, 그
리고 극락이 있다고 하고, 하늘이 있
고 천당과 지옥이 있다고 하며, 그들
이 어찌하여야 하늘에 오르는 것인가
그 대안을 제시 못 하고 그저 재물을
바치고 기도하고 경배하면 하늘에 오
른다 그리 가르쳐 온 그것이 이제 그
들이 광란의 마음 상태까지 지금 와
있음이니,
73 그리하여 그들이 폭발하는 것이 인접
한 저희들과 다른 종교 집단에 대한
폭행으로써 그를 벌하고 터지고자 하
는 그 마음을 던지게 할 것이니,
74 그리하니 서로 치고받고 하는 소수의
싸움이 동양에서 이루어지게 되어 있
음이니라.
75 그를 막아야 될 것이니라.
76 그와 같이 가도록 너희들이 바라봐서
는 아니 될 것이니라.
77 그와 같은 형국이 이루어지면 건잡을
수 없을 것이니라.
78 그리하면 너희들이 많은 시간과 시련
과 고통이 동반되어야 함이니라.
79 나 여호와가 너희들을 인도하고 이끌
어 줌이니, 너희들은 지금 내가 이야
기하는 것을 깊이 깨달아 실행하여야
만 서로 치고받고 물고 늘어지고 종교
와 종교끼리 부딪치는 몸싸움을 하고
서로 살생을 하며 그리고 서로를 밀어
붙이는 이와 같은 처참하고 험악한 현
상이 일어나지 아니할 것이니라.

80 지금 네가 존재하고 있는 동양의 모든
백성은, 이 같은 민족은 나로부터 선
택된 이들이며 또 현명한 자들이기에
그들은 나의 법전을 읽고 깊이 깨우쳐
하나가 되는 길이 머지않았으며, 그들
이 다 알게 될 것이니라.
81 그날을 위하여 너희들이 조용히 너희
들의 임무를 수행하여야 될 것이니라.
82 지금 불이 붙어 터지기 직전인 그들에
게 너희들이 높이 난다면 모두는 거기
에 화살을 쏘게 될 것이니라.
83 그 화살을 너희들이 맞아서는 안 되기
에 내가 너에게 지금 하늘의 뜻을 알
려 줌이니, 나의 뜻을 명심하여 그리
행하도록 하라.

1,906 번째 하나님 말씀

2002년 2월 26일 01시 30분

1 사랑하는 선지자야!
2 "네, 여호와 하나님! 말씀하옵소서."
3 너의 제자들과 나의 법전을 읽고 깨우
쳐 너를 찾아오는 자들에게 너는 이리
전하여야 할 것이니라.
4 지금 선지자와 같이 한 시대를 살아가
는 너희 백성들이 얼마나 많은 생명들
이 나로부터 세상에 나와 존재하다 가
는가를 생각해 보라.
5 이를 깨우쳐 줘야 될 것이니라.
6 너희 주변에 수많은 사람들이 있고,
그리고 너희들이 하루의 생활을 하고,
1년의 생활을 하며 스치고 지나가는
나의 피조물 만백성이 얼마나 많이 있
는가?
7 그들이 지금 하늘에 오르는 길을 모르
고 그저 살다가 와 저희들이 지은 죄
의 대가를 받으며 고통 속에서 살아간
다는 것을 생각할 때, 너희들의 마음
은 어떠한가?
8 그리고 하늘에 오르는 길을 안다 하여
저희들이 인간의 손으로 만든 그 성전
에 가서 기도하고 경배하며 눈물의 기
도를 드리며,
9 내가 너희들에게 곱게 관리하고 아껴
쓰라고 내려 준 재물의 그 축복마저도
함부로 남용하고 바쳐 가면서 울부짖
는 자들이 또 얼마나 되는가?
10 하늘에 오르는 영혼의 구원을 위하여
노력하는 것이 아니라 눈에 보이는 육
의 생활을 위하여, 육의 기쁨을 위하
여, 육의 환희를 위하여, 그것에 모든
초점을 맞추고 살아가는 그들이 과연
어찌 살아가는가?
11 또 믿음이라 하여 저희들이 만든 성전
에 가 기도하고 울부짖는 자들이 잘못
가는 길을, 나와는 정녕 거리가 먼 길
을 가고 있음이니, 얼마나 나의 마음
이 아프겠는가 너희들이 생각해 보라.
12 믿음의 세계에 접해 있는 그들 자신이
잘못 가고 있으니, 그들이라도 차라리
정녕 하늘에 오르는 길을 똑바로 보고
깨우쳐 오른다 하면 나 여호와의 마음
이 이리 아프지는 아니할 것이니라.
13 나의 아들 예수가 말하였느니라.
14 제 육신에 성령이 임하면 그 성령이
곧 성전이라, 그리고 그것보다 더 아
름답고 위대한 성전이 없으며, 몇십
년에 걸쳐 호화롭게 지은 성전도 나의
아들 예수의 육 속에 있는 성령의 깨
달음 그 자체만 못하다는 것을 그가

말하였으니,
15 나의 피조물 만백성은 저희들 가슴속
에 나의 성령을 받아 각자 아름다운
성전을 만들어 그 성전에서 깨우치고
아름다운 삶을 하나하나 차곡차곡 쌓
아 올림이 곧 나의 나라의 창고에 너
희들의 아름다움을 쌓아 놓는 것과 같
거늘, 그들이 지금 어찌 살아가는가?
16 그와 같은 영의 삶을 위해서 살아가는
것이 아니라 육의 삶을 위해서 그리
살아가는 것이니라.
17 먹고 자며 호화로움의 극치에 도달하
여 저희들이 행복을 느끼며 그것이 저
희들에게 정녕 행복이며 즐거움이라
말하느니라.
18 그리고 가진 자가 더 갖고자 발버둥치
는 것이 무엇이더냐?
19 그들이 정녕 영혼을 위하여 믿으며 아
름다운 삶을 위해 가는 자들인가?
20 육이 관리하는 그 재산을 가진 자가
또 갖고자, 또 쌓아 놓고자 발버둥치
고 노력한다면 그게 영혼을 위하여 사
는 것이더냐, 육을 위하여 사는 것이
더냐?
21 맛있는 음식을 즐겨 먹고자 하고 그를
찾아 먹으며 저희들의 육신의 건강에
좋다는 것을 그저 가리지 않고 섭취하
며, 그를 위해서는 저희들이 가지고
있는 재물을 아끼지 않고, 마다하지
않고 뿌려 대는 자들,
22 좋은 옷, 아름다운 옷을 걸치기 위해
서 그 모두를 바치는 자들, 그리고 내
가 저희들에게 내려 준 모든 형체를
그저 마음대로 부수고 고치며 저희들
의 육신마저도 그리 관리하는 자들,
23 그 많은 나의 피조물 만백성이 무엇을
위해서 사느냐?
24 백 년의 역사도 안 되는 저희들의 육
의 삶을 위해서 그들이 매진하며 발버
둥치고 있음이니,
25 지금 하늘을 향하여 믿음의 길을 가고
있다는 자들도 그와 똑같이 그 속에서
허덕이고 있느니라.
26 그리하여 열을 바치면 나 여호와가 이
백을 준다 말하며, 내가 저희들의 창
고에다 그득히 쌓아 준다 하니, 저희
들이 나에게 바치는 것이 순수한 마음
이 아니요, 열배 백배를 저희 창고에
쌓아 놓기 위하여 바친다 하면 이게
무엇이더냐?
27 거래요, 욕심이니라.
28 이것은 더구나 영혼을 구하는 거래가
아니요, 육에서 육으로 재물과 재물을
놓고 구하고 얻는 그와 같은 믿음 속
에서 허덕이고 있으니, 이를 어찌하여
야 되겠는가, 선지자야!
29 그리고 너의 제자들에게 물으라.
30 아무것도 모르고 그저 살아가는 자,
한 시대에 나의 법전이 세상에 나가
저희들을 구원하고 이 시대에 선지자
를 통하여 내리는 나의 법전이 저희들
옆을 스쳐 가지만 그를 못 보고 살아
가는 그 백성들을 볼 때, 어떤 감정을
너희들이 느끼는가?
31 많은 나의 피조물 만백성이 정녕 육의
삶보다 하늘에 오르는 영의 삶이 소중
한 것을 깨닫지 못하며, 그대로 그들
이 육의 즐거움과 향락을 위해서만 그
냥 살아가니,
32 그다음에 저희들이 변할 수 없고 벗어

날 수 없고 도피할 수 없고 달아날 수 없으며 어찌할 수 없는 것이 죽음이니라.
33 그리하여 저희들이 죽어 육은 썩어 가며 그 영혼이 나에게 와 심판을 받는 그 엄연한 사실을 부인하려 하며, 생각하지 아니하고 살아가다 그저 죽어 가는 나의 피조물 만백성을 너희들은 얼마나 많이 주변에서 보며, 그들이 살아가는 실태를 보는가?
34 그 많은 자들이 나와는 반대의 길을 가고 있다 하면, 이를 내려다보는 나 여호와의 마음이 얼마나 아프고 얼마나 가슴이 저려 오겠는가?
35 너희들 마음 또한 그리 가슴이 저려 오고 아픔이 있어야 할 것이니라.
36 그리고 깨달았다는 자들, 깨달음을 위하여 간다는 자들 또한 나와는 점점 먼 거리로 달려가고 있으니, 이를 어찌하여야 되겠는가?
37 너희들은 들으라.
38 너희들은 내가 선택한 나의 선지자요, 나의 종이요, 나의 아들이 열여섯 권의 법전을 세상에 냈으며, 그를 또 다듬어 바르고 곱게 나의 뜻을 전하고자 하는 그들의 노력함과,
39 또 내가 선지자를 통하여 2부, 3부의 나의 메시지요, 나의 성령을 내려보내 법전을 만들어 세상에 전하니, 이것만이 하늘에 오르는 길이고, 영혼을 구원하는 길이고, 죽은 자들을 살리는 길이니,
40 죽은 자 가운데 모두를 살리는 이 대업의 역사를 이루는 너희들의 마음 자세가 어찌 가야 되겠는가?
41 지금 아무것도 모르고 그저 살아가는 백성들처럼 너희도 먹고 즐기며 육신의 쾌락을 위하여 시간을 바쳐야만 되겠는가?
42 너희들이 혁대 끈을 바짝 졸라매고 나의 법전이 세상에 나오는 그 일에 모두를 다 바치며 피나는 노력을 해야 되지 않겠는가?
43 너희들은 여기서 깊이 깨우쳐야 할 것이니라.
44 나의 선지자를 따라서 나의 법전을 만들며 나의 성전에 와 공부하는 너희들의 이름을, 험하고도 무서운, 죽음에 와 건너야 할 그 강을 건네 나의 에덴동산에 너희 명패를 걸었다 하였으니,
45 이 은혜를 받은 너희들이 과연 지금과 같이 안일한 생각을 먼저 하며 삶을 영위하여야 되겠는가?
46 너희들 자신마저도 육신의 삶을 위하여 그 길을 달려가며 그 길만을 위해서 하루 스물네 시간 중에 스무 시간을 바치며, 나의 법전을 만들고 나의 법전을 전하는 데 과연 너희들은 네 시간이나마 바치는가?
47 잘못 가는 수많은 피조물 만백성을 보면서 그들을 구하여야 할 대명을 받았으며 그들을 구하여야 할 너희들이 지금 스물네 시간이라는 시간 중에 나에게 바치는 시간이 30분도 안 되며 단 몇 분도 안 된다면, 너희들은 너희들의 대명을 하고 있다고 생각하는가?
48 내가 에덴동산에 올린 너희들은 구원의 영광을 받은 자들이며, 너희들 주변에, 너희들 앞에 지나가는 백성들이 깨우치지 못하고 죽어 심판을 받아 영

원히 사는 나의 나라에 와 고통을 겪
고 있으니,
49 내가 너희들에게 그 백성을 구하여 그
들이 고통당하는 것을 바라보는 나 여
호와의 마음을 달래 달라 하였거늘,
너희들은 그들을 수없이 봐 가면서 무
엇을 생각하는가?
50 너희들이 얼마만큼 나의 법전을 위해
서 모두를 바치며, 선지자를 따라오는
그 시간에 너희들이 얼마를 바치는가?
51 너희들은 오늘 나의 선지자를 통하여
내리는 나의 음성과 메시지를 들으며,
선지자가 나에게 기도드려 내가 그에
게 내리는 나의 성령의 뜻을 듣고도
너희들 자신이 반성을 못 하며 깨우치
지를 못한다면, 나 여호와는 너희들을
잘못 선택했으며 너희들을 잘못 봤음
이니,
52 너희들은 지금 내가 너희들을 구원하
여 에덴동산에 너희들의 이름을 기억
하고 기록해 놓은 것보다도,
53 너희들 스스로 나의 법전을 읽고 깨우
쳐 하늘에 오르는 길이 무엇이고, 너
희들의 창조주인 나 여호와가 원하는
것이 무엇이고, 내가 가고자 하는 것
이 무엇이며, 내가 이루고자 하는 것
이 무엇인가를 너무나도 잘 알고 있으
면서,
54 너희들 앞에 수없이 지나가는 피조물
만백성이 잘못 가는 길로 가고 있거
늘, 어찌하여 그들을 잡고 막는 데 이
리도 소홀히 하는가?
55 내가 너희들에게 말하였느니라.
56 다 같은 형제요, 한 핏줄이요, 한 자식
으로서 나의 아들이요, 딸들이라 하였
음이니라.
57 내가 선지자를 통하여 너희들에게 뭐
라 하였느냐?
58 낭떠러지의 그림을 그려 놓고, 지금
나의 피조물 만백성이 그 앞에 떨어져
풍비박산 나는 것을 모르고 그 길을
걸어가서, 그저 밀려 떨어지고 또 떨
어져 죽고 그와 같은 형국으로 가고
있다 하였으니,
59 그들이 그 험악한 지옥 불로 떨어지는
길로 가고 있는 것을 보고서 너희들은
어찌하여 그를 구원하려 하지 아니하
는가?
60 나를 믿지 못하는 자와 나를 믿지만
잘못 믿어 지옥으로 떨어지는 그들보
다도, 그들을 구원하지 않는 너희들이
더 잘못된 자들이며 잘못 가고 있다
함을 생각지 아니하는가?
61 선지자를 따라 나의 성전에 와 나의
법전을 읽고 내가 선지자를 통하여 내
리는 나의 이 중요한 성령의 메시지를
듣는 너희들이 떨어지는 그들을 보고
도 그대로 너희들만이 편안히 잠을 잔
다 하면 되겠는가?
62 너희들이 나의 성전에 그득히 나의 피
조물 만백성을 모아 놓지도 못함은 너
희들의 태만이며, 너희들의 마음 자세
가 딴 데 가 있음이니라.
63 너희들이 과연 젯밥에만 관심 있으며
기도에는 관심이 없는 그와 같은 사람
의 형국들이 아닌가 한번 돌이켜 보라.
64 내가 너희들에게 많은 시간을 주었음
이니라.
65 그리고 너희들 몸으로써, 너희들 손으
로써 나의 성전에 웃음의 꽃을 피우도

록 그득히 모을 수 있는 시간을 너희들에게 주었으나, 너희들은 지금 하지 아니하였음이니라.
66 그것이 무엇이더냐?
67 너희들이 육의 생활을 버리지 못하였고, 육에 대한 자존심이요, 육에 대한 생각이요, 육에 대한 체면이요, 이 모두를 아직 버리지도 못하였으며,
68 너희들의 누나요, 동생이요, 형제, 자식과 같은 그들이 지금 계속 낭떠러지로 떨어져 죽어 가고 있지만, 너희들은 그들을 구원하려 하지 아니함이니라.
69 지금 저희들이 만든 성전에서 하늘에 오르겠다 하여 잘못 가르치고 있는 종교 지도자 앞에 가 울고불고하는 그자들은 낭떠러지에 떨어지는 그 형국을 모르며 떨어지는 걸 모르니,
70 차라리 그들이 너희들보다 낫지 않은가 너희들은 생각해 봐야 될 것이니라.
71 그리고 믿음이 무엇이며, 하나님, 나 여호와가 존재며 창조주가 존재하니 안 존재하니 하는 그 자체도 논하지 아니하고 살아가는 나의 어리석은 백성들이 지옥 불로 떨어지거늘, 그 낭떠러지로 떨어지고 있거늘,
72 그들은 모르니까 차라리 그리 간다 하자.
73 그러나 너희들은 내가 나의 선지자를 통하여 그림으로써 보여 주었으며, 그 형상을 정확히 내가 너희들에게 가르쳐 주었거늘, 어찌하여 너희들은 이들을 막는 일을 소홀히 하는가?
74 너희들은 오늘부터 혁대 끈을 한 칸씩 졸라매야 할 것이며, 너희들 이름이 있다 생각하지 말라.
75 너희들은 너희들의 이름이 없음이니라.
76 오로지 나 여호와, 나의 가는 길을 위하여 너희들은 선택된 자들이며, 하늘의 그 에덴동산에 너희 이름이 기록되어 있음이니, 그 보답을 나에게 한 것이 무엇이 있더냐?
77 오늘 내가 선지자를 통하여 너희들을 깊이 꾸짖음이니,
78 너희들은 나의 음성을 듣고 나의 뜻을 들은 다음에 작심을 다시 하여, 나의 성전에 많은 피조물 만백성이 와 그득히 앉아 선지자의 그 설법을 들을 수 있도록 하라.
79 지나가는 그 많은 생명이 지옥 불로 떨어지며 낭떠러지로 떨어져 죽어 가고 있거늘, 어찌하여 너희들은 나의 성전의 빈자리의 그 숫자를 채우지도 못하고 있는가?
80 이것이 정녕 너희들이 잘못 가고 있음이고 너희들의 욕심이며, 너희들이 육신의 삶을 버리지 못한 대표적인 자들이니, 그를 버렸다 하면 어찌하겠는가?
81 어찌하여야겠는가, 너희들은?
82 너희들이 한 사람을 데려올 때마다 내가 너희들에게 금화와 은화로써, 재물로써 상을 준다 하면 너희들은 법전을 몇십만 부 더 전했을 것이며, 이 성전이 붐비어 터져 나가 앉을 자리가 없었을 것이니,
83 과연 너희들이 육의 생활에 빠져 있는 자들이지, 나의 뜻에 따라 너희들 자신이 구원을 받으며 만백성을 구원하는 자리에 선택되어 임한 자라 말할

수 있는가?
84 너희들은 부속에 따라 다 쓰임이 있어
내가 선택하였다 하였느니라.
85 너희들이 한 사람의 너희 형제요, 동
료를 데리고 왔을 때, 내가 너희들에
게 주먹만 한 금 덩어리를 하나씩 준
다고 하면, 너희들이 그리도 갈구하는
종이쪽지와 같은 그 지폐를 한 다발씩
준다고 하면 너희들은 어찌하였겠는
가?
86 그리하였어도 지금 나의 성전이 이리
비어 있으며, 나의 선지자가 가슴 아
프게 너희들에게 깨우침을 전달하며,
나의 이 소중한 성령을 전달하는 선지
자의 마음을 너희들이 그리 아프게 할
수 있겠는가?
87 어찌하여야만 되겠는가?
88 너희들 스스로 부끄러움을 느끼지 아
니하는가, 너희들 스스로 잘못 깨우침
을 느끼지 아니하는가?
89 너희들은 육을 향하여 믿음의 길을 가
는 그 불쌍한 사람들만을 생각함이니
라.
90 그리고 너희들은 영을 위하여 올바른
믿음의 길을 가고 있다고 생각하느니
라.
91 이 대목에서 과연 너희들은 어떠한 길
에 서 있는가?
92 내가 너희들에게 머리만 한 금화요,
은화를 하나씩 준다 하면, 너희들은
지금 낭떠러지로 떨어져 가는 그 나의
피조물 만백성을 구원하여 이곳으로
인도하지 아니하였겠는가?
93 이를 깨우쳐 너희 스스로 부끄러움을
알라.
94 그리고 너희들이 육의 생활을 벗어나
지 못하고 있으며 그 뿌리를 뽑지 못
하고 있는 대표적인 자들인 줄 알라.
95 오늘 이후부터 너희들에게 시간을 줌
이니라.
96 내가 너희들을 전사로서 아직 거둬들
이지 아니함이 바로 여기에 있느니라.
97 너희들이 나의 성전을 그득히 채웠을
때 전사로서 은혜와 은총이 너희들에
게 있을 것이니, 너희들은 무엇을 구
하려, 받으려, 얻으려 하지 말라.
98 너희들의 소임을 나로부터 받은 그 은
혜에, 너희들의 이름을 에덴동산에 내
가 올려놓았으며, 나의 성령의 뜻을
너희들이 들어 너희 스스로 변하며 너
희들이 지고 있던 모든 죄들을 하나하
나 벗어 나가며, 너희들이 아름답게
살아가고 아름답게 실천하는 그 은혜
에 너희들은 하나도 보답한 게 없음이
니,
99 그러고서 나에게 무엇을 얻고 구원받
고자 하지 말라.
100 나의 이 뜻을 너희들이 회초리로 때리
는 것으로 알아야 될 것이며, 예수가
피를 흘리며 만백성을 구하기 위하여
죽어 간 그 아픔보다도 오늘 너희들이
더 깊이 아픔을 새겨야 할 것이니, 이
를 명심하라.

1,907 번째 하나님 말씀

2002년 2월 26일 02시 10분

1 사랑하는 선지자야!
2 "네, 여호와 하나님! 말씀하옵소서."
3 비록 성서 한 줄을 읽지 아니하였으

며, 또 나에게 오르고자 너희 인간들
이 지은 성전에 가 기도 한 번 네 입으
로 드려 본 역사가 없는 네가 나로부
터 부름을 받아 나에게 순종하며 나의
뜻에 따라 나의 피조물 만백성을 구하
기 위하여 나의 성령을 기록하여 책으
로 만들어 세상에 내는 역사를 이루었
음이니,
4 그 짧은 시간 속에 '하늘에 오르는 길'
이요, '하나님! 말씀하옵소서.'라는 나
의 법전 열여섯 권을 만들어 나의 성
령의 이 책자를 세상에 낸 것을, 너를
아는 자들과 네 제자들은 이 어렵고
힘든 길을 알 것이니라.
5 모르는 자들은 수없이 많은 시간 속에
네가 성서 공부를 했으며, 많은 기간
동안에 소설이나 시를 쓰는 작가들처
럼 쓰고 버리고 또 쓰고 버리고 또 써,
수십 년 동안 연구와 연구를 하여 이
법전을 만들어 세상에 냈다 할 것이며,
6 그리고 날짜와 시간이 기록된 그 자체
도 그들은 믿으려 하지 아니할 것이
며, 그것은 네가 조작한 것이라 말할
것이니라.
7 이는 곧, 저희들은 그리 조작할 수 있
고 그리 쓸 수 있으며 그리 행할 수 있
다고 생각하기 때문이니라.
8 그러나 이 법전을 만든 제자들이 있으
며 이를 본 사람들이 있음이니, 첫 번
째 1부의 열여섯 권의 법전이 나온 것
은 너의 제자들과 너의 가족이 도와
이를 만들었음이니, 그들이 말을 하지
않는 이상 남들도 또한 모를 것이니라.
9 그러나 이제 너의 제자들이 2부를 만
들고 너를 따라 공부하며, 네가 기도
한 그 시간과 날짜의 기록함이 하나도
차질이 없으며 그대로 시행되고 그대
로 역사가 이루어졌음을 그들은 알 것
이니라.
10 그러니 이제 지금 네가 인간으로서 할
수 있는 일이라 생각하고, 인간으로서
만들어 낼 수 있다 생각하며, 너 자신
이 이와 같은 역사를 이룰 수 있다 생
각하는가?
11 이는 네가 깊은 밤, 잠을 자지 아니하
며 때와 장소에 관계없이 나에게 묵상
과 기도를 하여 내가 너에게 나의 성
령을 내려 기록하게 함이니, 이는 나
의 뜻이요, 나의 주관에 의함이 아니
면 이루어질 수 없는 것이거늘,
12 이제는 나의 법전이 세상에 나가 네가
기록한 날짜와 시간의 그 모두를 부인
할 수 없는 그러한 증인이요, 이를 입
증할 사람들이 수없이 나오게 되어 있
음이니라.
13 그리고 네가 3부, 4부, 5부를 써 가면
서 많은 이들이 너와 더불어 네가 기
도하는 모습을 볼 것이며 네가 행하는
것을 볼 것이니,
14 이는 누구도 이룰 수 없으며 인간으로
서는 세상에 내놓을 수 없다는 것을
알게 될 것이며, 그와 같은 날짜와 시
간을 가지고 이룰 수 없다는 것을 알
게 될 것이니,
15 나의 피조물 만백성이 이를 보고 깨우
쳐 나의 법전의 소중함을 아는 날이
머지않았음이니라.
16 이제는 나의 법전에 날짜와 시간이 명
확히 명시된 것이 사실이며 이것이 거
짓이나 위장이 없다 할 때,

17 이 법전은 네가 수십 년 동안 믿음의
생활을 하고 성서를 공부했으며 이를
쓰고 또 써 네가 몇십 년 동안에 연구
하고 기록된 것을 이와 같이 단시간에
만든 것처럼 위장하여 세상에 냈다는
말을 할 수 없을 것이니라.
18 그리고 이제는 너를 도와 일을 할 수
있는 젊은이들이 네가 기도하는 모습,
네가 설교하는 모습을 볼 것이고,
19 네가 그들을 깨우쳐 그들의 머리를 트
이게 하며 귀를 열리게 하며 눈을 뜨
이게 하는 그와 같이 행하는 삶 속에
서 그들이 나의 법전의 위대함을 알
것이며,
20 그 젊은이들이 모든 지혜와 능력을 다
바쳐 나의 법전을 전하고자 할 때, 이
가 스스로 부는 봄바람처럼 전해질 것
이니,
21 그 젊은이들이 너를 따라 나의 법전을
전할 때, 내가 그들에게 지혜를 줄 것
이며, 그들의 삶에 축복을 내려 줄 것
이며, 그들을 단단히 내가 쓸 수 있게
만들 것이니, 그리하여 그들이 나의
법전을 전함이니라.
22 너는 너의 제자들에게 이르라.
23 내가 금은보화를 저희들에게 한 아름
씩 준다 하면 저희들이 나의 성전을
채우지 아니하였겠는가 그리 물어보
라.
24 그러나 지금 너를 따르는 젊은이들은
그와 같은 계산이 없음이니라.
25 그리고 나의 법전이 진실되게 기록된
것이며 나 여호와의 뜻이라 할 때, 그
들은 그와 같이 계산을 두지 아니하고
몸을 사리지 아니하며,
26 나의 선지자 네가 이루고자 하는 것이
며 네가 갈망하는 것을 주저 없이 시
행할 것이며, 너를 보좌하고 보필하여
나갈 자들이 나올 것이니,
27 지금 너의 제자들이요, 네 밑에서 나
의 성령이요, 나의 음성을 직접 듣고
나의 법전을 만들어 이에 참여한 너의
제자들이 생각과 각오를 다시 해야 될
것이니라.
28 이제는 열여섯 권의 법전이 세상에 나
와 남들이 설왕설래하나, 이 법전이 2
부, 3부가 나오면 그들이 입을 닫게
될 것이며,
29 4부, 5부, 6부, 7부, 이와 같이 나갈 때
는 지금 젊은이들이 제자리에서 나의
법전을 만들어 나갈 것이니, 너는 오
늘의 고통을 너무 괴로워하지 말라.
30 그리고 모든 나라에 대하여 그들의 언
어에 맞춰서 또한 1, 2, 3부가 그리 번
역되어 나가 세상 사람들이 다 나의
법전을 보게 하며, 그들을 깨우쳐 너
를 따르는 제자들이 수없이 늘어날 것
이니, 그게 머지않았음이니라.
31 그러니 네가 지금 너의 제자들에게 확
실히 그들의 마음 자세를 바로 할 수
있는 다짐을 받아, 그 속에서 너와 더
불어 모두를 다 희생하며 갈 수 있는
자들, 내가 에덴동산에 저희들의 이름
을 기억해 준 자들,
32 그리고 하루하루 생활에서 아름다운
쪽으로 깨달아 가는 그 능력을 저희
스스로 터득함을 감사하는 자들만이
전사라 하여 네 곁에 남을 수 있을 것
이니,
33 이를 그들에게 확실히 명시하여 깨우

쳐 주어, 육의 생각을 다 저버리며 구
원의 길만을 바라보고 너와 더불어 낙
원에 오를 수 있도록, 너의 제자들의
마음가짐을 굳건히 하도록 그리 일깨
워 주라.

1,908 번째 하나님 말씀

2002년 2월 26일 06시 15분

1 사랑하는 선지자야!
2 "네, 여호와 하나님! 말씀하옵소서."
3 내가 너에게 일러 말하였느니라.
4 만백성이 하늘에 오르는 길을 모르며
나에게 등을 돌려 반대 방향으로 가고
있음이니, 그들의 앞에는 낭떠러지가
있어 떨어지면 산산조각 나는 그 낭떠
러지로 떨어진다 하였느니라.
5 그 떨어지는 백성을 구하는 것이 너희
들의 임무이며 너희들이 해야 할 일이
라 하였으니,
6 그와 같이 떨어져 가는 백성들을 보면
서 너희들은 무엇을 했는가, 나의 법
전을 읽어 나의 성전에 와 나의 성령
을 선지자를 통하여 듣는 너희들의 자
세가 과연 어디 있는가 너의 제자들에
게 물으라 하였느니라.
7 그리고 나로부터 선택된 너의 제자들
은 너희들이 그리 갈구하고 원하던 구
원의 강을 건너 나의 에덴동산에 이름
을 기록하여 놓았다 하였음이니,
8 그러한 너희들의 지금 삶의 자세는 무
엇인가, 그리고 너희들이 나를 향하는
믿음의 자세는 과연 무엇이며 어디에
있는가?
9 너희들에게 내가 말하였느니라.
10 인간인 너희들은 육의 집을 위하여 기
도하고 구원을 받고자 하는, 그 육의
안락한 생활을 위하여 사는 자가 되지
말라 하였으며, 영혼의 구원을 위하여
살아가는 자가 되라 하였느니라.
11 그러나 너희들은 내가 너희들에게 내
린 것만큼은 고사하고 하나도 나를 위
하여 한 일이 없음이니, 그러고도 무
엇인가를 구원하고 얻고자 하는 그러
한 너희들이 되어 가고 있음이니,
12 너희들의 마음을 다시 다스리며 너희
들의 자리를 다시 한 번 보라 말하였
느니라.
13 그리하여 선지자 너를 통하여 내가 말
하였느니라.
14 너의 제자들에게 내가 나의 이 성전을
그득히 채우라 하였으며, 몇 명을 언
제까지 채우라는 나의 음성을 직접 너
희들에게 내려 들려주었건만, 과연 너
희들은 한 것이 무엇이던가?
15 내가 선지자를 통하여 너희들에게 말
하여 일렀으니, 너희들 한 사람이 낭
떠러지로 떨어지는 나의 백성을 구하
여 나의 성전에 인도하였을 때 내가
주먹만 한 황금 덩어리 하나씩을 너희
가슴에 안겨 준다 하면, 너희들은 여
기에 열배 백배의 나의 피조물 만백성
을 구원하는 성전을 만들었을 것이라
하였느니라.
16 이게 지금 너희들이 서 있는 자세며
너희들의 마음 자세이니,
17 너의 제자들 또한 그 많은 세월 동안
나의 성령을 너에게 내리는 그 기도
소리를 직접 들었으며, 나의 법전을
한 번, 두 번 읽었다 하며, 또 정독하

여 깨우침을 얻었다 하며, 내가 너희
들의 명패를 나의 낙원에 걸었으며 죽
어 너희들이 건너야 할 그 불야성 같
은 험악한 강을 내가 건네 놓았다 하
였으며, 너희들 이름을 기록하여 놓았
다 하였느니라.
18 지금 너희들은 나에게 무엇을 이루어
주었으며, 내가 원하는 것을 과연 하
나라도 들어주었는가?
19 그러면서 너희들은 지금 무엇을 원하
고 있는가?
20 너희 육신의 편안함과 영화를 위하여
무엇인가 기적을 이루며 무엇인가를
너희들 앞에 내리기를 바라는 것이 너
희들이 아니던가?
21 내가 너희들에게 일렀느니라.
22 잘못 가는 종교 지도자요, 잘못 가르
치는 종교 지도자들 속에서 구원의 길
을 가겠다며 소리 지르는 그들과, 그
리고 또 믿음이요, 내가 존재하는 것
까지도 깨우치지 아니하며 그냥 가는
백성들이 있으니, 그들이 잘못 살아가
는 것이며 잘못됨을 내가 누누이 너희
들에게 들려주었으며 그리하여 너희
들은 그리 가서는 아니 된다는 말을
하였느니라.
23 지금 내가 나의 믿음이라는 것을 향하
여 잘못 가는 그 백성들이 낭떠러지에
떨어져 죽어 간다 하였으며, 믿지 않
는 백성 또한 죄를 지어 저희들이 어
디로 가는지도 모르고 간다 하였으나,
24 내가 너희들에게 그림으로 그려 너희
들이 어찌 가는지 그 형상을 보여 주
었으며, 그들을 구원하는 것이 너희들
이 천사가 되어 비추는 빛이라 하였느
니라.
25 그러나 내가 너희들에게 너희들은 천
사가 되기 전에 나의 성전에 빛을 내
라 하였으며, 이곳에 많은 나의 백성
들이 와 나의 음성을 듣게 하여 그들
을 구하라 하였으니,
26 너희들이 하루에 스치는 백성들이요,
너희 눈으로 보는 백성들 중에 얼마나
많은 이들이 너희들과 인간관계를 맺
고 살아가며 너희들과 스쳐 가는가?
27 그 스쳐 가는 백성들이 다 낭떠러지로
떨어져 죽어 간다 하였으니, 그들이
너희들의 형제요, 나로부터 똑같이 생
명을 받은 너희들과 똑같은 형제라 말
하였으며, 나의 아들과 딸이라 하였느
니라.
28 그들이 낭떠러지요, 죽음의 길로 가는
것을 아는 너희들이 과연 그들을 위해
서 무엇을 했으며 얼마만큼 노력을 했
는가?
29 아무것도 모르고 있는, 지금 잘못 가
는 종교 지도자들을 따라가는 자들도
나의 피조물 만백성이 낭떠러지로 떨
어져 가는 것을 안다 하면 그들의 마
음 자세가 그렇지는 아니할 것이니라.
30 그리고 지금 아무것도 모르고 살아가
는 나의 피조물 만백성도 너희들이 낭
떠러지로 떨어져 죽는 그 형국으로 가
고 있다면 너희들을 구원하고자 그들
은 너희들보다는 더 노력하였을 것이
니라.
31 가장 많이 나의 음성을 들으며, 이 시
대에 이루고자 하는 것이 무엇이며 흘
러가는 역사가 무엇인가, 주옥같은 나
의 하늘의 뜻을 알고 있는 너희들이

지금 가장 잘못되고 있는 자들이라 하
여 내가 너희들을 책한다면, 너희들은
과연 나에게 할 말이 있는가?
32 내가 너희들에게 직접 명하였느니라.
33 이 성전에 그득히 모여 나의 선지자를
통하여 내리는 나의 성령의 뜻을 듣도
록 하라 하였으며, 그들이 또한 기초
가 된다 하였음이니라.
34 너희들은 무엇을 했는가?
35 그리하고도 너희들이 나에게 선택된
백성으로서 천 년의 역사에 걸쳐 선한
자가 이 세상에 존재하는 그와 같은
낙원의 세상을 이루는 기초를 다지는
자들이라 말할 수 있는가?
36 너희들이 아니고 내가 다른 백성을 선
택하여 나의 음성을 직접 들려주며 나
의 법전을 읽고 깨우쳐 깨달음을 얻는
백성으로 선택하였다면 그들은 너희
들보다 열배 백배 더 큰 역사를 이루
었을 것이니라.
37 너희들이 가장 오만한 자들이며, 가장
육을 위해 살아가는 자들이라 내가 책
한다면, 너희들은 또한 나에게 할 말
이 있겠는가?
38 너희들이 한 사람을 나의 성전에 데려
올 때 내가 너희들에게 한 다발의 너
희들이 원하는 지폐라는 것을 주며,
한 사람을 구원하여 나의 성전에 올
때 너희들 주먹만 한 황금 덩어리요,
은화의 덩어리를 너희들에게 준다 하
면, 너희들은 그 은화와 금화로써 인
생의 행복을 누리기 위하여 열 사람,
백 사람을 이곳으로 인도하였을 것이
니라.
39 그와 같은 마음을 너희들이 지금 어찌
뭐라 나에게 변명할 수 있는가?
40 그것이 바로 육을 위하여 살아가는 너
희들의 자세라 내가 선지자에게 일찍
깨우쳐 줘 오늘 너희들에게 다시 한
번 직접 일깨워 주는 것이니, 너희들
자세를 돌아다봐야 할 것이니라.
41 그와 같은 마음의 자세를 가진 너희들
이 얼마나 변할 수 있으며, 얼마나 나
의 피조물 만백성을 구하는 기초를 다
질 수 있다 생각하는가?
42 나 여호와가 너희들에게 나의 성령의
음성을 직접 들려주며, 나의 법전을
읽고 있는 너희들의 이름을 영광의
낙원에 기록해 놓으며 나의 피조물 만
백성이 수천 년 동안 갈구하는 그 뜻
을 내가 너희들에게 이루어 주었거늘,
43 나 여호와가 너희들을 잘못 선택하였
으며, 이 세상 나의 피조물 만백성 중
에서 너희들이 가장 잘못된 자들이라
말한다면 너희들은 어찌하겠는가?
44 몇천 년의 역사가 흘러와 제3의 시대
를 열기 위하여 나의 선지자를 이 땅
에 내보냈으며, 그와 한 시대를 살아
가며 그와 같이 숨을 쉬며 같이 살아
가는 너희들이 과연 어떠한 은혜와 영
광을 입었다 생각하는가?
45 이것 하나만 가지고라도 너희들은 너
희 모두를 다 바쳐 내가 너희들에게
직접 내린 나의 이 성전에 지금 웃음
꽃을 피우는 나의 백성이 백 명이라는
숫자가 와 있어야 될 것이며, 그들이
나가 천 명을 만들고 또 그들이 나가
만 명을 만들 것이거늘,
46 내가 직접 선지자를 통하여 내린 그
뜻을 너희들은 어찌 실천하였으며, 얼

마나 무섭게 생각했으며, 얼마나 소중
하게 생각했으며, 얼마나 두렵게 생각
했는가?
47 나 여호와가 너희들이 가장 나약한 자
들이며, 그리고 받을 줄만 알고 돌려
줄 줄 모르는 자들이라 하면, 그리고
너희들이 육신을 위하여 사는 자들이
며 그 육신만을 갈구하는 너희들의 근
본의 뿌리를 버리지 못하였다 하면,
너희들은 뭐라 나에게 말할 수 있겠는
가?
48 너희들이 구원을 원하고 기적을 원하
며 나로부터 무엇인가를 이루고자 하
는 생각을 과연 하지 않고 이 성전에
오는가?
49 그리고 기대 심리는 없는가?
50 그리고 그러한 활활 타는 역사가 이루
는 그 속에서 더불어 편승해 가는 너
희들이 되고자 하는 생각은 과연 없는
가?
51 이제는 너희들 자신을 돌아다볼 때가
되었느니라.
52 너희들이 스스로 모여 반성하는 그와
같은 기회를 가져 너희들의 마음가짐
을 다시 굳건히 하지 아니하는 한,
53 과연 너희들이 나의 피조물 만백성을
구하는 지도자요, 선도자로서 너희들
의 육신에서 천사와 같은 그 빛을 발
할 수 있다 생각하며,
54 수천 년 역사가 흐른 다음에 나의 피
조물 만백성이 너희들의 살아온 그
모습을 보고 추앙하는 마음의 자세를
갖겠는가?
55 사랑하는 선지자야!
56 "네, 여호와 하나님! 말씀하옵소서."
57 내가 너희들에게 일러 말하였느니라.
58 너희들이 나의 피조물 만백성을 하늘
로 인도하기 위하여 그 험하고 어려운
길을 다듬어 놓았어도, 너희들이 다시
내려와 나의 피조물 만백성을 인도할
때 너희들은 정녕 올라갈 수도 없다
하였으며, 그러한 자가 나오지 아니할
것을 내가 너에게 간곡히 부탁한다 하
였고 그리하라 하였음이니라.
59 그리고 너희들의 그 명패를 내가 떼어
지옥 불 속에 던졌을 때, 너희들은 그
속에 들어가 그 명패를 찾아와야만 될
것이나 그 명패는 이미 타는 불에 녹
아 없어져 찾을 수가 없다 하였으니,
60 나의 성령을 들으며 나의 뜻을 알고
하늘의 비밀을 알며 나의 선지자가 전
하는 나의 음성을 들은 그러한 자가
행하지 아니하였을 때, 그는 무엇이더
냐?
61 모르는 자보다 열 배로 죄가 크다 하
였으니, 내가 너희들의 이름을 하늘의
낙원에 걸어 놓았으나 그를 지워 버릴
수 있다 하는 것을 너희들에게 일찍이
깨우쳐 주었거늘, 과연 너희들은 나의
뜻대로 이룬 것이 무엇이더냐?
62 이를 깨우치며, 내가 선지자를 통하여
내리는 모든 뜻을 너희들이 그와 같이
흘러가는 말로써 들으며 그 무서움과
두려움을 깨닫지 못한다 하면,
63 내가 너희들에게 다시 이르노니, 불렀
던 너희들의 이름을 내가 버릴 수 있
음을 알아야 될 것이니라.
64 내가 너희들을 선택하여 쓰고자 하였
듯이, 너희들이 나의 뜻을 따르지 아
니하면 또한 내가 너희들을 버릴 수

있다는 것을, 그리고 내가 선택하지
않은 나의 백성들을 불러 선택하여 쓸
수 있다는 것을,
65 너희들의 마음 자세가 내가 너희들에
게 내리는 그 명령을 따르지 아니할
때는 너희들과 나는 아무런 인연이 없
는 자가 되는 것이며, 너희들이 나의
뜻이요, 나의 명령을 두렵고 무섭게
생각하여 실천할 때, 그리고 순종할
때, 그때만이 너희들이 나의 자식이
요, 나의 아들이요, 딸이라는 것을 잊
지 말라.

1,909 번째 하나님 말씀

2002년 2월 26일 10시 10분

1 사랑하는 선지자야!
2 "네, 여호와 하나님! 말씀하옵소서."
3 나로부터 너의 제자로 선택된 자, 너
희들이 지금까지 살아온 인생에서도
너희들이 가지고 있는 그 죄의 대가가
영원히 사는 나의 나라에 와서 상상할
수 없는 벌과 고통 속에서 견디며 그
를 치러야 할 것이거늘, 내가 너희들
에게 무어라 말하였는가?
4 너희들이 죽어 내 앞에 왔을 때, 바다
와 같은 곳에 불이 솟아나며 무섭고도
뜨거운 강을 건너야 하는 것이 너희들
이라 하였으니, 그러나 너희들은 그
강을 건너 나의 에덴동산으로 바로 올
수 있는 그와 같은 영광의 은혜를 내
가 내렸다 하였음이니라.
5 그리하여 너희들에게 육의 생각을 버
리고 영의 믿음을 위하여, 그 영의 구
원을 위하여 한 길을 달려오라 그리
말하였으며,
6 나의 법전을 가슴에 안고 정독하는 그
순간에 세 살 먹은 아이들과 같이 아
름다운 모습으로, 그 마음으로 세상을
살아와야만 너희들이 구원을 받을 수
있으며 영원히 사는 나의 에덴동산에
그 이름이 존속되니, 너희들이 나에게
와 큰절 올리며 '여호와 하나님 아버
지! 저 왔습니다.' 하는 영광을 얻을
것이라 하였음이니라.
7 그러나 너희들은 지금 살아가는 형태
와 마음의 자세가 어디에 있는가?
8 남들보다도 너희들이 모범을 보이지
못함을 알아야 할 것이니라.
9 나의 성령의 뜻을 직접 듣고 나의 법
전을 직접 읽으며 나의 선지자가 너희
들에게 가르치는 그 많은 주옥같은 뜻
을 듣고 말을 들으면서,
10 다른 백성들도 그와 같이 배우고 깨달
아 세월이 지나면 너희들보다 더 앞에
가 있을 것이거늘, 너희들은 어찌하여
그저 제자리에서 흘러가는 이야기로
만 듣고 있는 것인가?
11 나 여호와가 나의 피조물 만백성을 구
원하기 위하여 바위에다 십계명이라
는 나의 열 개의 계명을 써서 내려보
냈음이니, 그가 어찌하여 그를 쓸 수
있던가?
12 내 성령이 불로써 내려가 그 십계명을
바위에 기록하여 너희들에게 지키며
살라 명하였더니, 지금에 와 나의 피
조물 만백성이 인간이기에 그를 지킬
수 없다 하여 지금의 사악한 이러한
형국에 이르렀다 내가 너희들에게 말
하여,

13 너희들은 십계명을 암송하며 십계명
을 지키고 그 뜻에 따라 살아가는 나
의 백성이 되어 대대손손 나의 백성들
을 구원하는 기초를 다지라 하였음이
니라.
14 그러나 여기서 너희들이 하나 깊이 깨
닫고 가슴에 새겨야 할 것이 있음이니
라.
15 지금 내가 십계명을 지키고 살라 하는
그 백성들은 내가 구원한 자들이 아니
며 그들의 이름을 에덴동산에 기록한
사실이 없으니, 그를 깨우쳐 그들이
스스로 나에게 오는 길을 터득하여 오
라 명하였느니라.
16 그리하여 그들은 지금 그와 같이 이
형국에 이르렀음이니, 그러나 너희들
에게 내가 뭐라 말하였던가?
17 너희들의 명패를 낙원에 걸었으며 너
희들은 구원이 되어 있으며 구원된 자
들이라 내가 말하였느니라.
18 그러면서 너희들에게 세 살 먹은 아이
처럼 살라 말하였으니, '너희가 구원
된 자니, 세 살 된 아이처럼 살라.' 하
는 그 명을 따르지 아니하고 지키지
아니한다면,
19 너희들은 지금 내가 지키고 하늘에 오
르라 하여 바위에 써 내린 그 십계명
을 보고도 지키지 아니하는 자들보다
더 나를 거역함이니라.
20 어찌하여 이와 같은 이치를 깨우쳐서
너희 것으로 만들어 너희들이 정녕 아
이들처럼 천사와 같은 그 마음으로 살
아가지 못하는가?
21 그리 못 한다면 너희들이 어찌 되는지
그를 깨우쳐야 할 것이니라.
22 내가 너희들에게 구원의 영광을 주었
으니, 나의 법전을 읽고 또 읽어 깨우
쳐 너희들이 나의 법전을 온 세상에
전하여 만백성을 구하며 그와 같이 살
라 내가 명하였으나,
23 너희들이 그 뜻대로 살지 못한다 하면
너희들은 나의 뜻이요, 나의 성령을
직접 듣지 못하고 법전을 읽지 못한
백성들보다 더 나쁜 자며 사악한 자라
는 것을 어찌 생각하지 못하는가?
24 너희들은 십계명을 못 지켜 지금과 같
은 사악한 세상이 된 나의 피조물 만
백성을 원망하고 그들을 탓하고 그들
을 비웃지 말라.
25 내가 너희들을 구원해 주었음이니라.
26 내가 지금 나의 피조물 만백성에게
'구원해 줄 것이니 너희들이 십계명을
지키라.' 그리 말한다면, 그를 따르고
지키는 자, 너희들보다 앞설 자가 많
이 있음이니, 이를 너희들은 어찌 대
답하겠는가?
27 내가 너희들을 특별히 선택하여 너희
들의 이름을 낙원에 기록하여 영원히
사는 이와 같은 구원의 길을 내리면서
내가 너희들에게 말하였느니라.
28 어린아이가 되어 살라 하였으니, 이것
한 가지도 너희들이 지키지 못한다 하
면 너희들은 과연 어찌된 나의 선택된
백성이며, 너희들이 어찌 가야 하는가
를 너희들은 왜 생각하지 못하는가?
29 오늘 제2부에 나의 선지자를 통하여
너희들에게 나의 뜻을 직접 깊이 전함
이니, 너희들은 이 이치를 깨달아 그
리 행하여야 될 것이니라.
30 지키라 내려보낸 십계명을 못 지키는

백성들을 원망하고 탓하며 비웃지 말
라.
31 그보다도 내가 너희들에게 나의 법전
을 가슴에 안고 정독하며 법전을 가지
고 나의 성전을 나가는 자, 너희들의
머리에 손을 얹어 너희 죄를 다 사해
주며, 그 후부터 너희는 세 살 먹은 아
이와 같이 살아 구원을 받으라 하는
그 조건을 달았으니,
32 십계명을 지키며 살라는 그 조건을 단
것과 마찬가지로 내가 너희들에게 특
별히 그리 살라 그 조건부를 걸었느니
라.
33 그러나 너희들은 어찌하는가?
34 너희들은 과연 그를 지키고 사는가?
35 그를 행하고 사는가?
36 너희들이 그를 지키고 그를 행하고 살
았다면 지금 나의 성전에 너희와 같은
형제들이 인산인해를 이루었을 것이
며, 그리하여 선지자가 설법하는 그
말을 듣고 내가 내린 성령이 진정한
뜻이라는 것을 깨우치는 자들이 수없
이 늘어났을 것이거늘,
37 너희들 자신이 그것을 지키지도 아니
하며 너희들은 구원받고 무엇을 얻고
기적을 이루기를 바라며, 그 기적 속
에서 너희들이 존재함을 인식하고자
하는 그 육신의 생각이 너희들의 가슴
과 머릿속에 가득히 차 있음이니, 이
를 어찌하여야 하겠는가?
38 너희들이 살아가면서 세상에서 가장
어렵고 힘든 것이 너희들의 마음을 다
스리는 것이니라.
39 멀리 있는 것이 아니니라, 그리고 높
이 있는 것이 아니니라.
40 너희들이 멀리 있는 것을 지키며 높이
있는 것을 지키고 행하는 것보다도,
마음 하나 다스리는 것이 가장 어렵고
힘드니, 마음을 다스리는 이치를 깨닫
도록 나의 법전을 읽고 나의 성령의
뜻을 많이 들은 너희들이 어찌하여 그
마음을 다스리지 못하여 '세 살 먹은
아이처럼 살라.' 하는 나의 이 명령을
지키지 아니하며 순종하지 아니하는
가?
41 그러면서도 너희들의 소원을 이루고
자 하며, 너희들의 어려운 점을 나의
선지자가 다스려 주고 이끌어 주고 정
리해 주기를 바라며 선지자로부터 답
을 얻고자 하니, 그 마음부터 버려야
할 것이니라.
42 너희들이 먼저 아이가 되면 너희들은
그 뜻을 다 이루며 너희들의 소원이
나의 은혜 속에서 다 이루어지거늘,
내가 너희들의 이름을 구원하여 에덴
동산에 너희 이름 석 자를 걸어 놓았
거늘,
43 너희들은 나에게 그 보답으로써 너희
들 마음자리 하나도 다스리지 못하였
음이니라.
44 그 은혜와 그 감사함을 안다 하면 너
희들이 너희 마음을 천사의 마음으로
다스려 놓았어야 할 것이며, 내가 명
한 세 살 먹은 아이처럼 지금 살아가
는 그 모습을 보여야 할 것이거늘,
45 너희들과 나의 법전을 읽지 않는 자와
차이가 없음이니, 이를 어찌해야 되겠
는가?
46 오늘 제2부에 나가는 나의 뜻을 읽는
선지자의 제자 너희들은 다시 한 번

가슴에 깊이 새겨, 세 살 먹은 아이와
같은 그 심성으로써 세상을 살아가도
록 하여야 할 것이며,
47 너희들 자신은 존재하지 아니한다는
것을 먼저 깨닫고 그리 행하다 보면,
너희 자신이 없다 생각하고 세상을 살
아가다 보면 그와 같은 마음자리가 잡
힐 것이니 그를 깊이 깨달아 시행하라.
48 내가 선지자를 통하여 너희들에게 내
리는 한 마디 한 마디의 그 뜻을 듣고
그냥 지워 버려서는 아니 될 것이니라.
49 그를 다 하나하나 되씹고 기록하여 너
희 것으로 만들어야만 너희가 변하는
기초가 될 것이며, 너희가 지켜야 할
것이 무엇이고 행하여야 할 것이 무엇
이며 너희가 행하지 아니할 것이 무엇
이고 해서는 안 될 것이 무엇인지를
알게 됨이니라.
50 나의 성령을 선지자를 통하여 듣는 그
순간에 너희들이 그를 덮어 두고 잊어
버리며 너희 육의 생활로 돌아가 또
그 속에 빠져들어 간다 하면, 만백성
을 구하고 인도해야 할 너희들이 그
세속에 빠져들어 감이니,
51 이는 나의 만백성을 다스릴 수 있는
기초가 무너짐이요, 천 년의 역사 동
안 너희들이 쓰고 말하는 그 모든 것
으로써 세상을 덮고자 하는 그 뜻이
이루어지지 못함이니라.
52 너희들 자신부터 기초를 단단히 이루
는 것은 내가 선지자에게 내리는 지나
가는 그 단어 하나도, 말 하나도, 음성
하나도 잊지 말고 마음속에 되새기고
머릿속에 되새기며 기록하여 그리 행
하여야만 되는 것이니, 이를 명심하여
행하도록 그리하라.

1,910 번째 하나님 말씀

2002년 2월 26일 11시 10분

1 사랑하는 선지자야!
2 "네, 여호와 하나님! 말씀하옵소서."
3 너희들 살아가는 말 속에 '아무것도
담기지 아니한 빈 깡통의 소리가 요란
하다.'는 말이 있느니라.
4 지금 수천 년 역사가 흘러오면서 성서
를 배우고 성서에 달인이 됐으며 저희
들이 성서에 대한 박사요, 그리고 성
서에 대한 교육을 받아 하늘에 오르는
길로써 나의 피조물 만백성을 인도하
는 대명을 받았다 하는 그 종교 지도
자들이 과연 어떠한 형국으로 살아가
느냐?
5 그들은 생활에 있어서 저 자신들이 나
의 피조물 만백성보다 좋은 자리, 높
은 자리, 그리고 좋은 음식, 권위 있는
자세로 차별화를 해야 되며,
6 그리고 저희들이 손으로 지은 성전에
서 사악한 방법으로써 나의 피조물 만
백성에게 긁어모은 재물을 가지고 나
의 재물을 도적질하여 더 큰 성전을
짓는 것이 그들이 추구하는 길이며,
7 그리하여 저희들이 지은 성전 안을 호
화롭게 궁궐처럼 꾸미지 못하는 것이
그들의 한이 되어 있으며, 불쌍한 나
의 백성들의 재물을 영수증 하나 주지
않고 거둬들여 저희들이 호의호식하
는 그 궁전처럼 꾸려 놓고자 하며,
8 그리고 외부에 나가 또한 저희들의 권
위를 지키는 그 형태이니라.

9 저희 신도들은 세 끼의 끼니를 제대로
채우지 못하는 자가 수없이 많이 있으
나,
10 하루의 인생살이를 고달프게 살아가
는 그들이 내는 단돈 몇 푼의 그 헌금
을 모아 저희들은 가장 이름 있는 곳
을 찾아가 식사를 해야 되고, 명성 있
는 곳에 가 모여야 되고 기도를 해야
되며,
11 그와 같이 인간으로서 누릴 수 있는
것은 다 누리고자 하며 육신이 편안하
고 호화로운 생활을 하고자 하는 것이
니,
12 이것이 바로 무엇이더냐?
13 그들이 바로 빈 깡통인 것이니라.
14 아무것도 채워지지 아니하고 아무것
도 모르면서 나에게 오르는 그 길을
가르치고 인도하는 자들이며, 그들이
정녕 하늘에 오르는 길이 무엇이고 창
조주인 나 여호와가 추구하는 것이 무
엇이며 어찌하여야 나에게 오르는 것
인가를 하나도 모르고 있음이니라.
15 그리하여 그들이 가르치고 떠들고 또
나의 피조물 만백성을 인도한다고 단
상에서 열변을 토하니, 그들은 빈 깡
통처럼 목소리를 높이며 소리를 지를
수밖에 없느니라.
16 그리하여 저희들의 손으로 만든 성전
에 가서 기도하고 찬송하는 그것이 그
들이 깡통만 들지 않았지 깡통을 두드
리는 것보다 더한 광란의 짓을 하고
있음이며 너희들을 그리 인도하느니
라.
17 그리고 '아멘!'이라 하느니라.
18 그리고 저희들이 흥분하며 소리 지르
며 나 여호와의 이름을 불러 대고, 예
수의 이름을 강아지 이름 부르듯이 불
러 대며, 나 여호와를 저희 이웃의 친
구만도 못하게 불러 대는 그러한 광란
의 짓을 하고 있음이니, 그게 어떠한
형국이더냐?
19 그게 바로 '빈 깡통이 요란하다.'는 바
로 그런 것이니, 나와는 아무런 관계
도 없기 때문이니라.
20 너희들은 여기서 하나 깨우쳐 역사부
터 더듬어 와야 될 것이니라.
21 나의 아들 예수가 세상에 나와 나의
피조물 만백성을 이끌어 갈 때, 그와
같은 방법으로 이끌어 갔는가?
22 그는 그저 들녘에서, 다락방에서, 길
거리에서 나의 진실한 성령을 받아 그
자리에서 전하는 그러한 역사를 이루
고 그리 살아왔음이니라.
23 그는 나의 아들로서, 나의 성령으로써
나의 피조물 만백성을 구하고자 하여
설법하였기 때문에 그리 빈 깡통처럼
요란하지도 아니하였으며 빈 깡통처
럼 두드려 대는 일도 없었음이니라.
24 지금 나의 피조물, 수많은 나의 백성
들이 잘못 가르치는 그들을 따라 하늘
에 오른다 하여 잘못 가는 길을 가고
있음이니,
25 그리고 빈 깡통을 두드리는 그들의 깡
통 소리를 듣고 앉아 '아멘'이요, '주여
저를 구원하여 주옵소서, 그리고 육신
의 재물을 내려 주옵소서.' 그와 같은
나와는 아무런 관계도 없는, 파도 소
리만도 못한 그 소리를 질러 대며 평
생 속아서 살아가고 있음이니,
26 그들이 죽어 내 앞에 왔을 때는 이미

돌이킬 수 없으며 후회하고 통곡해도
다시는 돌릴 수 없는 그 길을 가고 있
으니,
27 내가 나의 선지자 너를 통하여 나의
열여섯 권의 법전으로, 또 내가 너에
게 내리는 모든 나의 성령의 뜻을 가
지고 그들을 깨우치고자 함이며 그들
을 바로 보게 하고자 함이니,
28 나의 이 법전을 다루는 너의 제자들이
얼마나 소중한 자들인가를 너희 자신
이 좀 깨우치라 함이니라.
29 너희들이 나의 법전을 전함에 있어 소
리를 지르고 광란을 하고, 궁궐 같은
것을 짓고자 하며, 그리고 남들과 자
리를 할 때 더 높은 자리를 갖고자 하
고, 맛있는 것을 너희 앞에 놓고자 하
고, 좋은 것을 입고자 하며 그리 사는
가?
30 나의 법전을 읽고 너의 제자로 선택된
자들은 다 자기의 직분과 직장과 자기
의 위치에서 가장 낮은 자로서, 그리
고 겸손한 자로서 남을 용서하고 이해
하며 살아가려고 애쓰며 지금 다져져
가고 있음이니라.
31 내가 이들의 마음이 변화됨을 알고 있
음이니라.
32 이들이 뭐라 말하느냐?
33 조용히 자기의 직분을 다하며, 그리고
남에게 누를 끼치지 아니하고 남들이
하기 싫어하는 일을 스스로 즐겨 하는
그와 같은 너의 제자들이 있음이니,
이들과 그저 떠들고 소리 지르는 그들
과의 차이점을 한번 너희들은 견주어
봐야 될 것이니라.
34 사랑하는 선지자야!
35 "네, 여호와 하나님! 말씀하옵소서."
36 너의 제자들과 그들이 같이 한자리에
어떠한 행사를 치르든, 대화를 하든,
너희들은 언젠가 한 번은 부딪칠 때가
올 것이니라.
37 그들은 종교 지도자라 하여 그 수십억
중에서 유능하고 똑똑한 자들이 한 무
리를 이루나, 너는 내가 선택한 너의
제자들 중에서 고르려야 고를 사람이
없으니, 50명이면 50명 전원이 다 나
가야 될 것이며, 그와 같은 형국에서
너희들은 추리고 고르지도 않은 너의
제자들이 그들과 대적할 것이니라.
38 그러나 그들과 너희들이 공동의 생활
을 시작하여 3일만 지나 보라.
39 그들은 처음에 떠들어 대며 찬송하고
눈물 흘리며 서로 나와 기도하고 하나
님께 무엇을 달라 하며 저희들에게 영
광을 달라 하고 저희들에게 힘을 달라
할 것이며 그리고 '앞에 있는 불쌍한
저 백성들을 구원할 수 있는 길을 열
어 주옵시고 그들을 구원하여 주시옵
소서.' 하고 기도할 것이니라.
40 그리고 그들은 광란을 피울 것이니라.
41 첫날은 저희들이 같이 기거하는 그 건
물의 뚜껑이 날아갈 것같이 요란을 피
울 것이니라.
42 그리고 둘째 날은 좀 시들 것이니라.
43 그리고 셋째 날엔 저희들은 형제라 하
는 자들끼리 말다툼하고 저희들의 이
해관계로 따지게 될 것이며, 그때부터
제가 속해 있는 저희 종교 집단이 가
장 우수하다는 것으로써 갑론을박하
고 헤어질 것이니라.
44 그리고 그들은 한 귀퉁이에서 싸움을

할 것이며 저희들에게 오는 것만이 구
원을 받는 길이라 하며, 대표로 모여
왔던 자들이 제가 대표로 온 그 자체
도 망각하면서 서로 저희들의 성전으
로 와 같이 공부하고 찬양하며 예배하
자 하여 저희끼리 전도하고 유혹하기
바쁠 것이니라.
45 이것이 그들의 형태이니라.
46 너의 제자들은 50명 전원이 다 나갔
다 하더라도 처음에 앉은 곳에서 묵묵
히 자리를 지킬 것이며, 너의 뜻만을
바라볼 것이고 너의 하나하나 움직이
는 눈빛과 마음에 따라 그들은 일사불
란하게 움직일 것이며,
47 기도하고 광란하고 무엇을 달라 소리
나 지르는 그자들을 앞에 놓고 너희들
스스로 '하나님! 저의 죄를 용서해 주
옵소서.' 그리 기도할 것이니라.
48 그리하여 너희들은 첫날도 조용하고
둘째 날도 조용하며 마지막 날 너희들
은 서로 손을 잡고 말할 것이니라.
49 '과연 우리가 선지자를 따르기를 잘했
노라. 이것이 바로 지도자들이요, 종
교 지도자들의 집단이 끌어가는 그와
같은 형국일 것이니라.' 그리 말할 것
이며, 너희들은 너희들이 앉아 있던
자리요, 너희들이 거쳐 가는 그 자리
가 더 빛나고 깨끗이 정돈되고 정돈된
상태로써 아름다운 미덕을 남기고 조
용히 집으로 돌아갈 것이니라.
50 그러나 그들은 서로 저희 집단 속으로
와야만 하늘에 오르는 길이라 하여 서
로 찢고 싸우다가 갈라져 모든 것을
다 팽개치고, 그 분위기조차 저희와는
아무런 관계도 없다는 듯이 다 팽개치
고 뿔뿔이 저희 갈 길로 갈 것이며, 그
들은 그저 저희를 데리러 오라 소리
지를 것이며 그리 헤어질 것이니라.
51 그리고 돌아가서 그들은 말할 것이니
라.
52 '내가 가서 우리 성전에 오라 전도하
였으며, 우리 목사님 앞에 와서 고개
숙이고 구원받는 자만이 구원의 길에
오를 것이라며 그를 전도했다.' 하고
자랑할 것이니라.
53 그리고 앞에 앉아 있는 너희들에게 보
인 그 부끄럽고 추한 모습을 그들은
보지도 못할 것이며 깨닫지도 못할 것
이니라.
54 그러면서 너희들에 대해 말할 것이니
라.
55 '배운 것도 없고, 아는 것도 없고 하늘
에 오르는 길이 무엇인지도 모르는 그
들은 그저 겨울에 잠자는 개구리처럼
입을 봉하고 앉아 있더라, 그런 바보
들과 대적하여 이삼일의 시간을 보낸
것 자체가 너무나 아깝다.' 그리 말할
것이니라.
56 너희들 마음속에 자리 잡고 있는 그
마음을 그들이 어찌 알랴?
57 영혼을 위하여, 하나님을 향하여 자신
의 잘못된 죄를 용서 빌며, 오로지 그
저 '하늘에 갈 수 있는 그 길이요, 또
여호와 하나님의 뜻에 의하여 움직이
고 살아갈 수 있는 힘과 용기를 주옵
소서.' 하고 말없이 기도하고 있는 너
희들에 대해 그들이 무얼 알겠는가?
58 그들은 가서 말할 것이니라.
59 '그들은 머지않아 다 뿔뿔이 헤어질
것 같더라.

60 그들은 우리 한 사람이 그 50명을 다 대적해도 말대답할 사람이 한 사람도 없으며 우리를 이길 자 하나도 없더라.

61 어찌하여 지도자께서는 나 같은 사람을 보냈는가?

62 차라리 나보다 한참 후배인 엊그저께 우리 집단에 들어온 자가 가서 말을 해도 그 기도 한마디로써 그들을 다 감동시키고 그들을 이끌 것이며 그들이 말 한 마디 할 수 없도록 입을 봉해 놓을 것을, 이제 그러한 행사에 나 같은 사람은 가서는 안 되며, 들어온 지 얼마 안 되어 그저 아멘이나 찾는 그 제자나 후배를 보내도 충분히 대적할 것이다.' 그리 말할 것이니라.

63 그것이 그들의 형태이니라.

64 그들은 아무것도 모르기 때문이니라.

65 하늘에 오르는 길이 무엇이고 나 여호와가 원하는 것이 무엇이며 내가 이루고자 하는 것이 무엇인지 그들은 모르나니,

66 천 년의 역사 동안에 너희들이 쓰고 있는 언어요, 단어로써 세상을 다 통일하며, 모든 생활 습관을 너희들과 같이 살아가도록 하여 나 여호와만을 경배하는 하나의 마음으로 이루는 그 역사를 모르며,

67 저희 악의 뿌리가 서서히 시들어져 간다는 그 자체도 모름이니, 그리하여 그들은 악쓰고 떠드느니라.

68 나의 뜻을 모르기 때문이니라.

69 그리하여 그들은 빈 깡통의 소리가 높듯이 그와 같이 행동을 하는 것이니라.

70 그저 제일 좋은 자리에 앉고, 제일 좋은 것을 갖고, 제일 멋있는 것을 걸치며, 거드름을 피우고 목에다 힘을 주며 그저 너희들을 호령하며,

71 그리고 저는 하나님으로부터 선택된 자이기 때문에 너희들과는 다르며, 너희들은 감히 제가 하는 짓을 탓할 수 없다 그리 말할 것이며,

72 저희 제자들이 잘못하는 것은 그를 꾸짖으며 죄를 사하는 대가로써 금화와 은화를 바치라 호령할 것이며, 제가 잘못한 것은 하나님께서 다 심판하시기 때문에 너희는 모르는 체하며 저를 탓하지 말라 그리 말하는 것이니라.

73 얼마나 자신이 없으면 그들이 말하는가?

74 정녕 똑바른 지도자요, 나에게 선택된 자는 저의 추악한 부분, 부족한 부분을 다 드러내 보이며 그를 깨우쳐 저희 것을 다스려 나가니 그와 같은 지도자만이 나에게 선택된 자이며,

75 그리하여 그의 제자들과 그 스승이 한 마음이 되어 한 길을 이루는 그것만이 나에게 선택된 지도자가 가는 길이며, 나의 선지자가 가야 하는 길이니라.

76 너희들은 알고 있느니라.

77 말 못 하는 강아지가 저를 예뻐하고 미워하는 것을 알며, 세 살 먹은 아이도 저를 예뻐하고 미워하는 것을 다 알거늘,

78 종교 지도자라는 자가 속이고 거짓 하고 진실을 주지 아니하며 위선된 말로 사랑한다 하며, 좋은 것은 제가 챙기고 그보다 낮은 것은 저의 제자들에게 그저 남아서 던져 준다 하면, 그를 보는 그 제자들이 그걸 모르리라 생각하는가?

79 그 제자들이 저희보다 더 머리 위에
있으며 모든 것을 다 판단하고 더 잘
알고 있음을 그들이 모르느니라.
80 감추는 자는 종교 지도자가 아니니라.
81 그리고 속이는 자는 종교 지도자가 아
니니라.
82 모두를 다 털어놓고 보이지 않는 자는
종교 지도자가 아니니라.
83 그는 사랑할 수 없기 때문이며 사랑을
모르기 때문이니라.
84 어찌하여 저희 제자를 사랑한다면 그
제자 앞에 속임이 있고 거짓이 있으며
그를 기만하는 것이 있겠는가?
85 그 앞에서 거짓 하고 기만하고 속이는
것이 있다 하면 그는 제자와 스승과의
관계가 아니며, 영원히 저희는 하나가
될 수 없는 벽이 가로막혀 있는 것이
니라.
86 이것이 나의 선지자가 가는 길과 그들
이 가는 길이 다름이며, 깡통같이 소
리 지르는 자들과 나의 성령을 받아
조용히 당당한 정답을 갖고 전하고자
말없이 앉아서 나에게 기도를 올리는
선지자와 같은 지도자로서의 그 길이
엄연히 다름을 너희들은 깨달아야 할
것이며,
87 너희들이 나가서 행동함이 그와 같이
또 달라야 할 것이니라.
88 너희들 자신이 선지자를 따라 그와 같
은 마음으로 그와 같이 행동을 해야
될 것이니라.
89 아무런 말 없이 침묵을 지키고, 앞에
광란 짓 하는 그들을 보며 '하나님! 저
의 죄를 용서하여 주옵소서. 그리고
하나님의 뜻대로 살아갈 수 있는 용기
를 주옵소서.' 하고 눈물의 간곡한 기
도를 드리고 묵묵히 앉아 있는 너희들
과,
90 그저 저희들이 기도하면 달라는 대로
다 주는 듯이, 저희들이 너희들을 구
원해 주는 역사를 이룰 수 있는 자들
인 것같이,
91 그저 너희들을 구원해 주십사, 그리고
'불쌍한 앞에 있는 사람들을 인도해
주옵소서.' 하며 그저 내가 듣지도 않
는 개 짖는 소리와 같은 음성으로써
부르짖는 그들을 보고 누가 진정한 하
늘에 오르는 길을 가며 실행하는 자인
가를 너의 제자들은 똑바로 보고,
92 너의 제자들이 얼마나 소중하고 귀한
가를, 너희들이 얼마나 위대한 자이던
가를, 그리고 너희들이 어찌 처신해야
되는 것인가를, 너희들이 어찌 생활을
해야 되는 것인가를, 너희들이 어찌
살아가면서 어찌 타의 모범이 되어야
하는 것인가를,
93 이를 깨우쳐 가슴속에 깊이 새기도록
너의 제자들에게 이르라.

1,911 번째 하나님 말씀

2002년 2월 26일 13시 40분

1 사랑하는 선지자야!
2 "네, 여호와 하나님! 말씀하옵소서."
3 너희들 말에 이러한 말이 있느니라.
4 '열 사람이 한 사람을 바보 만들며, 거
짓 하는 자 열 사람이 바른말을 하는
한 사람을 바보 만들기 쉽다.' 하는 말
이 있음이니,
5 지금 너희들이 살아가는 형국이 어찌

되어 있느냐?
6 진정한 하늘에 오르는 길이요, 그 뜻
도 모르는 자들이 하늘에 오르는 길이
라 하여 나의 피조물 만백성을 이리
찢고 저리 찢어 가 저희들이 하늘의
길로 인도한다 그리함이니, 바로 무엇
이던가?
7 열 사람이 한 사람을 바보 만들기 쉬
운 그와 같은 형국으로써 지금 잘못
가는 그들이 이 세상을 다 덮어 가고
있으며, 그들이 수없이 이리가 양을
공격하듯이 나의 사랑하는 피조물 만
백성을 공격하고 또 그리 몰고 가고
그리 이끌어 가는 이와 같은 형국이
되어 있으니,
8 나의 어린 백성들이 지금 그들의 먹이
에 걸리지 아니한 자 얼마나 있으며,
그들이 노리는 그 대상물에 들어 있지
아니한 자 어디 있는가?
9 그러니 나의 피조물 만백성이 지금 어
찌 하늘에 오르는 길을 바라볼 수 있
겠는가?
10 열 명이 모여 아름다운 마음 가진 한
사람을 사악한 자로 몰아붙이기 일쑤
라 하였으며 바른말 하는 자를 거짓으
로 뒤집어씌울 수 있다 하였음이니,
11 지금 그 많은 종교의 지도자들이요,
믿음의 길을 가고 있는 자들이 진정한
진리요, 하늘에 오르는 길이 무엇인지
도 모르면서, 굶은 늑대가 양을 공격
하듯이 그와 같이 나의 어리고 착하고
불쌍한 피조물 만백성을 물고 삼키고
자 호시탐탐 노리고 있으니,
12 그 대상에서 벗어나 있는 백성이 없음
이니 이를 어찌해야만 되겠는가, 선지
자야!
13 지금 수천 년 역사 동안에 나 여호와
를 믿으며, 나 여호와 하나님이 존재
하며 하늘나라에 오를 수 있는 길이라
하여 그들이 인도하고 가르친 그 역사
속에서 그들이 살아온 현시점은 어디
있던가?
14 그들이 정녕 바른길로써 하늘에 오르
며 나의 십계명을 지키고 나의 율법대
로 지키고 살아왔다 하면 오늘과 같은
형국은 이루어지지 아니하였을 것이
니라.
15 그들은 나의 십계명을 지킬 수 없으며
나의 율법대로 살 수 없다 하니,
16 하늘에 오르는 어렵고 힘든 그 길은
그들이 지킬 수 없다 하여 내던지며,
저희들이 편안하고 즐거운 그것만이
지킬 수 있는 것이요, 그것을 지키면
하늘에 오를 수 있는 길이라 그리 가
르쳐 지금에 온 형국이 어찌 되었는지
알겠느냐?
17 나 여호와로부터 받은 그 귀중한 생명
을 금화 몇 닢을 받고 단죄하고 그 목
숨을 끊으며 살인하는 것을 즐거움으
로 삼는 자가 있는가 하면, 그를 직업
으로 삼고자 하는 그와 같은 지금의
험악한 시대가 와 있으며,
18 너희들이 뭐라고 말하느냐?
19 세상사 나의 피조물 만백성이 다 도둑
놈이요, 다 거짓 하는 자요, 다 사기하
는 자요, 그리하여 세상에 믿을 자 하
나도 없다 너희들이 그리 말하고 있음
이니,
20 이와 같은 세태를 과연 누가 만들었는
가?

21 이것 하나만 보더라도 지금의 종교 지
도자들이 뼈를 깎는 반성과, 저희 스
스로 진정한 하늘에 오르는 길이 무엇
이며 어찌 행하여야 하는 것인가를 깨
달아야 할 것이니라.
22 내가 내린 나의 십계명만을 정독하고
그리 지키고 살고자 노력하면 그 속에
하늘에 오르는 길이 있으며, 내가 원
하는 나의 진정한 뜻이 거기 있기에
그들이 깨달아 오늘과 같은 험악한 세
상을 만들지는 아니하였을 것이니라.
23 너희들은 한번 주변을 돌아보며 오늘
의 세태를 돌아다보라.
24 그저 거짓 하는 자, 남을 등치는 자,
남에게 사기 치는 자, 그러한 자들이
배불리 먹고사는 세상이며, 바르고 곧
은 자들이 설 자리가 없는 이와 같은
세상이 되어 있으니, 이를 어찌하여야
되겠는가?
25 이 모두를 누가 다 책임을 져야 되며
그 책임이 누구에게 있는가?
26 창조주인 나를 따르며 나에게 오르고
자 만백성을 지도하고 이끌어 온다고
가르친 그자들이 어찌 가르쳤는가?
27 인간의 교육이요, 인성의 교육이 기초
거늘, 그 기초가 안 된 상태에서 더 높
고 그 위에 있는 나 여호와의 뜻을 깨
우침만을 강조하였음이니,
28 그들이 잘못 가르치고 잘못 감을 너희
들은 지금 다시 한 번 돌아다보고 분
석하며 반성할 수 있는 기회를 가져야
할 것이니라.
29 나의 사랑하는 백성 중에서 종교 지도
자요, 하늘에 오르는 길로 나의 불쌍
한 백성들을 이끌어 인도하는 자들이
육의 생각과 육신의 부귀영화를 버린
다 하면 오늘과 같은 형국은 이루어지
지 아니하였을 것이니라.
30 바로 육의 영광과 영화를 위하여 생각
하며 저희들 자신을 지키고자 하는 그
속에 어찌 그들이 깨달음을 얻을 수
있으며 하늘에 오르는 길을 볼 수 있
는가?
31 스스로 자기 자신이 없음을 깨닫고 자
기 자신이 없는 생활을 해 나갔을 때,
정녕 지금과 같이 험악한 나의 피조물
백성들이 아니라 온유하고 유한 백성
들이 이 세상을 지배하게 되었을 것을,
32 그들이 이끌어 온 이 세상이 지금 어
찌되었느냐?
33 세상에 지금까지 살아오면서 사람의
목숨을 끊어 주며 그 대가를 받고자
하는 직업을 가진 세대는 없었음이니
라.
34 소중한 사람의 목숨을, 나로부터 받아
세상에 나간 그 귀중한 생명을….
35 잘났든 못났든 그는 나로부터 받은 자
며 동등한 권리를 가지고 세상에 나간
자들이며, 너희들은 한 부모 아래 한
형제이니라.
36 그런데 너희들은 나로부터 생명을 받
고 세상에 나간 너희 형제의 목숨을
단죄하여 그를 죽임으로 인하여 몇 닢
의 금화를 받는 그와 같은 직업이 있
다, 그리고 그와 같이 해 줄 수 있다고
공공연하게 말하는 이러한 세상이 나
왔으니,
37 살인을 할 수 있으며 살인자로서 저희
들의 이름을 내놓는 것이 아닌가?
38 그리고 살인 그 자체를 업으로 삼으며

살고자 하는 것이 아닌가?
39 최소한 남의 생명을 끊으면서, 남을 죽이면서 제가 살고자 하는 마음을 가져서는 아니 되지 아니한가?
40 그러니 그 속에서 살아가는 나의 피조물 만백성이 불안과 공포에 살며, 또 너희들이 거짓 하는 자들 속에서 호시탐탐 남의 것을 노리고 사기 치고 거짓 하며 남을 우려먹고자 하는 그런 마음을 가지고 있는 자들이 득실득실한 것은 당연한 사실이니,
41 그러니 너희들이 말하지 아니하더냐?
42 이 세상이 다 도둑놈들의 세상이요, 거짓말하는 자들의 소굴이요, 사기 치는 자들의 소굴이요, 그리고 사기를 잘 치고 거짓을 잘하는 자는 배불리 잘 먹고살며,
43 그와 같이 못 하는 자는 배곯고 고생하며 시련의 삶을 살아간다는 이와 같은 세상에 있으니, 여기서 어찌 살아가야 하겠는가?
44 남의 생명까지도 죽여 가면서 제가 살고자 하는 이와 같이 험악한 세상이 도래하였으니, 남의 물건을 훔치는 것이요, 남의 것을 도적질하는 그것을 죄라고 너희들이 지금 생각하고 사는가?
45 이제는 머지않아 그 모두가 다 죄도 아니라 생각하며 당연한 것이라 생각하는 그러한 세대가 오지 않는다고 누가 말할 수 있는가?
46 그러한 세대를 어찌 이끌어 나갈 수 있겠는가?
47 열 사람이 한 사람을 바보 만들기 쉽다 하였으니, 도둑들 속에서 사는 나의 피조물 만백성이 그들로부터 무엇을 배우며 어찌 가겠는가?
48 또한, 그 속에서 도둑질을 아니 하고 사는 것이 제 목숨을 내놓는 것보다도 더 어렵고 힘든 그러한 세상이 도래하고 있으니,
49 도둑질하는 자가 도둑질하지 않는 자를 도둑질하는 자라 손가락질하고 짓밟을 때, 그는 항변할 곳이 없느니라.
50 그리고 좌우를 봐도 거짓말하고 남의 물건을 훔치며 사기 치는 자들 속에서, 그러한 세속 속에서만 살아가는 나의 착하고 아름다운 백성들이 무엇을 배우겠는가?
51 그들 역시 설 자리가 없음이니라.
52 그리고 거짓 하는 자들이 그를 보고 거짓 한다 하여 그를 바보로 만드는 이와 같은 세상이 되어 있음이니,
53 잘못을 저지르고 사기 치며 남의 것을 훔치고 남의 것을 양심의 가책도 없이 거짓 하여 챙기는 자들이, 그와 같이 못 하고 착하고 아름답게 살아가는 백성들을 보고 바보요, 천치요, 어리석은 백성이라 말하는 이와 같은 시국이 도래하였으니, 이를 어찌해야겠는가?
54 너희들 말대로 세상이 다 온통 도둑놈이요, 거짓 하는 자요, 사기 치는 자들뿐이요, 진정한 자 하나도 없다 말한다면, 이 속에서 아름답게 살아가는 너의 제자들이 설 자리가 어디 있으며, 너희들이 얼마나 고달프고 힘든 길을 가야 하는가?
55 그러나 너희들은 가야 하는 것이니라.
56 그리고 나의 법전을 읽고 깨우치고 너희들이 깨달아 그와 같이 어렵고 힘들

게 살아가는 나의 피조물 만백성에게
나의 법전을 전하여 그들이 깨닫고 깨
우치는 그와 같은 역사를 다스려 나가
야 할 것이니라.
57 지금 수천 년 역사가 흐르며 구약과
신약 시대에 공부를 하여 만백성을 구
하겠다고 많은 종교 지도자들이 단상
에서 소리 질러 그들을 일깨우며 깨우
치는 역사를 이루었으나,
58 그 역사가 지금에 와서는 사람의 목숨
을 끊는 직업이 생겼으며, 도둑질하는
자가 영웅이요, 사기 치는 자가 영웅
이요, 어떠한 방법과 수단을 가리지
아니하고 재산을 많이 모은 자가 대우
받으며 당당히 살아가는 이러한 세상
을 만들었음이니,
59 지금 여기서 나 여호와가 단죄하지 아
니하며 한 획을 긋지 아니할 수 없지
아니한가?
60 나 여호와가 제3의 시대를 열며 나의
법전을 세상에 내보내 나의 선지자를
통하여 너희들을 깨우치고자 하는 것
이 바로 너희들이 만든 역사가 이 형
국에 이르렀기 때문에 그러하니라.
61 온 세상이 너희들이 말하는 대로 거짓
하는 자요, 사기하는 자들로써 다 덮
여 있고, 하늘에 오르는 길을 잘못 가
르치고 잘못 인도하는 그들로써 덮여
있는 이 시점에서,
62 한 획을 긋고 그를 밀치며, 그 속에서
아름답고 깨끗한 한 싹이 트게 함이
니, 얼마나 힘들고 어려운 길을 너희
들이 가는 것이더냐?
63 그리하여 너희들이 소중하니라.
64 그리고 너희들이 나에게 귀중한 보배
라 내가 말함이니라.
65 천 년의 역사가 흐르는 세월 속에서
바로잡아 가며, 이와 같이 사람을 죽
이는 직업이 나온 이 세상의 험악한
형국과,
66 도둑질하는 자와 거짓 하는 자들과 사
기 치는 자들로 다 덮여 있는 이 세상
에 그 악의 씨와 뿌리를 서서히 소멸
시켜 가고자 하는 것이 나의 뜻이니,
67 바로 그를 소멸시키는 하나의 빛을 지
금 내가 세상에 법전이라 하여 내려보
내며, 그를 가지고 전하고 뛰는 너희
들이 나의 전사이니,
68 너희들이 얼마나 고달프고 힘들고 어
려운 길을 가야 하는 것이며, 그리고
천년만년의 역사 후에 너희들 이름이
얼마나 위대하고 아름답게 영원히 기
록되어 남을 것인가?
69 영원히 사는 나의 나라에 와 너희들이
영원히 살 수 있는 그 영화와 축복을
얻는 것을 잊지 말고,
70 오늘의 고달픔을 인내하며 용기와 희
망과 자신을 가지고 나의 피조물 만백
성을 구하는 전사로서 한 점의 부끄러
움이 없는 삶을 살아가도록 오늘 또
그리 마음의 각오를 다지고 내일 또
다지며,
71 나의 사랑하는 선지자를 따라 오로지
하늘에 오르는 그 길을 위하여 만백성
에게 빛이 되는 삶을 살도록 하라, 나
의 사랑하는 백성들아!

1,912 번째 하나님 말씀

2002년 2월 26일 13시 50분

1 사랑하는 선지자야!

2 "네, 여호와 하나님! 말씀하옵소서."

3 너희들이 살고 있는, 내가 최초에 만든 이 아름다운 지상의 낙원에 내가 가장 사랑하고 아끼는 나의 피조물 만백성의 지금의 삶의 형태가 어디에 와 있다고 하였느냐?

4 내가 내린 그 귀중한 생명을 금화와 은화 몇 닢으로써 죽이는, 살인을 하는 직업까지 세상에 나와 있으니, 그 이상 더 험악하고 더 무서운 직업이 어디 있는가?

5 올라가려야 더 올라갈 수 없으며 가지를 붙이려야 붙일 수 없는 마지막의 이 형국에 와 있음이니, 이보다 더 사악한 일이 있을 수는 없음이니라.

6 그런가 하면 모두가 다 너희들 말대로 도적질하는 자요, 사기 치는 자요, 사악한 무리로 덮여 있는 지금의 세상이니,

7 인간사 살맛이 없다 너희들이 그리 말하는 이러한 세태가 이루어져 왔음이니, 이를 과연 너희들은 어찌하겠는가?

8 이와 같은 세대에서 한 획을 그어 바로잡기 위하여 나의 선지자를 통하여 나의 법전을 세상에 내려보내며, 나의 음성을 너희들로 하여금 직접 듣게 하여 너희들을 깨우치고자 하는 내가 너희들의 마음 자세를 물어보고자 함이니라.

9 천년만년의 역사가 흘러 나의 피조물 만백성이 내가 이룬 이 에덴동산의 낙원을 만드는 그 기초를 너희들이 만들어 놓고 하늘에 왔을 때, 너희들의 그 노고와 공이 얼마나 위대한 것인가를 너희들이 알 것이거늘,

10 그 대열에서 살아가는 너희들의 마음 자세가 어떠하더냐?

11 너희들이 과연 선지자를 통하여 내가 내리는 나의 음성이요, 나의 계명이요, 나의 뜻을 얼마나 지키고 사는가?

12 나의 사랑하는 선지자의 제자 너희들은 들어야 할 것이니라.

13 너희들이 무더운 여름에 하루 동안 물을 마시지 말아 보라.

14 그 갈증이 얼마나 심하던가?

15 너희들이 매일 마시고 사는 그 물을 하루만 마시지 않는다면 그 갈증이 얼마나 심할 것이며, 3일을 마시지 아니한다면 그 갈증이 어떠하겠는가?

16 너희들이 먹고사는 음식을 먹지 않고 3일을 굶어 보라.

17 그리고 일주일을 굶어 보라.

18 그리고 열흘을 굶어 보라.

19 그러면 너희들은 육신을 위하여 음식을 먹고자 하는, 그 갈구하는 마음이 어떠할까?

20 너희들이 지금 한 끼를 굶어서, 혹은 하루를 굶어서 허기진 그 배에 음식을 취하고자 하는 그와 같은 간절한 생각만큼이나 나를 생각하고, 하늘에 오르고자 하는 그 믿음의 길을 위하여 노력하며,

21 천 년에 걸쳐 이 지구상에 내가 만든 낙원에 정말 에덴동산을 이루어 선한 자들만 존재하는 낙원을 만들고자 하는 나를 따르는 나의 선지자의 가장

사랑하는 제자인 너희들은,
22 그리고 나의 음성을 많이 듣고 나의
법전을 많이 정독한 너희들은 하루를
굶어 밥을 원하는 것만큼 나에게 갈구
하는가?
23 3일을 굶어서 배고파 음식을 취하고
자 하는, 그 갈망하는 만큼 너희들이
구원의 길을 위하여 갈망하고 소망하
는가?
24 너희가 일주일을 굶고 열흘을 굶어서
물과 음식을 갈구하고 소망하는 그 애
절함보다 더 갈구하는 마음으로써, 나
여호와에게 오르는 길이요, 나의 법전
을 전하는 그 길에 너희들이 얼마만큼
너희들의 자리를 지키고 있는 것인가
생각해 보라.
25 열흘을 굶어 먹지 못한 그 마음이 음
식을 갈구하는 그 육신의 욕망보다,
하늘에 오르는 길이요, 나를 경배하고
따르고 나의 법전을 전하며 나의 음성
을 듣는 것을 열배 백배 더 갈구하는
마음으로 듣고 너희 것으로 만들어 깨
우쳐, 열배 백배 천배 더하는 그 고통
의 갈구하는 마음으로 나의 피조물 만
백성을 구원하고 인도해야 할 너희들
이니,
26 과연 너희들의 마음이 그와 같이 되어
있는가?
27 열흘을 굶어서 배고파 허덕이는 그가
음식을 갈구하는 것만큼도 너희들이
하늘에 오르고자 하는 그 뜻을 가지고
나에게 경배하지 아니하고 갈구하지
아니하며,
28 나의 법전을 세상에 전하여 낭떠러지
로 떨어지는 너희 형제를 구원하고자
하는 그 갈급한 마음을 갖지 아니하고
있다 하면,
29 너희들 스스로 자신의 점수를 매기라.
30 그리하고 네가 어디에 서 있으며, 네
가 누구며, 과연 내가 사랑하는 나의
선지자의 제자요, 그를 따르는 전사
요, 그리고 만백성을 구원하는 전사로
서의 자리에 설 수 있는가,
31 그리고 수천 년의 역사가 흐르는 동안
에 너희들이 후손으로부터 칭송을 받
을 자격이 있는가,
32 그리고 육의 생을 마치고 하늘의 나에
게 왔을 때, 영원히 살 수 있는, 너희
들이 상상할 수도 없고 그릴 수도 없
는 낙원에 와 비단옷 걸치고 사는 그
아름다운 영화와 영광을 과연 받을 수
있겠는가,
33 열 끼를 굶어 음식을 갈구하는 만큼도
내가 원하는 그 일의 대열에 너희들이
몸과 마음을 바치지 아니한다면,
34 이 검은 구름으로 덮여 있는 세상을,
도적질하고 살인하고 간음하고 사기
치며 너희들이 말하는 더러운 도둑놈
의 소굴이라는 이 세상에서 누가 이를
바로잡아 갈 수 있겠는가, 이를 너희
들에게 내가 묻노라.

1,913 번째 하나님 말씀

2002년 2월 26일 15시 40분

1 사랑하는 선지자야!
2 "네, 여호와 하나님! 말씀하옵소서."
3 내가 너에게 일깨워 일렀느니라.
4 지금의 험악하고 사악한 이 세상은 수
천 년 동안 나의 구약과 신약의 성서

를 갖고 나의 피조물 만백성을 하늘로
이끈다 하는 거짓 선지자들의 부르짖
음에 의하여 이와 같이 이루어졌음이
니,
5 신약의 시대에 나의 피조물들을 이끌
어 간다며 저희 손으로 호화로운 성전
을 짓고 갖은 수법으로 재물을 긁어모
아 나의 피조물 만백성을 고통의 길로
인도하며,
6 또한, 광란의 믿음으로써 그들의 시간
과 재물과 그 모두를 다 착취하고 빼
앗아 간 종교 지도자라 하는 자들의
죄며, 그들이 이와 같이 험악한 세상
을 만들었다 하여 그 죄가 용서받을
수 없음이라 내가 말하였으니,
7 너의 제자들과 너는 오늘 여기서 하나
를 깨우치고 가야 될 것이니라.
8 내가 너희들에게 십계명에 뭐라 하여
내렸던가?
9 '살인하지 말라.
10 도적질하지 말라.
11 간음하지 말라.
12 거짓 증거하지 말라.
13 네 이웃의 집을 탐내지 말라.'
14 내가 너희들에게 이를 지키며 살라 명
하였느니라.
15 그리하여 종교 지도자들이 내가 불로
쓴 나의 십계명을 지키고 사는 것이
하늘에 오르는 길이며, 이것이 기본이
요, 근본이라 그리 가르쳐,
16 나의 피조물 만백성에게 이를 지키고
살아갈 수 있도록 하였더라면, 지금의
이와 같은 형국이 이루어지지는 아니
하였을 것이니라.
17 그러나 그들은 뭐라 말하였느냐?
18 십계명은 인간으로서 지킬 수 없기 때
문에 죄를 짓고 용서를 빌며 재물을
바치면 구원을 받는다 하였으며, 인간
이라 그리 지키고 살아갈 수 없다 말
하였느니라.
19 그리하여 지금 너희들 형국이 어찌 와
있느냐?
20 '살인하지 말라.'는 나의 그 가르침이
있느니라.
21 어떠한 이유든 간에, 이해관계에서든
또는 적대시하게 된 관계든 간에 살인
을 하지 말고 살라 그리 내가 너희들
에게 명하였으니,
22 종교 지도자들이 살인을 해서는 안 된
다 그리 가르쳤으며 그리 이끌어 왔더
라면 오늘과 같은 그러한 형국이 이루
어지지 않았을 것이니라.
23 지금은 내가 내린 그 소중한 생명을
저희 재산을 지키고 저희 한 단체를
지키기 위하여 죽이고 강도질하는 것
이 아니라,
24 몇 푼의 금화와 은화를 저희들에게 쥐
여 주면 그저 가차없이 살해하는 이와
같은 형국에 들어와 너희들이 불안과
공포 속에 살아감이니,
25 이 모두는 다 너희들의 가슴에 비수를
꽂을 수 있다는 그런 것을 알아야 될
것이니, 이는 너희들이 그리 가르치고
그리 깨우쳐 오도록 했기 때문이니라.
26 종교 지도자 너희들이 인간이기 때문
에 죄를 짓지 않고 살 수 없다 그리 가
르쳐 그들은 너희들에게 그리 말하였
느니라.
27 인간이기 때문에 살인해도 되며, 살인
하지 아니하고 살 수 없다 그리 가르

치는 것과 똑같으니,
28 너희들이 십계명을 인간이라 지킬 수
없다 하여 그들이 살인하는 지금과 같
은 형국에 와 있으며,
29 사람을 살해하며 그것을 직업으로 삼
는 그와 같은 나의 피조물 만백성이
생기는 이와 같은 공포의 시대가 이루
어진 그 형국의 장본인이, 원흉이 너
희들이라는 것을 깨우쳐야 할 것이니
라.
30 '도적질하지 말라.' 하였느니라.
31 지금 너희들은 뭐라 말하느냐?
32 온통 세상에 다 도둑놈들만이 존재하
는 그러한 더러운 세상이라 너희 스스
로 말하느니라.
33 높은 자리에 있는 자는 높은 자리에
있는 대로 도적질하고, 권력을 쥔 자
는 권력을 쥔 대로 도적질하고, 있는
자는 있는 대로 도적질하고, 또 가난
한 자는 살기 위해서 남의 입장을 생
각하지 아니하고 도적질하며,
34 온통 저희들 마음대로 살며 도적들이
들끓는 이 세상이 되어 있음이니, 이
또한 누구의 탓이더냐?
35 너희들이 그리 만들었느니라.
36 인간이기 때문에 십계명을 지키고 살
수 없다, 그러니 인간이기 때문에 도
적질을 해도 된다 그리 가르친 너희들
이 장본인이며 너희들이 원흉인 것이
니라.
37 너희들이 잘못 가르쳐 그리 온 것이기
때문에, 나의 뜻을 인간은 지킬 수 없
다 너희들이 그리 부르짖고 가르쳤기
때문에 그들은 도적질을 하고 있음이
니라.
38 그 또한 너희들이 책임을 져야 될 일
이니라.
39 '거짓 하지 말라.' 하였느니라.
40 남의 것을 취하며 제 육신의 이득을
위하여 너희들은 거짓말을 하는 것이
죄를 짓는다는 생각조차도 하지 아니
하며, 그저 말끝마다 거짓말하는 그와
같은 형국이 되어 있으니, 서로 믿지
못하는 이러한 험난한 세상이 이루어
졌음이니,
41 이 또한 너희들이 그와 같이 인간이기
때문에 죄를 짓지 않고 살 수 없다 그
리 가르쳐 온 그 뿌리 깊은 너희들의
가르침 때문에 오늘과 같은 이런 형국
이 이루어졌느니라.
42 너희들이 바로 살라 가르쳤고 십계명
을 지키고 살라 가르쳤으면 오늘과 같
은 이러한 형국은 이루어지지 아니하
였을 것을, 너희들이 그 죄악의 뿌리
들이니라.
43 그리하여 너희 죄를 용서할 수 없음이
라 내가 말하였느니라.
44 '간음하지 말라.' 하였느니라.
45 너희들은 어찌 가르쳤느냐?
46 인간이기 때문에 십계명을 지킬 수 없
다고 말하였으니, 인간이기 때문에 간
음을 하지 않을 수 없고 간음을 해도
된다 그리 너희들이 가르쳤으니,
47 지금은 서로 신뢰하고 화목한 인생을
살아가도록 가정에 꽃이 피어 있는 그
와 같은 세대를 만들었어야 될 것이거
늘, 너희들은 어찌 만들었느냐?
48 아내는 남편을 속이고 남편은 아내를
속이는 이와 같은 형국이 되어 있음이
니,

49 간음은 너희들이 육신의 즐거움이요,
쾌락으로 생각하며, 그리하여 아내는
제 남편을 믿지 못하고 남편은 저의
아내를 믿지 못하니,
50 너희들 자신도 지금 서로 그와 같은
마음을 가지고 살며 불안을 느끼고 있
을 것이니라.
51 그 또한 현실일지도 모를 것이니, 이
를 어찌하겠는가?
52 아내는 남편을 의심하고 남편은 아내
를 의심하며 모두를 의심하고 무서운
눈초리로 바라보나, 너희들이 또한 시
기와 질투 속에서 서로를 감시 감독하
는 불안한 인생을 살아가도록 초래한
것이 바로 무엇이더냐?
53 신약의 시대에 종교 지도자라 하여 이
끌어 온 너희들이 그 죄악의 뿌리이니
라.
54 너희들이 그리 가르쳤느니라.
55 그리하여 지금과 같은 너희들 자신이
불안한 마음으로 살아가는 사태가 이
루어지고 있음이니,
56 지금 간음하며 아내가 남편을 속이고
남편이 아내를 속이는 이와 같은 험난
한 세상이 이루어지도록 만든 것이 너
희들이니,
57 이는 너희 자신이 불안과 공포와 의심
의 눈초리를 가지고 살아가도록 만든
것이 당연한 것이니라.
58 그러나 너희들이 나의 십계명을 어기
는 것은 죽음과 같으며 구원을 받을
수 없으니 그를 지켜야 한다 하며 지
켰더라면,
59 내가 뭐라 말하였더냐? 육신의 간통
보다도 정신적인 간통이 더 무서운 것
이라 하였으며, 사랑하는 아내가 거부
하는 그 뜻을 어기는 그 자체도 간통
과 같은 마음이요, 한 송이의 아름다
운 꽃을 꺾는 그와 같은 행위라 내가
가르쳤으니,
60 너희들이 그리 행하고 지켜 왔다면 서
로 의심과 의혹의 눈초리로 보지 않았
을 것을, 지금은 너희 가족 자체가 잘
못 가고 있지 아니하는가?
61 또 불안한 마음에서 서로 의심의 눈초
리를 보내지 아니하여도 될 것을 너희
가 그리 만들었으니, 이 세상 모두를
그와 같이 만든 것 또한 너희 종교 지
도자들이 잘못 가르친 죄이며,
62 인간이기 때문에 나의 십계명을 지킬
수 없다는 그 말 한마디가 이와 같은
험난한 결과를 만들어 냈느니라.
63 '너희 이웃 것을 탐내지 말라.' 하였느
니라.
64 너희들은 너희 이웃 것을 탐내어 너희
것으로 만들기 위하여 사람의 생명을
끊는 살인도 마다하지 아니하고, 도적
질을 마다하지 아니하며, 거짓을 마다
하지 아니하는 이와 같은 형국이 되어
있으며, 간음을 마다하지 아니하고 시
행하는 이와 같은 형국에 도래하였음
이니,
65 이를 다 어찌 다스리고 통제할 수 있
다 말할 수 있는가?
66 이는 다 너희들이 만든 죄악의 구렁텅
이니라.
67 이를 내가 용서할 수 없다 함이니라.
68 그리하여 지금 내가 너희들에게 이르
기를, 십계명을 지키고 바른 삶을 살
고 하늘에 오르는 길을 보며 구원을

받는 그 문을 열어 주기 위하여 너희
들에게 십계명을 지키고 살라 하며,
69 그 십계명의 뜻을 깊이 이해하고 지킬
수 있도록 선지자를 통하여 기록하여
세상에 내려보낸 것이 나의 법전이니,
70 너희들이 지금이라도 나의 십계명이
불로 직접 써 내린 나의 성령이요, 가
장 귀하고 소중한 것임을 깨달아 그를
지키고자 마음을 돌리며,
71 나의 법전을 열어 그 속에 나열된, 너
희들이 지키며 살아갈 수 있는 세부의
그 내용을 하나하나 너희 것으로 만들
어 반성의 기회를 갖는다면 너희들은
구원의 길을 얻을 수 있을 것이니라.
72 그러나 이를 거부하는 자, 이를 태우
는 자, 이를 찢는 자, 그리고 계속 단
상에 서서 부르짖기를, 인간이기 때문
에 죄를 짓지 아니하고 살 수 없으며
십계명대로 살 수 없다 그리 가르치는
종교 지도자는 죽어 와 그 죄가 얼마
나 무서운가를 알아야 될 것이니라.
73 지금 내가 천 년의 역사 동안에 십계
명을 지키는 백성만이 이 세상에 존재
하며, 나의 율법을 읽고 깨달아 그대
로 실행하는 자들과 그 선한 뿌리들만
이 이 세상에 존속하도록 다시 이 법
전을 내렸음이니,
74 지금이라도 너희들이 깨우쳐 십계명
에 모두를 다 걸며 그를 지키고 순종
하는 데 너희 모두를 다 바치는 믿음
으로 전환하여 나에게 오르는 길을 볼
수 있도록 하고자 함이니라.
75 여기서 선지자 너의 제자들이 알고 가
야 될 것이 있느니라.
76 지금 십계명을 지키고 살 수 없다 하
여 인간은 죄를 짓지 아니하고 살 수
없다 그리 가르치는 종교 지도자들의
그 말 때문에 세상이 온통 살인이요,
도적이요, 거짓이요, 간음이요, 이와
같은 형태로 덮여 있는 이 속에서,
77 이를 바로잡기 위하여 내가 십계명을
지키라 하여 그 뜻에 따라 십계명을
지키며 그와 같이 살려고 노력하는 너
희들이 얼마나 소중하고 나에게 값진
자들인가를 이제는 너희들이 알았을
것이니라.
78 그러니 너희들은 외치라.
79 '인간은 하나님께서 지혜를 주셨기 때
문에 십계명을 지킬 수 있으며 그를
지키고 살아야 된다, 그리해야만 구원
을 받을 것이다.' 그리 외치라.
80 이것이 너희들이 해야 할 대명이니라.
81 지킬 수 있다 부르짖는 너희들만이 나
의 뜻이요, 나의 성령대로 살아가는
자이며, 나의 피조물 만백성을 하늘에
오르는 그 빛을 볼 수 있도록 인도하
는 자들이니라.
82 이 시점에서 내가 너희들에게 하나하
나 나열하여 가르친 이 대목을 종교
지도자 너희들이 읽고 듣고서도 부끄
러운 줄을 모르며 너희들이 잘못 간
것을 모른다면 이를 곧 내가 단죄할
것이니,
83 그 단죄 앞에 너희들이 얼마나 고통과
아픔이 있는가를 깨달을 때가 머지않
았음을 알라.

1,914 번째 하나님 말씀

2002년 2월 26일 15시 55분

1 사랑하는 선지자야!
2 "네, 여호와 하나님! 말씀하옵소서."
3 내가 너희들에게 무어라 일렀더냐?
4 십계명을 지키고 그 길을 보고 달려오다 보면 구원의 길을 볼 수 있다 하였음이니,
5 지금의 너희들의 형태가 사람의 목숨을 죽이고 살리는 그 업종이 생기고 그를 행하는 일이 생겼으며, 그 죽어가는 자의 애절한 눈빛을 그대로 짓이기며 그 목숨의 줄을 끊는, 살인을 청부로 하는 자들이 생겼는가 하면,
6 도둑질하고, 거짓 하고, 간음하고, 이웃의 집을 탐내는 이와 같은 시대가 이루어지고 있음이니,
7 이 속에서 내가 너희들에게 일러 하늘에 오르는 길은 무엇이라 하였더냐?
8 사랑이라 하였느니라.
9 과연 이 암흑의 세계에서 그 사랑의 꽃이 필 수 있겠는가?
10 사랑은 무엇이라 말하였느냐?
11 선지자야, 베푸는 것은 무엇이라 내가 너에게 말하였느냐?
12 하나를 받은 자가 둘을 주는 것이 사랑이요, 베풂이라 내가 너에게 일깨워 주었느니라.
13 그러나 지금 이 사악한 시대에서 사악한 생각을 가지고 사는 나의 피조물 만백성이 사랑을 어찌 실천하고 어찌 가고 있느냐?
14 네가 이웃에게 아름다운 구슬을 열 개를 주었다 하자.
15 그러면 그 구슬을 받은 자는 그 열 개를 받은 은혜를 입었음이니, 네가 그 구슬이 다섯 개가 필요하여 그에게 다시 다섯 개를 요구했을 때,
16 그는 열 개를 받은 중에 반밖에 되지 않는 그 다섯 개를 기쁘고 즐거운 마음으로 줄 수 있고 여섯 개도 줄 수 있는 것이 사랑의 마음이고 너희들이 가져야 할 근본의 마음이니라.
17 그러나 너희들이 어떻게 살아가느냐?
18 열 개의 구슬을 무상으로 준 자가 하나가 필요하여 그 하나를 요구했을 때, 너희들은 그리 말할 것이니라.
19 '먼저는 네 것이었으나 네가 나에게 준 이후에는 이 모든 것이 내 것이며 네가 달라 할 수는 없는 것이니, 나는 열 개가 필요하기 때문에 너에게 하나를 줄 수 없다.' 하며 그리 거절하는 것이 지금 너희들이 가지고 있는 심성이며 마음의 상태이니라.
20 거저 준 자가 하나를 필요로 하여 그를 원할 때, 받은 자가 그를 주지 아니하는 이러한 것이 너희들의 마음이니, 이 마음을 누가 만들었더냐?
21 지금의 종교 지도자들이 그리 만들었느니라.
22 인간이기 때문에 죄를 짓지 않고 살 수 없으며 인간이기 때문에 베풀지 아니하고 살 수 있다고 그와 같이 가르치는 너희들의 그 설법 속에 이와 같은 형국이 이루어졌음이니,
23 과연 열 개를 준 자가 하나가 필요하여 도로 달라 할 때, '나의 손에 왔으면 나의 것이니 너에게 줄 수 없다.' 하는 자가 제 것을 줄 수 있겠는가?

24 그리고 남들에게 하나를 받았을 때 하
나를 더 얹어 줄 수 있는 마음이 있겠
는가?
25 없음이니라.
26 이와 같은 사악한 마음의 뿌리를 갖도
록 만든 이 책임은 종교 지도자 너희
들에게 있음이니라.
27 너희들의 인간사에 인성의 교육이며
육신의 그 모든 교육은 나 여호와가
내린 그 계명 아래 있으며 내가 추구
하는 그 진리를 넘지 못함이니,
28 내가 추구하는 진리요, 사랑의 베풂이
너희 인간사에 인간을 육성하는 그 가
르침보다도 더 높이 있거늘,
29 그 높이 있는 것을 실천하지 않고 지
키지 아니함이니, 그 아래 있는 인간
이 가르치는 인성의 교육으로써 어찌
세상을 다스려 나갈 수 있겠는가?
30 차라리 지금 잘못 가는 종교 지도자들
이 없었더라면, 그들이 그와 같이 가
르치지 아니하였더라면, 인간을 가르
치는 인간의 인성교육으로써 이 세상
이 지금같이 험악하지는 아니하였을
것이니라.
31 또 인간이 지키는 그 인성의 교육으로
써 살인하는 자가 생기지 아니하였을
것이며, 이와 같이 험악한 세상은 없
었을 것이니라.
32 너희들은 극에 달해 있느니라. 그리고
지금은 모두가 극에 달해 있느니라.
33 그리 만들어 놓은 것이 누구더냐?
34 지금의 종교 지도자들이니라.
35 그들이 인간이 시키는 인성의 교육보
다 차원 높은 곳에서 시키는 그 교육
에서 어떠한 죄를 짓는다 해도 인간은
용서받을 수 있다 하고, 용서를 빌면
구원받을 수 있다 하며,
36 그리고 죄를 짓지 않고 살 수 없는 것
이 인간이라 한 이 한마디가 오늘의
온 세상을 다 먹구름으로 덮게 한 그
원흉이니라.
37 지금의 극에 달한 이 형국을 더 이상
볼 수 없어 나 여호와가 선지자를 통
하여 나의 법전을 세상에 전하며,
38 이를 너희들이 받아 깨우치며 깨달아
원심인 너희들의 본성의 마음으로 돌
아가 그곳에서 하늘에 오르는 빛을 보
게 하고자 함이니,
39 나의 이 애절한 뜻을 너희들이 깊이
새겨 살펴야 할 것이니라.

1,915 번째 하나님 말씀

2002년 2월 26일 22시 30분

1 사랑하는 선지자야!
2 "네, 여호와 하나님! 말씀하옵소서."
3 너희들 말에 '과욕을 부리며 만용을
부리면 화를 당한다.'는 말이 있음이
니, 스스로 제 능력과 저 자신의 위치
를 모르고 그를 깨닫지 못하는 자, 제
분수를 모르고 설치는 자, 그리하여
모든 일을 그르치는 자를 말함이니,
4 지금 나의 사랑하는 피조물 만백성을
지도하고 하늘에 오르는 길로 인도한
다는 종교 지도자 그들이 과연 어떠한
만용을 부리며 화를 자초하여 지금의
이와 같은 형국을 이루었던가?
5 나는 나의 피조물 만백성이 구약의 시
대에 역사를 이루어 그 백성으로서 온
나의 피조물 만백성이 하나가 되어 한

뜻으로써 하늘에 오르는 삶을 살게 하고자 하였으며,

6 그들을 다스려 나가는 것으로써 그들이 지키고 하늘에 오를 수 있는 길을 내가 바위에 써 내린 것이 십계명이니라.

7 그러나 그 백성들은 그리 이루지 못하였느니라.

8 그리하여 지금도 그들은 저희들이 선택된 자며 우수한 백성이라 하여 저희들이 종교에 따라 옳고 그름을 갑론을박하고 따지고 있으며, 지금도 불화를 그치지 않고 살아가고 있으니, 그들은 나의 뜻을 저버렸음이니라.

9 그들을 내가 모세를 통하여 구원하였으며 그들에게 대명이요, 임무를 주었다 하면, 내가 그들을 선택한 이유는 지상에 사는 모든 나의 피조물 만백성을 하나로 이루도록 하며 그리고 나의 피조물 만백성이 하늘에 오르도록 하기 위하여 그들에게 지도자요, 인도자로 내가 내려보냈으나,

10 지금의 그들의 형태는 저희들이 차지한 나의 은혜의 땅에서 서로 종교의 분쟁만을 일삼고 있는 그러한 형국에 이르렀으니, 그들은 나의 뜻을 저버렸음이니라.

11 그리하여 신약의 시대가 도래하였으며, 나의 아들 예수가 그와 같이 어려운 역경 속에서 너희들을 구원하고자 생애를 마쳤음이니라.

12 그러나 내가 너희들에게 내가 직접 불로 써 내린 그 십계명을 지키고 순종할 때만이 너희들이 하늘에 오르는 빛을 볼 수 있다 하여 하늘에 오르는 길이요, 근본을 너희들에게 일깨워 주었지만,

13 신약의 시대가 도래하여 나의 피조물 만백성을 하늘로 인도한다는 그 종교 지도자들이 지금 어찌하고 있는가?

14 구약 시대의 그 십계명은 지금에 와 너희들이 관여하지 아니하고 관계도 없다는 듯이 말을 하며,

15 그리고 내가 너희들에게 지키고 살아오라 했던 그 십계명을 너희들은 지킬 수 없으며 이는 감히 감당할 수 없는 것이기에, 너희들은 편한 대로 살다 잘못하여 죄를 지으면 너희들이 만든 그 성전에 가 금화와 은화를 바치며 용서를 빌면 된다 그리 가르쳤음이니, 이것이 곧 무엇이더냐?

16 내가 직접 내린, 나의 피조물 만백성이 지키고 실행하여 하늘에 오르는 근본인 나의 십계명을 너희들이 지킬 수 없다 하여 거부함은 너희들이 내 앞에 신이 되고자 하며, 너희들이 더 위대하고자 하며, 너희들이 이 세상 모두를 지배하고자 하는 그와 같은 과욕이요, 만용을 부리는 형국에 지금 이르렀음이니라.

17 너희들이 십계명을 인간이기 때문에 지킬 수 없다 하는 그 말은 나 여호와가 존재함을 믿지 아니하고 믿으려 하지 아니함이며,

18 내가 너희 백성들에게 내린 생수와 같은 그 가르침이 아니어도 얼마든지 구원을 받을 수 있고 하늘에 오를 수 있는 길이 있으며, 구원을 받았다 그리 너희들이 나의 피조물 만백성을 가르치고 인도함이니,

19 이는 곧 너희들이 나 여호와에게 도전
하는 것이며, 너희들의 만용으로써 나
를 거부하는 것이며, 나에게 너희들이
대듦이니라.
20 그리고 너희들은 나 여호와는 필요 없
으며, 나의 아들에게 기도드리고, 그
리하여 그 보혈로써 너희 죄를 다 사
해 주고 구원해 준 나의 아들의 이름
을 찾다 잘못하고 죄를 지으면 너희들
이 손으로 지은 그 성전에 가서 기도
하며 소리를 지르면 구원을 받는다 그
리 가르치며 그리 너희들은 편리하게
가고자 함이니라.
21 그러나 너희들은 꿈도 꾸지 말아야 될
것이며 생각도 하지 말아야 될 것이니
라.
22 이 세상에 창조주는 나 여호와 하나
며, 내가 주관하여 모두를 관장하며
통제함이니,
23 내가 직접 써 내린 나의 계명을 지키
고 하늘에 오르는 단순한 그 깨우침이
요, 명을 내렸건만 너희들은 그를 지
킬 수 없다 팽개쳤으니 그게 바로 무
엇이더냐?
24 나를 부정함이요, 너희들이 신이 되고
자 하는 욕망이며, 그리하여 내 앞에
만용이요, 오만을 부리고 있는 자들이
바로 지금 종교 지도자라 하여 너희들
앞에 설법을 하며 강론을 하는 자들이
니라.
25 나의 사랑하는 피조물 만백성 너희들
은 여기서 깨우쳐야 될 것이니라.
26 내가 직접 써 내린 나의 십계명이요,
하늘에 오르는 근본이요, 기본이라 하
는 그 계명을 지키고 살다 하늘에 오
르라 하는 자가 나의 종이요, 나에게
선택된 백성이요, 나에게 오를 수 있
는 백성이 아니던가?
27 그들만이 나에게 오르는 빛을 볼 수
있으며 내가 그들을 구원함이니라.
28 내가 지키고 살며 순종하여 시행하며
하늘에 오르라 한 그 계명을 지킬 수
없다 하여 등 돌리고 가는 자들은 정
녕 나하고는 아무런 관계도 없는 자들
이니라.
29 그들은 내 앞에서 만용이요, 과욕을
부려 지금과 같이 험악한 세상을 만든
장본인들이니라.
30 그들이 지금과 같이 살인을 하고, 살
인을 직업으로 삼으며, 거짓 하고 도
적질하고 간음하며 사는 세상을 만들
었음이니,
31 이는 곧 내가 있음을 믿으려 하지 아
니하며, 나의 계명을 따르지 아니하여
도 저희들이 구원을 받을 수 있다 그
리 가르쳐 온 그 사악한 무리들의 산
물인 것이니라.
32 그들이 이루는 결과이니라.
33 어찌하여 너희들은 그들 앞에 가 지금
도 재물을 바치며 고개 숙이고 눈물의
찬송을 하고 그들의 사기극에 그대로
끌려가며, 바른길을 보지 못하는가?
34 이는 그들이 과욕을 부려 화를 자초함
과 같으니라.
35 그들은 지금 나의 계명을 지키지 아니
하여도 구원을 받을 수 있다 하며, 내
가 존재하는 것을 믿지 않으려 하고,
내가 내린 십계명을 믿지 않으려 하며,
36 그리하여 저희들이 내 앞에서 신이 되
고자 하는 그러한 생각에서 너희들을

이끌어 온 그 욕심의 죄가 죽어 내 앞
에 왔을 때 얼마나 무섭고 무서운가를
알게 될 것이니라.
37 창조주인 내가 관리하고 통제하는 나
의 피조물들이 내 앞에 만용을 부려
내가 지키라 하는 것을 지키지 아니하
고 그를 거부하며 그를 지킬 수 없다
말함이니, 그게 바로 무엇이더냐?
38 그들이 나에게 도전함이요, 오만함이
요, 과욕을 부림이니, 그러한 형국에
이른 그들이 죽어 내 앞에 왔을 때 저
희들이 얼마나 잘못했고 얼마나 용서
받지 못할 짓을 하고 있었는가를 알게
될 것이니,
39 그러한 자들 앞에 고개 숙여 구원을
받고자 하는 나의 피조물 만백성 너희
들은 지금 당장이라도, 끓는 쇳물에
손이 닿으면 빠른 시간에 그 손을 빼
어 돌아서듯이,
40 너희들이 지금 잘못 가르치는 종교 지
도자들에게서 등을 돌려 나의 법전을
가슴에 안고 깨우쳐 하늘에 오르는 그
길을 오를 수 있도록 해야 될 것이니
라.
41 구약과 신약의 모두를 합하여 만든 십
계명을, '우리는 하나님께서 직접 불
로 쓰신 것이기 때문에 지키고 살아야
되며, 순종하며 실행하겠다.' 하여 그
를 생명처럼 가지고 지키고 살아가고
자 하는 나의 피조물 만백성과,
42 그를 지킬 수 없다 하여 사악한 무리
요, 지금과 같이 어두운 세상을 만든
그들 중에, 과연 누가 내가 선택한 백
성들이며 지도자들인가 너희들 스스
로 지금은 판단할 때가 왔음이니라.
43 이와 같이 내가 너희들의 손에 쥐여
주는 이 깨달음을 모르고, 이 법전을
읽고 난 다음에도 너희들이 그러한 자
앞에 가서 눈물로써 기도를 드린다 하
면,
44 그는 너희들의 고집이요, 너희들의 만
용이요, 너희들의 과욕으로 인하여 화
를 자초하는 그러한 죄를 받게 되며
벌을 치르게 됨을 알 날이 머지않았음
이니라.
45 내가 내린 것을 지키고 살겠다는 자,
그런 자들이 있거든 너희들은 그를 스
승으로 모시라.
46 내가 선지자를 통하여 내린 열여섯 권
의 법전 속에 그를 들여다보기 전에,
내가 선택한 나의 종이요, 나의 선지
자의 말을 듣기 전에,
47 십계명을 지키고 그를 순종하고 사는
것만이 하늘에 오르는 길이라 부르짖
는 자가 있으면 너희들은 그를 스승으
로 받들며 모시라.
48 그는 나의 선지자와 같이 한 길을 가
고자 하는 자이며, 나의 뜻에 순응하
고 순종하는 자이기 때문이니라.
49 나의 법전을 기록하고 나의 음성을 전
하며 나로부터 선택된 선지자가 부르
짖는 십계명을 지키며 그것만이 하늘
에 오르는 길이라 부르짖는 그 소리를
너희들이 듣지 아니하여도 좋으니,
50 다른 사람이라도 그와 같이 지켜야만
된다고 하는 자가 있으면 너희들은 그
를 스승으로 모시라는 나의 이 뜻을
알겠는가?
51 그것만이 하늘에 오르는 길이기 때문
이니라.

52 그것이 아니면 하늘에 오르는 빛을 볼
수도 없으며 하늘에 오르는 길을 볼
수도 없음이니, 나 여호와의 이 애절
한 마음을 너희들이 한 번쯤 귀 기울
여 들어줄 수는 없겠는가?
53 사랑하는 나의 피조물 만백성들아!
54 모두를 창조한 나 여호와가 선지자를
통하여 내가 내린 십계명을 지키며 순
종하는 것이 하늘에 오르는 길이라 전
하는 이것이 무엇이 잘못되었으며, 무
엇을 잘못 가르침인가?
55 이와 같이 전하는 그 말이 나의 음성
이 아니요, 나의 성령이 아니라 너희
들이 말할 수 있겠는가?
56 그리고 그를 지키고 시행하여 하늘에
오르라 하는 그 선지자가 나로부터 선
택된 선지자가 아니던가?
57 이 시대의 선지자는 단 한 명이니라.
58 두 명도 없음을 너희들이 알아야 될
것이니라.
59 그를 지키지 아니하여도 구원을 받을
수 있다 하는 너희들에게 믿음의 고삐
를 풀어 주어 너희들이 잘못 가는 마
음의 싹을 틔우게 하는 그들을 너희들
은 단죄해야 될 것이며, 그들의 음성
에 귀를 기울이지 말아야 할 것이니라.
60 사랑하는 나의 피조물 만백성들아!
61 내가 선지자를 통하여 열여섯 권의 법
전을 세상에 내어 간곡하고 애절한 말
로써 너희들에게 '이 법전을 읽어 하
늘에 오르는 그 길을 보라, 깨우치라.'
하니, 그 애절한 마음을 너희들이 좀
더 들어줄 수는 없는가?
62 나 여호와처럼 너희 선배요, 너희 부
모요, 이웃에 있는 아저씨요, 이웃에
있는 할아버지가 착하게 살아 달라,
그리고 착하게 살다 구원을 받으라 하
는 그런 이야기를 전한다면, 그분의
감사함에 너희들은 한 번쯤은 그분의
말을 들을 수는 없는가?
63 나 여호와가 너희들에게 법전이라는
책 속에 글로써 기록하여 '하늘에 오
르는 길이 십계명을 지키고 그를 순종
하고 따르는 길이며, 나의 법전을 읽
는 것만이 구원을 받는 길이라' 이리
부르짖으니,
64 수천 번, 수만 번 부르짖는 나의 이 애
절한 마음이 너희들을 위해서 그리 부
르짖고 애원함이니,
65 나의 아픈 마음을 좀 더 이해하고 나
의 심정을 이해하며, 그저 지나가는
바람결에 너희들은 나의 법전을 한 번
들춰 볼 수는 없겠는가?
66 그리고 십계명을 지키고 살아가겠다
는 마음의 다짐을 한 번이라도 해 볼
수는 없겠는가?
67 그리고 그 십계명에 들어 있는 그 구
절구절을 지키고 사는 것이 구원받음
의 길이라는 것을 너희들은 한 번쯤
생각해 보면 아니 되겠는가?
68 이웃에 사는 모르는 사람들이 너희들
의 잘못된 것을 고치라 고치라 충고한
다면, 그가 열 번, 백 번 너희들에게
충고하며 너희들이 고치기를 바란다
면, 그 사람의 정성에 의해서도 너희
들이 한 번은 좀 고쳐 볼 수 있는 것이
아니던가?
69 그리고 그 아저씨의 정성에 의하여 그
감사함에 너희들은 감복할 것이며, 그
분의 말을 들을 수 있는 것이 인간이

거늘,
70 창조주인 나 여호와가 너희들에게 '십
계명을 외워 하늘에 오르는 구원을 받
으라, 오로지 구원을 받는 길은 그것
뿐이니라.' 이리 수천수만 번 말을 하
거늘,
71 너희들이 한 번쯤은 이웃의 아저씨가
부르짖는 그 음성처럼, 이웃의 아저씨
가 너희들에게 수없이 충고함에 감사
함을 느끼듯이, 그 작은 마음으로써
나의 법전을 한 번 들여다보며,
72 십계명 속에 있는 그 깊고도 깊은 뜻
을 좀 깨우쳐 하늘에 오르는 그 영광
의 빛을 보도록 그리하여 줄 수는 없
는가?
73 사랑하는 나의 피조물 만백성 너희들
이 나의 법전을 읽는 그 순간에 나의
찢어지듯이 아픈 이 가슴에 울려 퍼지
는 나의 성령의 음성을 한 번만 기억
해 주기를 간곡히 너희들에게 부탁하
노라.
74 사랑하는 나의 피조물 만백성들아!
75 나의 선지자를 통하여 나의 애타는 심
정을 전하노라.
76 이웃의 아저씨가 '착하게 살라, 착하
게 살라.' 수천수만 번 너희들에게 충
고한다면, 너희들은 그분의 그 정성에
감사하여 너희 자세를 돌아볼 수 있지
않겠는가?
77 창조주요, 너희들의 어버이인 나 여호
와가 그보다 몇십 배 더 간곡히 나의
법전에 기록하여 부탁하나니, 이웃 아
저씨의 그 다정한 음성처럼 나 여호와
의 음성을 한 번만 들어주기를 간곡히
부탁하노라.

1,916 번째 하나님 말씀

2002년 2월 26일 23시 40분

1 "너는 나 외에는 다른 신들을 네게 있
게 말지니라.
2 너를 위하여 새긴 우상을 만들지 말
고, 또 위로 하늘에 있는 것이나, 아래
로 땅에 있는 것이나, 땅 아래 물 속에
있는 것의 아무 형상이든지 만들지 말
며, 그것들에게 절하지 말며, 그것들
을 섬기지 말라.
3 너는 너의 하나님 여호와의 이름을 망
령되이 일컫지 말라.
4 안식일을 기억하여 거룩히 지키라.
5 네 부모를 공경하라.
6 살인하지 말지니라.
7 간음하지 말지니라.
8 도적질하지 말지니라.
9 네 이웃에 대하여 거짓 증거하지 말지
니라.
10 네 이웃의 집을 탐내지 말지니라.
11 나 여호와가 존재함을 믿는 그 자체가
구원의 길에 들어서는 기본이요, 근본
이며, 나의 법전을 가슴에 안고 정독
하는 자, 반석 위에 서서 하늘에 오르
는 찬란한 빛을 보게 되는 영광을 얻
게 됨이니라."
12 사랑하는 선지자야!
13 "네, 여호와 하나님! 말씀하옵소서."
14 너희 인간들이 그리 말하느니라.
15 말세에는 거짓 선지자가 오며 거짓 예
수가 와 이 세상을 혼란케 만든다 그
리 말함이니, 이는 너희들이 잘못 알
고 있음이요, 잘못 전하고 있음이니라.
16 지금 수천 년 역사가 흐르는 동안에

내가 너희들에게 지키라 한 계명을 지
키지 아니하고 나의 율법대로 살지 아
니하며, 진정한 나의 성서를 깨닫지
못하고 우후죽순으로 이와 같이 늘어
난 종교 지도자 그들이 바로 무엇인
줄 아느냐?
17 말세에 나타나는 거짓 선지자요, 거짓
예수의 행세를 하는 자들이니라.
18 지금 너희들이 말세의 시대에 살고 있
음이니, 이 말세의 시대에서 지금까지
도 거짓 가르침을 하는 자, 진정 하늘
에 오르는 것이 무엇인지도 모르는 그
와 같은 자들이 지도자라 하여 각종
만행을 자행하고 있음이니,
19 그들이 남을 거짓 선지자요, 거짓 예
수라 지칭하고, 저희들이 여호와 하나
님, 나로부터 선택된 자라 하니, 그게
거짓 지도자들을 말함이니라.
20 6천 년의 역사가 흘러온 지금의 너희
들의 형국이 어찌되어 있느냐?
21 거짓 하고, 도둑질하고, 이웃에게 사
기치고, 이웃의 것을 탐내고, 간음하
고, 강간하며 그와 같이 살아가는 것
이 지금까지 그들이 이끌어 온 형태이
며,
22 그와 같이 악랄하게 너희 인간들의 본
성을 그리 만들어 놓은 것이 종교 지
도자들이니, 이제는 그와 같은 형국에
서 벗어나 지금 너희들이 어떠한 형국
을 만들었느냐?
23 내가 내려 준 그 생명을 금화와 은화
의 몇 푼에 죽이는 이와 같은 형국에
왔으니, 인간이 인간을 죽이는 그것보
다 더한 말세가 어디 있다는 것이냐?
24 너희들은 무엇을 말세라 말하는가?
25 지금 그와 같이 만들어 놓은 자들이
누구더냐?
26 바르고 곱게 나의 피조물 만백성을 일
깨워 선하고 유한 백성으로서 사랑을
베풀도록 하지 아니하고 하늘에 오르
는 그 길을 위하여 그 영혼을 구원을
받아 영원히 사는 낙원에 오르고자 하
는,
27 그 소원하고 갈망하는 백성을 종교 지
도자들이 잘못 가르치고 잘못 인도해
와서 지금의 이와 같이 사악한 형국이
되어 있음이니라.
28 그리하여 너희들이 세상에 다 도둑놈
으로 우글거리고, 거짓 자로 우글거린
다 말하며, 죄를 지으면서도 그 죄의
부끄러움과 그 죄의 무서움을 모르고
자행하는 이와 같은 형국에 이르렀으
며,
29 이제는 그 형국에서 벗어나 살인하는
것이 직업으로써 둔갑하는 그와 같은
형국에 이르렀으니, 같은 생명을 가진
형제요, 같은 동족이 명분 없이 그저
사람을 죽이는 그와 같은 형국에 이르
렀으니, 이보다 더한 말세가 어디 있
겠는가?
30 지금 종교 지도자들이 지금까지 말세
를 만들면서 그 말세 속에서 거짓으로
종교 지도자의 행세를 했음이니,
31 그들은 영혼을 구하는 것이 아니라 육
을 구하는 쪽으로 나의 피조물 만백성
을 현혹하여 그 속에서 모든 시간과
금화를 착취하여 저희 것으로 만들어
저희들이 편안하게 살며,
32 그리고 나의 백성들에게 그것을 거둬
들이기 위하여 '율법이요, 성서대로는

살 수 없음이니 대충 살다가 그저 금
화와 은화를 바치고 그 죄의 용서를
구하면 예수의 이름으로, 예수의 피로
써 사함을 받아 구원을 받는다.' 그리
가르쳤으니,
33 나의 백성들이 지금에 와 있는 형국이
무엇이더냐?
34 그들이 아름다운 인생을 사느냐?
35 나의 피조물 만백성이 아들이 어버이
를 존경하고 또 아들이 할아버지를 존
경하며 그와 같은 세상을 이루어야
할 것이거늘, 그와 반대 현상을 이루
었으며,
36 아름답고 신뢰와 믿음으로써 서로 존
경하며 살아가야 할 그런 세상을 도둑
질하고 거짓 하고 강간하고 강도질하
고 간음하며 그리 살아가는 세상으로
만들었으며,
37 너희들 스스로 서로를 의심하고 의혹
을 갖고 사는 이 세상의 형태에도 모
자라서 이제는 마지막 극에 달하여 너
희들이 서로 믿고 살아가는 그 생명마
저도 앗아 가는 그와 같은 형국이 생
겼으니,
38 맹수도 사람의 생명을 함부로 덮치지
않으며 그 생명을 끊지 아니하거늘,
어찌하여 동족이요, 같은 사람이요,
같은 형제들이 그와 같은 일을 저지를
수 있는가?
39 이와 같은 세대를 이룬 것이 누구더냐?
40 사랑을 베풀고 살며 사랑 속에서 인도
한다는 종교 지도자 그들이 그리하였
음이니, 바로 그들이 말세에 온 종교
지도자들이며, 말세를 만든 종교 지도
자들이니라.
41 그들이 지금 말세의 극에 달하였으며
지금이 말세의 그 시대이니라.
42 그러면 그들이 말세가 되어 사악한 무
리들이 온 세상을 덮고 있는데, 그 속
에 무슨 거짓 선지자가 오며 그보다
더 사악한 자가 어디 올 수 있다 말하
는가?
43 그보다 더 사악한 자가 있을 수 없음
이니라.
44 지금 그들이 자행하고 있는 그와 같은
형국보다 더 사악한 자가 없음이니라.
45 사탄도 그보다는 덜 사악하니, 사탄은
지금 너희들의 생활보다 더 사악한 방
법으로 올 수 없음이니라.
46 거짓 선지자요, 예수를 사칭하는 자
요, 또는 말세에 나타난 사탄이요, 이
단이요, 사악한 무리가 온다 해도, 동
족끼리 그저 그 목숨을 파리 목숨보다
도 더 쉽게 살해하는, 이보다 더한 잔
인하고 가혹한 행위를 할 수 있는 사
악한 자는 없음이니라.
47 그러니 이와 같이 사악한 시대에 그
무엇을 위하여 더 사악한 자요, 거짓
선지자가 와서 너희들을 흔들어 놓으
며 너희들을 동요시킨다 말하는가?
48 이는 너희들이 잘못 알고 있음이니라.
49 악함이 극에 달해서 더한 악한 자가
필요 없으며 더 사악한 방법이 필요
없는 그러한 상태에서, 무엇이 더 사
악한 자가 온다 말하는가?
50 종교 지도자 그들이 바로 극치의 사악
한 무리들이며, 그들이 거짓 지도자
요, 거짓 선지자이며, 예수의 행세를
너희들이 본떠서 거짓으로 행하고 있
음이니라.

51 이러한 형국에 올 수 있는 것은 무엇
이겠느냐?
52 예수가 말했듯이, 하나님의 말씀을 받
아 가지고 오는 자가 이 세상에 오는
것이 당연한 것이거늘,
53 사악한 무리들이 세상을 모두 덮고 있
는 이 시점에서 그를 더 이상 창조주
가 볼 수 없기에, 자의로 말하지 아니
하며 여호와 하나님의 그 진리요, 하
늘에 오르는 그 말씀을 갖고 전하는
자, 그가 내려온다 하였음이니,
54 이가 그들을 정화하여 여호와 하나님
의 명을 받아 세상에 내려옴이니, 이
는 곧 여호와 하나님으로부터 선택된
선지자요, 만백성을 구하는 하나님의
종이며 만백성의 종의 역할을 할 자가
오게 되어 있음이니라.
55 이제는 극에 달한 사악한 너희들보다
더 사악한 자가 없으니, 이를 더 이상
볼 수 없어 여호와 하나님께서 너희들
을 구원할 수 있는 여호와 하나님의
성령의 진리를 가지고 보혜사가 오게
되어 있음이니,
56 지금 바로 나의 법전을 가지고 전하고
나의 성령을 받아 기록하는 그가 바로
극에 달한 그 사악한 너희 말세의 무
리들을 종식하고 심판하고자 왔음이
니라.
57 이보다 더 사악할 수가 없으며 이 이
상 더 가혹한 말세가 없음이니라.
58 그리하여 너희들의 그 말세를 심판하
며 다스리려 오는 자가 곧 여호와 하
나님의 말씀을 받아, 제 뜻으로 말하
지 아니하고 오로지 듣는 것만, 내리
는 말씀만을 가지고 그를 전하여 세상
을 정화하고자 하는 그가 인간으로서
여호와 하나님의 명을 받아 내려옴이
니,
59 그게 너희들을 구원하는 자로 오는 여
호와 하나님의 말씀이니라.
60 너희들을 구원하고자 여호와 하나님
의 마지막 성령을 태워 내려보내는 그
말씀이 온다는 것을 너희 사악한 자들
의 입장에서 바라다보면 그것이 무엇
이더냐?
61 말세에 오는 거짓 선지자요, 사악한
자이니라.
62 선한 자가 바라볼 때는 사악한 자가
사악한 것이요, 사악한 자가 볼 때는
선한 것이 사악한 무리요, 말세의 거
짓 선지자라 말함이니라.
63 여기서 나의 피조물 만백성 너희들은
들어야 할 것이며, 선지자를 따르는
선지자의 제자 너희들은 너희 자세를
여기서 바로해야 할 것이며, 나의 성
령의 뜻을 깊이 깨우쳐 알아야 할 것
이니라.
64 사람이 사람의 생명을 끊어 놓고 살인
을 일삼으며, 살인을 위한 직업이 생
기는 그와 같은 것보다 더 사악한 시
대가 있겠는가?
65 그보다 더 무서운 종말이 있겠는가?
66 생명보다 더 소중한 것이 없으며, 마
지막에 너희들이 보유하는 것이 너희
들의 생명이며 그리 소중함이니, 그
생명을 마구잡이로 그저 금화와 은화
몇 푼에, 또 감정에 휩싸여서 죽이는
시대가 왔음이니, 이보다 더 사악한
시대는 없음이니라.
67 이와 같이 사악한 시대를 만든 종교

지도자들이 곧 사악한 무리의 근본이
니, 그들이야말로 한 점의 흰 점이 없
는 사악한 무리들로 전락해 있음을 알
아야 될 것이니라.
68 그들은 저희들이 하늘에 오르는 길로
나의 피조물 만백성을 인도하는 선택
된 자라 하나, 그들이 그와 같은 자라
면 나 여호와가 내린 십계명을 지키고
순종하며 사는 백성으로서 인도하는
자가 되어야 될 것이며 그를 지키고
살아가는 자가 되어야 될 것이니라.
69 나 여호와를 믿으며 나에게 오르겠다
하는 자들이 내가 내린 그 계명을 지
키지 아니하고 지금의 사람의 생명을
그저 마구잡이로 버리고 살인할 수 있
는 이와 같은 형국에 도래하도록 만들
었으니,
70 그자들 몸에는 한 점의 흰 점이 없이
검은 사악한 마음으로 둘러싸여 있음
을 저희 자신이 모르며,
71 사탄이나 마귀와 같은 마음으로써 그
들의 조정에 의하여, 그 마음의 조정
에 움직이고 행한다는 것을,
72 저희들이 사악한 자들이기 때문에 그
걸 모르느니라.
73 사악한 자들이 사악한 속에서 행하니
저희들이 행하는 것이 천사의 행위와
같이 보일 것이며,
74 사악한 무리들이 마지막 여호와 하나
님의 말씀을 가지고 내려오는 자, 그
를 전하는 자, 여호와 하나님의 말씀
을 기록하여 전하는 그 책이요, 너희
들이 읽어 깨우칠 수 있는 그 법전을
그들 입장에서 볼 때는 마지막 종말에
오는 사악한 자며 세상을 흐트러뜨리
려는 자가 온 것이니,
75 이것은 그들이 보는 쪽에서는 맞는 말
이니라.
76 나의 아들 예수가 만백성을 고쳐 주며
그 대가를 받지 아니하였듯이, 나의
피조물 만백성도 나의 어리석은 백성
들을 치료하며 치유해 주는 자는 단돈
한 닢도 받아서는 아니 되며,
77 대가를 받는 것은 나의 뜻이요, 예수
가 가고자 하는 것과는 반대쪽에 가는
자이기 때문에 그들 또한 사악한 무리
들이니라.
78 받지 않는 자만이 내가 사랑하는 나의
백성이요, 나의 뜻을 실행하는 자이니
라.
79 나의 아들 예수가 설법을 하고 나의
성령으로써 나의 피조물 만백성을 하
늘에 오르는 길로 인도하기 위하여 설
법하고 깨우침을 전하면서 그들로부
터 재물을 거둬들였다거나 그가 어디
호의호식하며 살았던가?
80 그리고 그가 궁궐같이 지어 놓고 너희
들과 같이 손으로 만든 성전 한 곳에
머물러 설법을 했던가?
81 예수와 같이 하지 아니하는 자는 다
나와 관계없는 사악한 자들의 무리임
을 너희들은 알아야 될 것이니라.
82 사악한 자들 쪽에서 사악한 자가 살아
가니, 너희들이 사악한 걸 모르고 있
었을 뿐이니라.
83 사악한 너희들을 정화하기 위하여 생
명수인 여호와 하나님의 성령의 그 말
씀이 세상에 내려와 너희들을 천 년에
걸쳐 쓸어버릴 것이며,
84 맑고 곱게 사랑을 나누며 천사와 같은

백성만이 이 에덴동산의 지상의 낙원
에 살게 하고자 함이니,
85 바로 하나님의 성령의 말씀이 내려와
사악한 너희들의 가슴을 천 갈래 만
갈래 찢어 놓고 너희들을 쓰러뜨릴 것
이며, 너희들의 뿌리를 마르게 할 것
이며, 너희들의 뿌리가 발붙일 수 없
도록 그리 흔들어 놓음이니,
86 사악한 너희들이 볼 때, 하나님의 말
씀이 곧 말세에 내려오는 거짓 선지자
요, 거짓 예수의 행세를 하는 자들이
며, 그리하여 그들이 와서 혼란을 이
루며 혼동을 이루게 한다 그리 말함이
니,
87 이 이치를 나의 피조물 만백성 너희들
은 스스로 깨우쳐야 될 것이며,
88 그리고 지금 잘못 가르치고 있는 종교
지도자 너희들은 나의 이 법전을 읽고
깨우쳐 십계명을 지키고 순종하는 백
성으로 인도하는 나에게 선택된 진정
한 종교 지도자가 될 때 너희들이 구
원의 영광을 얻을 것이니라.
89 이와 같은 이치를 선지자 너는 너의
제자들에게 일깨워 주어, 그들의 마음
이 굳건히 하나가 될 수 있도록 그리
일깨워 줘야 할 것이니라.

1,917 번째 하나님 말씀

2002년 2월 27일 01시 02분

1 사랑하는 선지자야!
2 "네, 여호와 하나님! 말씀하옵소서."
3 내가 어리석고 몽매한 너를 선지자로
만들어 나의 성령을 너를 통하여 내려
만백성을 구하는 이 대업을 이루는 그
길이 얼마나 힘들고 어려운가 하는 것
을 네가 이제 점점 깨우쳐 갈 것이며,
4 네 깨달음의 깊이가 깊어져 나에게 가
까이 오면 올수록 너 자신이 너무도
어렵고 힘든 그 고비들을 알고 있으
며, 이를 잘 견디고 넘어오고 있음이
니, 나 여호와의 마음이 기쁘기 한이
없도다.
5 내가 너의 제자들에게 일러 말하기를,
나의 선지자를 보지 말며, 나의 법전
을 보고 나의 법전에 기록되어 있는
그 내용들을 보고 깨우쳐 하늘에 오르
라 그리 말하였음이니,
6 그러나 네가 지금 선지자로서 한 점의
부끄러움이 없는 그 어렵고 힘든 길을
가며, 밤낮의 시간을 가리지 아니하고
나에게 기도를 올려,
7 내가 너에게 내리는 나의 성령을 받아
법전을 만드는 그 모습이 너무도 아름
답고 나 여호와가 내려 보기에 기쁨이
끝이 없느니라.
8 네가 자세를 다스려 감이 또한 나의
기쁨이니라.
9 너는 들으라, 사랑하는 선지자야!
10 너는 나의 성령을 들어 너의 제자들에
게 전하라.
11 내가 구약과 신약을 덮으며 새로운 제
3의 시대를 열어 나의 피조물 만백성
을 구하기 위하여 나의 성령을 태워
세상에 내려보낸다 하였음이니,
12 이는 그저 종교의 깨우침이요, 가르침
이요, 너희들이 가고 있는 것을 잘못
함과 잘함을 구분하여 그것들을 깨우
치고 다스리고자 하는 것에 있는 것이
아니고, 어느 한 종파를 탓하여 그들

을 바로잡으려 하는 것도 아니며,
13 나의 피조물 만백성이 한마음이 되어
하나가 되는, 그리고 선한 자들만이
이 세상에 존속할 수 있도록 하는 이
사업을 이루어 가고 있음이니라.
14 내가 너희들에게 이르기를, 구약과 신
약을 덮으며 제3의 시대를 연다 하였
음이니, 이것이 바로 나의 법전으로써
나의 피조물 만백성이 구원의 길에 올
라올 수 있는 제3의 시대가 열림이니
라.
15 제3의 시대라 하여 이가 열림이 나의
법전을 가지고 너희들이 깨우쳐 어느
한 종파를 다스리며, 잘못 가고 있는
종파들을 탓하고 그들을 바로 세우며
그를 바로잡으려 하는 거기에 뜻이 있
음이 아니니라.
16 더 높고 더 넓고 더 깊은 곳에 뜻이 있
음을 알아야 될 것이니라.
17 제3의 시대를 여는 것은 어느 한 종파
를 비판하며 너희들이 잘못 가는 것을
탓하고 그를 나무라기 위함이 아니요,
그들을 심판하고자 함만이 아니니라.
18 그들이 잘못 가는 자들을 깨우쳐 바르
게 하늘에 오르는 길을 인도할 수 있
도록 하는 뜻이 거기에 있으며, 또한
내가 제3의 시대를 연다 하였으니, 제
3의 시대가 무엇이더냐?
19 새로운 역사가 이루어짐이니라.
20 대개혁의 혁명을 이루고자 함이니라.
21 제3의 시대가 도래한다 하였으니, 그
제3의 시대의 웅대함이 무엇이더냐?
22 너희들이 쓰고 말하는 그 언어와 그
문장을 가지고 세상을 통일하고자 하
며, 너희들이 살아가는 그 모습으로써
하나로 통일하여,
23 모든 백성들이 한 목소리요, 한 글로
써 십계명을 암송하여, 하늘을 향하여
구원을 받는 그와 같은 나의 피조물
만백성으로 이 아름다운 지상의 낙원
을 이루도록 하고자 하는 데 제3의 시
대를 여는 뜻이 있음이니,
24 어느 한 종파가, 어느 한 종파에 속해
있는 자들이 그와 같은 방대하고 위대
한 뜻을 가지고 감히 혁명이요, 개혁
을 하고자 일어서고 있는가?
25 지금 종교 지도자들이요, 크고 큰 집
단들이 수많은 나의 피조물 만백성을
저희들의 종파에 소속된 자라 하여 가
지고 있으며,
26 때로는 무력으로, 때로는 금력으로,
때로는 권력으로써 저희들 자신을 비
호하고, 저희들을 비방하는 그 세력을
갖다 엎치고 덮치는 데는 아우성을 치
고 나서며,
27 그들이 이끌고 가는 그 종파에 대해
잘못 감을 지적하고 비평하며 바로 가
라 하여 타이른 자들에게 무력으로써
행사하는, 그와 같은 추하고 더러운
행태를 보이고 있는 것이 나 여호와에
게 오르는 믿음의 길을 가는 자들이며
사랑을 베푸는 자들이며 나눔을 베푼
다는 자들이 지금 하고 있는 것이니라.
28 그들은 인간사의 삶을 바라는 것이 아
니며, 나의 피조물 만백성의 인간사를
떠나 하늘에 오르는 영혼의 길을 가르
치는 것이거늘,
29 인간 대 인간으로서 부딪치는 그 육의
생활 속에서 저희들 뜻에 맞지 아니하
면 비방하고 저주하고 손가락질하여

인간의 근성을 버리지 못하고, 저희들
이 인간 집단의 물리적인 힘을 행사하
고 조직력을 행사하고 권력을 행사하
며 금력으로써 행사하는 것이 인간 상
태를 벗어나지 못하는 종교 지도자들
이 이끌고 있는 그 형태이니,
30 이 추하고 더러운 모습을 너희들은 어
찌하여 보지 못하는가?
31 종교 지도자는 무엇이더냐?
32 인간 세속에서 살아가는 백성들 중 잘
못 가고 잘못 깨우치는 자들을 바로
깨우쳐, 유하고 부드럽고 사랑하며 나
누는 백성으로 이끌고 인도하는 것이
너희들의 책임이며 너희들이 가야 하
는 길이니라.
33 그리하여 너희들은 인간사에 잘못 가
는 것을 다스리며, 그 속에 너희들이
들어가서는 안 되며 그 속에 빨려들어
가 무너지는 그러한 형국이 되어서는
아니 되거늘, 지금의 종교 집단인 너
희들이 어찌 가고 있느냐?
34 너희들이 목숨을 거는 것이며 너희들
이 투쟁을 하고 너희들이 가지고 있는
모든 조직력을 다 동원하여 싸우고 경
쟁할 것은 너희들이 하늘을 향하여 올
라가는 그 길에 잘못되는 것에 그와
같이 싸워야 할 것이며,
35 악과 선을 선택하는 기로에 있을 때
악의 뿌리를 제거하고 나 여호와의 뜻
에 따라 선을 베풀며 하늘에 오르는
그 길을 찾고자 할 때,
36 너희들의 모든 조직력과 너희들의 능
력과 힘과 목숨을 다 그쪽에만 사용하
고 발휘하는 것이 종교 지도자들이 이
끄는 길이며 믿음의 길을 가고 있는
자들이 행하고 가야 할 길이거늘,
37 악과 선의 그 영혼의 싸움에서 너희들
속에 있는 악을 뽑아내는 데 그 모두
의 동원력을 다 발휘하며, 오로지 선
하고 나 여호와의 뜻과 나의 율법과
나의 계명을 지키며 하늘에 오르는 너
희들의 영혼을 구하는 그 길을 위해서
너희들이 모두를 다 바쳐야 할 것이거
늘,
38 너희들은 인간사의 세속에 살아가는
그 속에서 인간사의 감정이요, 인간들
의 싸움의 그 틀을 벗어나지 못하며,
인간이면 누구나 다 할 수 있는 그와
같은 작태를 부리고 있음이니라.
39 너희들은 많은 백성들을 구한다는 그
명분하에 나의 피조물 만백성을 모아
놓아 방대한 조직을 만들어, 그 속에
힘이 있고 무력이 있고 권력이 있으며
금력이 있으니,
40 너희들이 잘못되는 것을 깨닫게 하고
자 너희들을 꾸짖으며, 너희들에게 비
평하며, 너희들의 치부를 드러내는 그
들에게, 너희들은 종교 지도자로서 너
희들의 치부요, 잘못됨을 낱낱이 파헤
쳐 만백성에게 보일 수 있는 당당한
그런 모습이 아니라,
41 너희들의 잘못된 모습이요, 잘못된 부
분들을 보여 주는 그러한 자들에게 항
거하며 그들을 무력으로써 무너뜨리
려 그리하고 있음이니,
42 이것이 어디 종교 집단에서 할 짓이던
가?
43 이는 사사로운 건달패들이요, 모리배
들이 하는 일이거늘, 종교 지도자이며
인간의 삶보다 질이 높고 생각함이 높

으며 영의 세계를 지도하고 그 세계를
이끈다는 너희들이 그와 같이 모리배
와 같은 행동을 하고 있다 하면, 이 세
상에 정녕 모리배들은 어찌하겠는가?
44 너희들과 같이 높고 높은 위치에서 만
백성을 다스리며 하늘에 오르는 길로
인도하는 자들이, 천사와 같아야 할
자들이 모리배들이 하는 그와 같은 물
리적인 집단의 행동을 한다면,
45 인간사의 아무것도 모르는 백성들은
어찌 행동하며, 정녕 모리배들은 어찌
하겠는가?
46 그들은 그리하여 남의 생명을 초개와
같이 짓밟고 죽이고 살생하는 형태로
전락하였음이니라.
47 너희들이 정녕 하늘에 오르는 나의 길
을 오며 나 여호와를 추앙하고 따라오
는 자들이라면, 인간 세속에 사는 사
람들보다 차원 높은 곳에 있어야 될
것이며, 나 여호와를 모르고 하늘에
오르는 길을 모르고 사는 그 우매한
백성들보다 높이 와 있으며 깨우침이
높아야 할 것이니,
48 너희들은 천사와 같은 자세로, 아름다
운 자세로써 모든 나의 피조물 만백성
의 기본이 되고 거울이 되며 근본이
되어야 할 것이거늘,
49 너희들이 그 무리를 가지고 힘으로써
행사하는 그 추악한 일반 모리배와 똑
같은 행동을 하며 과시하고 너희들 무
리의 힘을 보여 주고 너희들의 존재
함을 보여 주며, 그리고 너희들이 당
당히 이긴 자라 말하고 너희들이 위대
한 자라 말함이니,
50 그것이 과연 종교 지도자로서, 선생으
로서 그 위치에 서 있는 자들이 할 행
동이던가?
51 너희들은 알아야 될 것이니라.
52 부모는 사랑이 있으며 스승은 사랑이
있음이니라.
53 일반 인간사에 가르치고 지도하는 선
생님들도 그 제자들을 사랑함이 남다
르며 용서하는 마음이 있고 그들을 보
듬어 사랑으로 다스리며 잘못 가는 제
자들을 사랑으로 다스려, 인간 사회에
그들이 이바지할 수 있도록 가르치는
데 그 사랑을 베푸는 것이니,
54 일반 지도자, 일반 선생님들도, 교육
자라는 분들도 그리 가거늘, 그보다
몇 차원 높아서 영의 세계로 인도하고
구원을 위하여 가르치며, 하나님의 말
씀을 들어 창조주의 그 뜻에 따라 만
백성을 가르치고 인도하는 너희들은
그 육에서 가르치는 선생보다도 더 숭
고하고 아름다워야 되며 사랑의 빛을
비추어야 하거늘, 너희들이 행동을 어
찌하고 있는가?
55 너희들이 지금 어찌 살아가고 있는가?
56 이와 같은 것을 나 여호와가 하늘에서
내려 볼 때, 너희들이 들고 다니며 하
늘에 오르는 길이라 하여 기도하고 찬
송하며 그 성서 위에 손을 얹고 아름
답게 거짓 없는 인생을 살아가며 모범
된 인생을 살아가겠다고 서약한 너희
들이 손을 내리면서 그것을 잊어버리
는 삶을 살고 있으며,
57 나의 낙원을 지금 같이 험악하고 험악
한 암흑으로 그리 만들어 놓았음이니,
58 이를 보고 내가 제3의 시대를 열어 나
의 성령을 직접 내려보내 너희들에게

깨우치고자 하는 나의 이 뜻이 잘못되었으며, 지금 내가 선지자를 통하여 나의 성령을 법전이라 하여 세상에 내려보내는 것이 잘못되었다 말할 수 있는가?

59 그리고 이단이요, 사탄이 말세에 와서 하는 그 짓거리를 지금 하고 있다고 너희들이 말할 수 있는가?

60 너희들이 제3의 시대를 열게 하였으며, 제3의 시대로서 나의 성령을 태워 나의 법전으로써 나의 백성들을 깨우치는 이와 같은 형국을 초래하였음을 알아야 할 것이니라.

61 정녕 하늘에 오르는 나 여호와의 뜻을 받아 가르치고 깨우치는 너희들이 인간 세속에 얼굴 붉히는 일이요, 너희들의 이름 석 자를 더럽혔다 하여, 너희들에게 손가락질하며 너희들을 나무랐다 하여 너희들이 그 집단의 힘을 가지고 무력을 행사한다 하면,

62 과연 이것이 종교 지도자들이 할 길이며 믿음의 길을 가고 있는 너희들이 할 길인가?

63 종교 지도자들아!

64 오늘 너희들은 나의 법전을 읽고 가슴에 손을 얹어 깊이 뉘우침이 있어, 오로지 하늘을 향하여 오는 너희들의 높은 가르침과 높은 이끎과 높은 깨우침 속에서 행하기를 나 여호와가 간곡히 바라노라.

1,918 번째 하나님 말씀

2002년 2월 27일 06시 10분

1 사랑하는 선지자야!

2 "네, 여호와 하나님! 말씀하옵소서."

3 너의 제자들에게 물으라, 지금의 나의 피조물 만백성이 살아가고 있는 이 형국에서 그대로 세상이 유지되며 나의 낙원이 그대로 존속된다 하면 과연 이 곳이 낙원이라 말할 수 있겠는가를.

4 그리고 나의 피조물 만백성에게 물으라, 지금 너희들이 살아가고 있는 이 형국이 과연 낙원이며 아름다운 천사들과 같은 자들이 사는 세상인가를, 그리고 여기서 너희들이 좀 더 사악한 심성으로 변한다면 과연 얼마나 더 사악해질 것인가를.

5 나는 너희들을 창조한 창조주로서 지금의 너희들이 살아가고 있는 그 형국을 속속들이 바라봄이니, 내가 과연 제3의 시대를 열지 아니하여도 되는 형국에 이르렀는가?

6 너희들이 지금 처해 살아가고 있는 그 모습들은, 제3의 시대에 나의 법전을 내려보내 너희들을 구하고자 하는 그러한 역사를 이루는 것보다 더 강한 방법으로써 너희들을 다스린다 하여도 너희들은 아무런 할 말이 없는 그와 같은 형국에 살고 있는 것을 너희는 알아야 될 것이니라.

7 너희들은 지금 나의 성령을 태워 나의 선지자를 통하여 나의 뜻을 내려 법전이라 명하여 세상에 내보내는 이것을 보고 사탄이요, 이단이요, 마지막 종말의 시대에 거짓 선지자요, 거짓 예수가 온다 하는 그러한 부끄러운 말을 너희들 입으로 해서는 아니 될 것이니라.

8 이보다도 더 강한 방법으로써 너희들

에게 체벌을 한다 하여도 너희들은 아
무런 말을 할 수 없는 지금의 형국에
이르렀음이니라.
9 나의 십계명에 반드시 기록되어 있음
을 내가 너에게 일깨워 주었노라.
10 살인하지 말며, 간음하지 말며, 도적
질하지 말며, 거짓 하지 말며 이와 같
이 너희들에게 살라는 나의 계명이 명
시되어 있으나,
11 지금 나의 피조물 만백성을 이끌어 하
늘에 인도하는 자들의 그 가르침은 그
와 같은 것을 지키고는 살 수 없다는
그와 같은 무서운 오류를 범함으로 인
하여,
12 그리고 나를 거부하고 나에게 도전하
며 나의 뜻을 따를 수 없다 하는 그 오
만방자한 마음의 자세로 인하여 지금
의 형국이 어찌 되었는가 하는 것을
너의 제자들에게 다시 한 번 심어 줘
야 될 것이니라.
13 너희들은 말하느니라.
14 이 세상 모두가 다 거짓이요, 도적질
하는 자들로써 채워져 있다 하며, 세
상에 믿을 수 있는 자 없다 너희들 스
스로 그리 말함이니, 그것만으로도 너
희들이 말하는 지금에 종말이 와 있음
이니라.
15 지금이 바로 너희들의 종말이며, 사악
한 무리들이 나의 이 지상의 낙원을
다 덮고 있음이니, 지금 바로 너희들
이 종말에 와 있음이니라.
16 너희들이 말하는 그 자체로써도 종말
이 와 있음을 말하고 있음이니, 거짓
과 도적으로 가득 차 믿을 자 없다 하
면 그 이상에 더 무엇이 있겠는가?
17 그러나 지금 너희들은 어떠한 형국이
이루어지고 있는가?
18 나로부터 똑같이 받은 너희들의 그 소
중한 생명이 어찌 비쳐지고 있는가?
19 금화와 은화 몇 닢으로써 내가 내린
그 생명을 살해하며, 나의 피조물 만
백성을 죽이는 것을 두려워하기 전에
그를 직업으로 생각하며 그와 같은 일
을 대행하고 대신해 준다 하는 그와
같은 무리들이 세상에 있는 이 형국에
이르렀음이니,
20 이보다 더 사악하고 더 험악한 세상은
다시는 없을 것이니, 지금이 바로 무
엇인 줄 아느냐?
21 너희들이 심판을 받을 마지막 종말에
와 있음이니,
22 내가 선지자 너를 통하여 말하여 일렀
듯이, 사탄이라 하는 자요, 마귀라 하
는 자요, 마지막 시대에 거짓 선지자
라 하는 자가 온다 해도 이보다 더 사
악한 자세요, 사악한 행위로써는 올
수 없음이니,
23 너희 인간들이 지금 마지막 종말의 시
대에 와 있음이니 이를 누가 이리 만
들었는가?
24 가르치는 자, 너희들이 내가 지키라
하는 그 계명을 지키고 살라 강조하며
그리 가르쳤다 하면 오늘과 같은 형국
은 절대 없었을 것이니라.
25 그러나 너희들은 너희 스스로 이를 거
부하며, 오만하고 방자하게 내가 내린
것을 지킬 수 없다 하고,
26 나의 피조물 나의 백성이요, 나에게
오르고자 살아가는 너희들이 내가 있
음을 의식하지 아니하려 하며, 나의

계명을 지킬 수 없다 그리하여 너희들
이 나를 거부함이요, 나에게 대듦과
같으니,
27 그와 같은 종교 지도자들이 이끌고 지
금까지 온 그 형국이 바로 무엇이더냐?
28 악의 뿌리가 더 이상 내릴 수 없는 그
지경에 와 있음이니, 너희들 자신이
바로 거짓 지도자요, 거짓 예수요, 거
짓 선지자라 하는 그러한 자인 것이니
라.
29 그 씨들이 계속 늘어나, 내가 바라보
기도 싫고 생각하기도 싫으며 그림자
의 모습을 보기도 싫은, 나의 아들이
고통 속에 죽어 간 그 십자가가 나의
에덴동산을 다 덮어 가고 있는 이러한
형국이니, 그게 바로 무엇이더냐?
30 지금 잘못 가르치고 있는 너희들의 악
의 씨가 이 세상을 덮고 덮어 이 이상
무엇을 더 덮어야 하겠는가?
31 그리고 나의 피조물 만백성이 더 이상
무엇으로써 악하고 사악한 자들이 되
어야 하겠는가?
32 그 모두를 이와 같이 만든 그 책임을
져야 하는 지도자, 잘못 가르치는 너
희들이 바로 거짓 선지자요, 사악한
자들이니라.
33 사람이 사람의 목숨을 죽이는 이와 같
은 사악한 너희들이 사는 이 시대에
그보다 더한 종말도, 사악한 방법도
없는 것이니라.
34 그러면서 너희들은 무슨 사악한 자요,
마지막 종말에 거짓 선지자가 와 세상
을 혼란하게 하고 세상을 뒤흔들며 너
희들을 유혹하여 지옥 불로 인도하는
그와 같은 자가 온다 말하는가?
35 너희들이 악의 극치에 달해 있으며 너
희들 그 이상의 악이 더 없거늘, 그 속
에 무슨 악이 오며 거짓 선지자가 와
서, 악에 차 있는 너희들에게 무엇을
더 흔들어 놓고 너희들을 더 무엇으로
어찌하여 더 교란을 한다 하는가?
36 사랑하는 나의 선지자의 제자 너희들
은 여기서 깊이 깨달아야 할 것이니라.
37 정녕 사악한 무리가 나의 뜻에 따른
선지자요, 나의 선한 백성들을 보면
그들이 사악한 무리이니라.
38 선한 자가 사악한 자를 볼 때, 그는 정
녕 사악한 자이니라.
39 그러니 사악하고 더 이상 사악할 수
없는 지경에 와 있는 너희들에게 나의
성령이요, 나의 성령을 태워 내려보내
너희들을 다스리고자 하는 나의 법전
은 곧 무엇이더냐?
40 사악한 너희 무리가 볼 때는 그게 이
단이요, 거짓 선지자요, 거짓 예수요,
거짓 여호와의 말씀이라 그리할 것이
니라.
41 너희들의 뿌리를 자르고자 함이며, 너
희들에게 철퇴를 내리고자 하며, 너희
들의 그 사악한 무리들이 더 이상 존
재할 수 없도록 너희들의 숨통을 조여
갈 것이니,
42 너희들이 볼 때에는 그가 거짓 선지자
요, 거짓 예언자요, 그리고 너희들을
흔들어 놓는 자요, 너희들을 교란하는
자요, 너희들의 숨통을 조이는 자이기
때문에 너희들 쪽에서 볼 때는 맞으나,
43 창조주인 나 여호와가 볼 때는 이게
적반하장격인 것이니라.
44 사랑하는 선지자야!

45 이와 같이 사악한 자가 볼 때는 선한 것이 사악한 것이니, 그들이 말하는 그 뜻을 너는 너의 제자들에게 일깨워 줘야 될 것이니라.

46 너희들은 지금 여기에서 너희들이 해야 할 일이 무엇이고, 너희들이 가고 있는 길이 무엇이며, 너희들이 이루고자 하는 나의 뜻에 따라 순종하는 너희들이 어찌해야 되는 것인가를 가슴에 한 번 새겨 봐야 될 것이니라.

47 선한 백성들 앞에 사악한 자가 왔을 때 그가 사악한 자요, 그리고 그 사악한 자가 선한 자들을 악하게 만들고자 하는 것이 거짓 선지자요, 거짓 예수요, 거짓 예언자이니라.

48 그러나 더 이상 악에 찰 수가 없고 더 잔인할 수가 없으며 더 악랄한 방법이 없는 지금의 이 시대에, 무슨 사악한 무리가 다시 오며, 그 외에 무엇을 더 사악하게 하기 위하여 거짓 선지자요, 사악한 자가 온다 너희들은 말하는 것인가?

49 너희들이 지금 이루어 놓은 이 형국보다 더 사악한 시대가 없으며 사악한 자가 없음이니라.

50 바로 내가 나의 법전을 세상에 내려보내지 아니할 수 없는 그 이유가 여기에 있으며, 이제 내가 천 년이라는 역사를 거쳐 너희들의 그 사악한 무리들을 세상에서 뿌리 뽑으려 함이니,

51 이것이 너희들이 말하는 거짓 선지자가 온다 함이며, 그리하여 너희들은 그 거짓 선지자에 현혹되지 말고 그에 너희들 자신을 던지지 말라 하여 너희 사악한 무리들이 한 점의 바늘구멍도 들어갈 수 없는 그와 같이 굳건한 곳으로 이끌려고 노력하고자 함이니,

52 서서히 너희들의 숨통을 조여, 천 년의 역사가 이루는 그 안에 사악한 너희들이 나의 에덴동산에 뿌리를 굳히지 못하도록 하고자 함이니, 나의 뜻이 여기에 있음이니라.

53 사랑하는 선지자야!

54 "네, 여호와 하나님! 말씀하옵소서."

55 너희들이 생각할 때 지금의 너희들이 살아가는 그 형국이 과연 내가 너희에게 이르는 그 뜻과 한 치의 차이가 있으며 오차가 있다 하면, 나의 법전을 너희들이 덮는다 하여도 너희들을 원망하지 아니할 것이니라.

56 지금 사악한 무리들이 온 세상을 덮어 지금이 말세인 이 시대에, 내가 나의 성령을 태워 선지자를 통하여 하나의 점을 세상에 내리고 있으며, 그곳에서 자리를 잡아 가고자 하는 너희들이 얼마나 소중하고, 너희들의 대명이 얼마나 위대한 것인가를 너희들은 깨우쳐야 할 것이니라.

57 그러나 또한 다시 너희들 스스로 반성하며 깨우쳐야 할 것이니라.

58 너의 제자들이 십계명을 지키며 나의 뜻에 따라 하늘에 순종하는 백성으로서 천 년의 역사에 걸쳐 이 지상의 낙원을 건설하는 기초를 닦는 자들이니,

59 너희들이 나를 향하는 마음은 과연 얼마나 깊이 와 있는가?

60 3일을 굶으며 열흘을 굶은 배고픈 자가 그 주린 배를 채우기 위하여 음식을 갈구하는 그 마음만큼도 너희들이 나를 향하여 오는 자세가 되어 있지

아니하다 하면, 너희들은 과연 뭐라
말할 것인가?
61 그리고도 너희들이 이와 같은 역사를
이룰 수 있는, 나로부터 선택된 백성
이라 말할 수 있는가?
62 그러면서 너희들은 스스로 나의 성전
에 와서 무엇인가를 구할 것이며 무엇
인가를 얻을 것이라 하는 그러한 생각
을 하고 있지 아니한가?
63 내가 선지자를 통하여 너희들에게 일
러 말하였느니라.
64 죽음의 낭떠러지로 떨어져 가는 많은
나의 백성들을 구원하여 나의 성전에
모여 너희들이 밝은 웃음의 장을 만들
어 나 여호와를 기쁘게 하라 하였음이
니라.
65 그러나 너희들은 나의 주옥같은 이와
같은 가르침을 어찌 들었는가?
66 너희들은 한쪽 귀로 듣고 한쪽 귀로
흘렸음이니, 이게 너희들의 믿음의 자
세이며 너희들의 마음의 자세이니라.
67 너희들이 지금 전체의 육신을 버리고
영의 세계를 위하여 삶을 영위하는 것
이 너희들이 가야 하는 길이라 하였으
며, 나의 성령의 음성을 직접 들은 너
희들은 육신의 삶을 위하는 것이 아니
라 영의 삶을 위하여 매진해야 될 것
이나,
68 육신의 삶에 지금도 매달리고 있는 것
이 너의 제자들의 형국이니, 이를 어
찌하여야 될 것인가?
69 낭떠러지요, 죽음으로 떨어지는 그것
을 모르고 가는, 너희들과 스쳐 가는
나의 피조물 만백성을 구원하라 하였
거늘,
70 나의 성전에 와 나의 피조물 만백성이
그득히 모여 웃음을 웃도록 그와 같이
만들라 한 나의 성전을 너희들은 과연
지금 어찌 만들어 놓고 있는가?
71 내가 너희들이 그리도 갈구하는 황금
덩어리를 너희들에게 하나씩 주며, 한
사람의 나의 백성을 구원하여 나의 성
전에 너희들이 인도하였을 때,
72 그 대가로 내가 너희들의 주먹보다 큰
황금 덩어리를 너희들에게 하나씩 준
다 하면 이 성전은 미어졌을 것이며,
끝이 보이지 않게 사람이 여기를 들어
오고자 기를 쓰도록 했을 것이니라.
73 이러고도 너희들이 무엇인가를 얻을
것이며, 무엇을 구할 것이며, 무엇을
이룰 것이라 기대하지 말라.
74 선지자가 바로 서 가고 있으며 그가
밤과 낮을 가리지 아니하고 만백성을
구하고자 나에게 기도를 드려 내가 그
에게 나의 성령을 내려보낸 나의 마음
의 아픔에 내가 너희들에게 많은 축복
과 영화를 내리고자 하나,
75 선지자의 가장 가까운 제자들이요, 또
그를 따라 맑고 깨끗하게 선지자를 보
필하고 따라갈 때 천 년의 역사에 걸
쳐서 이 지상에 아름다운 낙원으로 이
루는 나의 그 계획의 기초를 다져 놓
는 너희들이, 지금과 같이 내가 너희
들에게 명한 이와 같은 현실에 너희
마음이 있다 하면,
76 이것이 너희들의 현 상태이며 너희들
이 믿음을 향하여 가고 있는 길이라
면, 너희들 각자 스스로 생각해 봐야
할 것이니라.
77 너희들이 변하지 아니하면 나의 법전

을 세상에 전할 수 없음이니라.
78 기초가 잘못되어 있는 그 상태에서 무엇을 이루겠는가?
79 기초가 단단하지 아니하면 그 위에 아무것도 이룰 수 없으니, 너희들의 자세가 바르고 곧게 되지 아니하면 아무것도 전할 수가 없음이니라.
80 너희들은 열흘을 굶은 자가 물 한 컵을 원하고 음식을 원하며 그것을 갈구하는 것만큼도 나 여호와를 믿고 나에게 오르고자 하는 마음 자세가 아니 되어 있음이니,
81 정녕 자신을 돌아다보는 오늘의 너희들이 되어야 할 것이니라.

1,919 번째 하나님 말씀

2002년 2월 27일 06시 30분

1 사랑하는 선지자야!
2 "네, 여호와 하나님! 말씀하옵소서."
3 너의 제자들에게 일러야 할 것이니라.
4 '설마'라는 것은 있을 수가 없다 내가 말하였으며, 하늘에 오르는 길은 한 치의 오차도 있어서는 아니 됨이라 내가 일렀느니라.
5 내가 원하며 나의 뜻에 따라 하늘에 오를 수 있는 정답을 내렸고 길의 안내판을 내렸으며 방향을 설정하여 주었건만,
6 나의 피조물 만백성의 종교의 지도자들이 그 방향을 따라오지 아니하며 그 길이 아니어도 하늘에 오를 수 있다 하여 지금의 형국에 이르렀음이니,
7 너희들 자신도 그를 알아야 할 것이니라.
8 수만 분의 일의 너희 마음자리에 나를 향하고자 하는 그 마음 외에 다른 마음이 자리잡고 있다 하면, 너희들은 정녕 나에게 오르는 나의 피조물 만백성 앞에서 천사가 되어 인도하는 인도자가 될 수 없음이니라.
9 60평생을 살아온 얽히고설킨 그 모두를 접어 두며, 지금 낮과 밤을 가리지 아니하고 나에게 기도를 드리는 그 선지자는 나의 음성을 받아 만백성을 구하고자 하는 간절한 마음이 그 가슴에 있음이니,
10 너희 마음이 그보다 더 앞서야 될 것이니라.
11 그렇지 아니하고는 내가 이루고자 하는 나의 그 역사의 뜻을 이룰 수가 없음이니라.
12 너희들은 존재하지 아니하다 하였음이니, 그리하여 너희들이 존재치 않음을 깨닫게 하기 위해 너희들을 달구고 또 달구느니,
13 이 길이 아니면 너희들이 나의 피조물 만백성을 구하는 그 기초요, 기틀을 만들 수 없기 때문이니라.
14 너희들은 작은 바늘을 앞에 놓고 너희들이 과연 그 구멍을 통과할 수 있는가를 한번 바라보라.
15 그보다 더 어려운 것이 하늘에 오르는 길이라는 것을 너희들이 알고 있지 아니한가?
16 그 바늘 끝으로 너희 심장을 찌를 때 나 여호와를 향하여 오는 그 마음이 충만된 열기에 그 바늘이 너희 심장을 찌르는 것을 모르는 그와 같은 너희들의 마음 자세만이 나의 피조물 만백성

을 구할 수 있음이니라.
17 너희들보다 생각을 못 한 자들이 종교
지도자라 하여 지금의 사악한 형국을
이루었다 생각하는가?
18 너희들보다 더 유능하고 더 많이 알고
있으며 더 똑똑한 그자들이 십계명을
지키고 사는 그 길만이 하늘에 오르는
그것을 모른다 너희들은 생각하는가?
19 그들은 알고 있음이니라.
20 그리고 그들은 지키려 노력하고 있음
이니라.
21 그러나 그들은 육이요, 저희 자신을
버리지 못하기 때문에, 그를 지킬 수
없기 때문에, 그를 지키는 삶이 너무
나 고달프고 힘들기 때문에 다 포기한
자들이니라.
22 그들의 속성을 들여다보라.
23 그들이 너희들만 못하며 그들이 너희
들만큼 성서 암송을 못 하는가, 그리
고 내가 그들에게 원하는 것이 무엇인
지 그 줄거리를 모르고 물 흐름을 모
른다 생각하는가?
24 그들은 너희들보다 열배 백배 더 잘
알고 있음이니라.
25 그들은 잘 알고 있으면서도 너무나 잘
알기 때문에, 육신의 삶과 육신의 행
복 그 모두를 다 버리고 그 길을 선택
하기는 그들로서는 너무나도 어려운
길이기에,
26 알면서 그들이 나의 십계명을 덮어 두
며 지금 이와 같이 사악한 무리 속에
휩쓸려 갔음이니라.
27 종교 지도자라 하면 오로지 잘못 가는
나의 피조물 만백성을 이끌어 하늘에
오르는 그 길을 보도록 하여 천사의
마음과 같이 다스리는 그것이 그들의
근본이요, 기본이거늘,
28 그 기본을 행해야만 됨을 몰라서 그들
이 그리하는 것이 아니니라.
29 그 육신의 사악한 욕심 때문에 갈 수
없고 이룰 수 없기 때문에 그들이 그
와 같이 가고 있는 자들이니라.
30 그러기에 그들을 내가 용서할 수 없음
이라 말함이며, 그들이 이와 같이 사
악한 시대를 만들었음이니라.
31 그들은 너희들보다 더 잘 알고 있으
며, 더 많이 알고 있음이니라.
32 그러한 사악한 자들이 저희 스스로 포
기하였으며, 저희 스스로 지금 인도하
고 가는 그 길이 잘못 가고 있는 길이
라는 걸 알고 저희 행동이 부끄러운
줄 알며 저희 삶이 나 여호와에게 향
하여 가는 길이 아님을 그들은 너무나
잘 알고 있음이니라.
33 그러나 그들은 모두를 다 포기하였음
이니라.
34 구원을 받는 것도 포기한 자들이요,
저 스스로 구원받는 것조차도 포기한
자들이며, 나의 피조물 만백성을 인도
할 수 없다는 것도 잘 알고 있으며, 그
것도 잘못 가고 있는 것을, 안 된다는
것을 그들은 알고 있음이니라.
35 그들은 죽어 나에게 와 심판을 받는
그 두려움 자체도 거부하는 자들이며,
그들은 그와 같은 것이 없기를 바라는
것이며, 그들의 지금의 마음이 그러한
것이니라.
36 그리하여 육신의 영달과 안일을 위하
여 그들은 그저 달려가고 있는 자들이
니라.

37 그러니 지금 비록 나약하고 보잘것없는 나의 선지자의 제자인 너희들은 그들보다 못한 자들이지만, 나의 계명을 지킬 수 있다 말하며 그를 따를 수 있다 말함이니,

38 모두를 포기한 자들 앞에 너희들 자신이 얼마나 소중하며, 너희들이 얼마나 견디기 어려운 길을 가야 하는가?

39 너희들보다 열배 백배 더 똑똑하고 훌륭하다 하는 자들이, 그리고 가진 것이 많은 자들이, 그리고 성서를 많이 암송하고 그 구절을 다 알고 있는 자들이 지키지 못하는 그 길을 너희들이 지금 지키고 가고자 함이니,

40 그들도 포기한 그 길을 부족한 너희들이 지키고 가고자 함이니, 너희들이 그러한 자들이니라.

41 그러한 형국에 처해 있는 너희들이니라.

42 이미 선택했고, 이미 너희들이 가고자 하였으며, 영혼을 구원받고자 한다면 너희들이 육의 모두를 다 접어 버리라.

43 그리고 그를 생각해서는 아니 됨이니라.

44 내가 선지자를 통하여 너희들에게 일렀느니라.

45 날카로운 바늘로 너희 심장을 찌른다 하여도 그 아픔을 느끼지 아니할 수 있는 것은 나를 향하는 그 믿음의 길이며, 구원의 길이며, 내가 존재하고 있다는 것을 믿음이니라.

46 그것으로써 마음이 충만되어 있는 자, 아무리 날카로운 비수로 그의 심장을 찌른다 하여도 그는 아픔을 모를 것이니라.

47 나의 아들 예수가 그 많은 고통을 겪고 인내하며 나의 뜻에 순종하여 그리 왔듯이, 바로 그 마음이어야만 너희들이 만백성을 구할 수 있으며 너희들이 하늘에 오를 수 있음이니,

48 그와 같은 마음이 되어 있을 때 너희들은 모두를 다 버린 자며 모두를 다 잊은 자라 말할 수 있음이니,

49 그리하여 어리석고 부족하나 순종하고자 하는 너희들을 내가 선택하였음이니라.

50 너희는 조금만 더 갈고닦고 조금만 더 전진한다 하면 해낼 수 있음이니라.

51 물에 빠진 자식을 구원하기 위하여 부모가 짧은 끈을 던질 때, 그리고 닿지 않는 그 나뭇가지로써 그를 구원하고자 할 때, 그 부모의 마음이 얼마나 애절하고 간절하겠는가?

52 물에 빠져 허덕이는 자식을 살리기 위하여 무엇인가를 내려보내는데 그 끈이 닿지 아니한다 하면 얼마나 그 부모의 마음이 안타까울 것인가?

53 그것은 서로 노력해야 잡을 수 있음이니라.

54 물에 빠진 자식은 닿지 않는 끈을 잡기 위하여 그 끈을 향하여 몸부림쳐 와야 될 것이며, 그것을 내리는 부모는 모두를 다하여, 육신의 살까지도, 뼈까지도 늘려 그것을 전하여 그가 잡을 수 있도록 해야 그를 구원할 것이니, 지금이 그와 같은 형국이니라.

55 지금 내가 내리는 그와 같은 생명줄의 그 끈을 잡을 수 없는 너희들에게 너희들이 잡을 수 있는 만큼 몸부림쳐

와 주기를 바라는 것이 나 여호와의
마음이며 나의 심정이니라.
56 부모가 자식이 닿는 데까지 그 끈을
내릴 수 없다 하면, 그 자식이 그곳에
까지는 와야 되지 아니하는가?
57 내가 너희들에게 내릴 수 있는 끈이
나의 성령을 태워 내리는 나의 법전으
로써 너희들을 구원하고자 하는 길이
라 하면, 이 끈을 잡을 수 있도록 너희
들이 몸부림쳐 와야 할 것이니라.
58 이것이 너희들이 올라오며 내가 내림
이니, 그 끈을 잡지 못하고 발버둥치
는 너희들을 보는 나 여호와요, 그 부
모의 마음이 얼마나 아프겠는가?
59 조금만 더 오라.
60 조금만 더 인내하라.
61 그리고 조금만 더 너희 자신을 다스리
라.
62 그리고 조금만 더 너희들의 그 육신을
버리며 너희 육신이 존재하지 아니함
을 깨달아 조금만 더 오라.
63 그러면 내가 내리는 그 끈을 너희들이
잡을 것이니, 그때는 나의 성령의 뜻
을 너희들이 깨우쳐 너희 마음이 열리
는 그 문에 나의 성령이 그득히 충만
할 것이니,
64 그것이 곧 하늘에 오르는 자이며 천사
가 되어 있는 것이니, 내가 너희들을
잡을 수 없는 지금 나의 그 손끝을 너
희들이 잡을 수 있는 데까지만 다가오
라 함이니라.

1,920 번째 하나님 말씀

2002년 2월 27일 09시 50분

1 사랑하는 선지자야!
2 "네, 여호와 하나님! 말씀하옵소서."
3 선지자야, 내가 너희들에게 일러 말하
기를, 누가 너희들의 오른뺨을 때리거
든 왼뺨을 내놓으라 하였음이니라.
4 이는 너희들이 설명하고 가르치기를,
오른뺨을 때리는 자에게 너희들이 왼
뺨을 내미는 그와 같은 마음으로써 세
상을 살라 함이며, 그리고 그와 같이
이해하고 용서하는 마음으로써 살라
는 그 뜻으로 너희들이 생각하고 있음
이니라.
5 그러나 거기에 더 깊은 뜻이 있음을
알아야 될 것이니라.
6 내가 너희들에게 무엇을 절제하도록
하고 규제를 할 때에는 거기에 대한
뜻과 이유가 반드시 있음을 너희들이
깨우쳐야 할 것이니라.
7 너희들이 오른뺨을 때리는 자에게 왼
뺨을 내놓을 수 있는 것은 너희들 자
신이 존재치 않다 하는 그와 같은 비
유라 함이니라.
8 네가 존재치 아니한다면 네가 오른뺨
을 맞든 왼뺨을 맞든 그게 무슨 상관
이 있겠는가?
9 그와 같이 마음을 비우라는 것이며,
너 자신이 존재하지 아니하는 그와 같
은 삶을 너 스스로 살아야 함이라는
것이니라.
10 너희들이 나의 법전을 공부하고 나의
뜻을 따르며 너희들이 인내하고 참고
너희 자신들을 지우려 하고 산다 하

나, 과연 너희들이 얼마나 그리하고
사는가 한번 보도록 하라.
11 남이 너희들에게 감정이 격한 소리를
했을 때 너희들은 감정이 격하여져 그
를 받아넘기며, 남들이 너희들에게 섭
섭하게 했을 때 그 섭섭함을 너희들은
또 표현하느니라.
12 이것이 너희들이 지금 살아가는 형태
이니라.
13 그러고서야 어디에 하늘에 오르는 길
을 볼 수 있다 생각하겠는가?
14 그리하여 그 모두를 인내하고 참고 견
딜 수 있는 것은 너희들 자신이 존재
하지 아니한 그 경지에 올라야만 그
모두를 다 시행할 수 있기 때문에, '오
른뺨을 때리면 왼뺨을 내놓으라'는 것
이 인간 육신의 세계에서 너희들이 그
저 허허 웃고 넘어가라는 그러한 뜻이
아님을 알라.
15 어찌하여 너희들이 오른뺨을 때리는
자에게 왼뺨을 내놓을 수 있는 그 경
지가 인간사 육신에서 허허 웃는, 그
리고 용서하고 이해하는 마음으로써
그를 견디고 인내할 수 있다 생각하는
가?
16 인간의 육신을 가지고, 인간의 근성을
가지고, 인간의 본질을 가지고서는 그
를 시행할 수 없음이니라.
17 그리하여 너희들은 작은 노여움이요,
작은 섭섭함이 있으면 거기에 신경을
곤두세워 그 반응을 보이며, 또한 거
기에 대한 감정을 받은 만큼 돌려주는
것이 너희들의 성격이며 지금 살아가
는 마음 자세니,
18 그 인간의 마음으로써는 그를 다스릴
수 없음이니라.
19 이는 즉, 너희들이 존재하지 아니하고
너희들의 가치가 없으며 너희가 지금
있는 그 자체를 망각하고 살 수 있는
그와 같은 낮은 자세의 마음에서만이
그를 시행하고 지킬 수 있음이니라.
20 내가 너에게 금기 사항을 내렸느니라.
21 내가 너에게 고기를 먹지 말라 함은
그저 네가 고기를 먹지 말아야 할 이
유가 있는 것임이니, 그는 네가 거친
성격이요, 또 네가 성격이 거칠다 보
면 조용히 앉아 나에게 기도드리는 그
마음이 진정되지 아니하므로 네가 기
도를 드릴 수 없으며, 또한 음주를 삼
가라는 것도 그런 깊은 뜻이 있음이니
라.
22 그러하니 너에게 그를 지키라 내가 말
함이니, 너는 나의 이 깊은 뜻을 깨우
쳐 네 것으로 만들어야 될 것이니라.
23 내가 너에게 말하여 일렀느니라.
24 너는 어떠한 여인이든 금욕을 하며 살
라 하였음이니라.
25 이는 내가 너에게 고통의 시련을 주고
너를 깨우쳐 하늘에 오르는 나의 길을
오는 것에 그것이 근본이기에 그리 지
키라 함이 아니니라.
26 이는 내가 너를 사랑하고 아끼기 때문
이니라.
27 네가 그와 같은 네 인간성을, 육신의
그 향락을 버리지 못하고 그와 같이
젖어 온다 하면, 너의 영을 보호하고
있는 그 집인 육신 자체가 지탱할 수
없으며 그를 유지할 수 없음이니,
28 그리하여 네가 지치고 피로한 그 생활
을 유지하고 육신 자체가 견디기 어려

울 정도로 네가 그를 다스린다 하면,
네가 나에게 말씀을 듣기 위한, 나 여
호와의 성령을 듣기 위한 그 기도를
드릴 수 있는 시간을 내지 못하고 그
를 네가 접하지 못함이니,
29 그와 같은 나의 깊은 뜻이 있어 너를
절제시키며 통제함이니라.
30 이와 같은 나의 깊은 뜻을 알아 네가
모두를 스스로 다스려 나아가 주기를
바라며, 너의 제자 또한 기도하는 자
는 그리해야 될 것이니, 그리 깨우쳐
주도록 하라.
31 너희 영혼은 나에게 올라와 구원을 받
고 못 받는 심판을 받으나, 너희 영을
보호하고 있는 너희들의 지금의 그 육
은 너희들의 집이라 하였음이니라.
32 그 집이 비바람에 시달리며 비바람이
몰아쳐 새는 그러한 집이 되어서야 되
겠는가?
33 견고하고 단단하며 아름다운 집의 형
태를 유지해야 됨이니, 내가 그리하여
너에게 그와 같은 금기 사항을 내린
것을 너는 깨우쳐 알고 있지 않은가?
34 그와 같은 나의 깊은 뜻이며, 너에게
계획한 것이 있으며 너에게 필요한 것
이 있기 때문에 내가 너에게 그 어렵
고 힘든 길을 가라 명함이니, 이는 네
가 반드시 꼭 지키고 시행해야 할 일
들인 것이니 그리 알라.
35 너의 육을 네가 관리하지 못하면 네
영이 쓰러짐이며, 또한 네가 영을 다
스리지 못하면 육이 쓰러짐이니,
36 이와 같이 너희들이 서로 분리되어 헤
어질 때까지는 떨어져서도 안 되고 헤
어져서도 안 되며 뜻이 둘로 되어서도
아니 되는 것이니, 이는 하나로 너희
들이 존재하며 나가야 될 것이니라.
37 맑고 고운 마음으로써 나 여호와를 향
하며 내가 하늘에 존재함을 알고 그
길을 가고자 노력하며 나의 계명을 지
킨 자는 육과 정신이 하나가 되어 곱
게 살다 와 나에게 이르게 되어 있음
이니라.
38 그러나 너희들이 이를 함부로 다룬다
하면 육에 치우쳐 영을 돌아다볼 수
없으며, 육이 사악하고 육이 과욕하며
육이 쓰러져 가면 그 영이 지탱하고
견딜 수가 없음이니, 모두가 다 무너
짐이니라.
39 그리하여 지금 너희들이 사는 이 세상
이 이렇게 험악하게 이루어진 그것도
너희들이 육을 통제하지 못하는 근본
에서 그리 이루어졌음이니라.
40 육의 영화와 육의 편안함과 육의 즐거
움을 아는 자, 영혼이 오르는 하늘의
그 길을 지키고 올 수 없음을 알아야
될 것이니라.
41 그리하여 너희들은 육이 영을 받치기
위한 다스림으로써 가야 될 것이며,
너희들 생활에서 모두가 거칠고 험한
일을 삼가고, 남을 욕하며 욕된 일을
삼가고, 남을 질투하고 시기함을 삼가
라 하며, 남과 다투고 시비하는 것을
삼가라 함이니라.
42 그리하여 너희 육이 취하는 그 모든
동식물들까지도 유하고 부드러운 방
법으로 취함으로써 너희 육이 변화되
며, 그 변화되는 육 속에서 영이 아름
다운 형태를 유지하며, 그 영 또한 유
하고 부드러운 마음으로써 하늘에 오

르는 길을 바라볼 수 있기 때문이니,
43 이와 같이 너의 제자들은 생활하면서
자신을 다스리며, 마음을 다스리고 생
활을 다스리는 그와 같은 현명함을 얻
고 살라 하라.
44 네가 과격한 운동으로써 네 육을 다루
고자 하는 그것을 내가 너에게 금한
그 이유도 거기에 있느니라.
45 너무 과한 운동으로써 너의 육을 다스
리다 보면 육이 지치고 균형을 잃어
감이니, 그 육이 균형을 잃어 감은 바
로 무엇이더냐?
46 너희들이 사는 집이 무너지고 쓰러짐
이니라.
47 그리하여 내가 너에게 과격한 그런 운
동을 하지 말라 하였으니, 네가 과격
한 육의 단련을 위하여 심신을 바친다
하면 네 영을 다스리는 데 스스로 힘
들고 어려우며, 그 육이 동적인 것으
로 행하다 보면 네가 나에게 기도를
드리는 시간을 가질 수 없으며 그 시
간이 없어짐이니,
48 내가 그리하여 너에게 온유한 마음으
로써 모든 육을 다스리며 네 영혼까지
유한 모습으로 다스려 살라 함이니,
49 너의 제자들은 나의 피조물 만백성에
게 전해야 될 것이니라.
50 계명을 지키고 하늘에 오르며 하나님
의 뜻에 따라 시행할 수 있는 자는 육
을 다스리는 법이 중요함을 알려 주라.
51 육이 다스려지는 속에, 그 온유한 육
의 생활 속에서 영이 부드럽게 존재함
이니, 육이 흔들리면 영 또한 그 자리
를 잡을 수 없으며 지킬 수 없음이니,
52 너의 제자들은 나의 피조물 만백성에
게 이 이치를 깨우쳐 주어, 그들이 육
을 다스리는 데 항상 그들 자신의 몸
과 마음을 단정히 하며 돌아다보는 삶
을 살 수 있도록 그리하라.
53 육에 치우치면 안 됨이니라.
54 육을 잘못 다스리면 그 육은 이루 말
할 수 없는 파장을 이루고, 이루 말할
수 없는 불행을 이루며, 너희들이 영
을 차지할 수 없는 그와 같은 형국으
로 이루어지게 됨이니,
55 우선 너희들이 하늘에 오르는, 나 여
호와에게 기도하고 경배하는 마음을
갖기 위해서는 너희들의 집인 육을 단
단히 지켜야 할 것이니,
56 육이 단단하게 설 수 있는 그 부분에
대해 식생활서부터 모든 생활하는 것
에, 잠자고 휴식하는 것까지 절제하며
생각할 수 있는 그와 같은 육의 관리
법을 먼저 터득하도록 그리 깨우쳐 주
라.

1,921 번째 하나님 말씀

2002년 2월 27일 12시 30분

1 사랑하는 선지자야!
2 "네, 여호와 하나님! 말씀하옵소서."
3 60평생이 되도록 살아오면서 나 여호
와가 존재함을 인정하지 아니하려 하
였으며, 내가 존재함을 믿으려 하지
아니하였으며,
4 그저 육신의 삶을 위하여 살아오던 너
를, 내가 너에게 나의 성령을 받아 그
법전을 기록하여 만백성을 구하라는
나의 뜻을 전했을 때,
5 너는 주인에게 잡히지 아니하려는 강

아지처럼 이리 뛰고 저리 뛰고, 네 마
음대로 나의 음성을 들으려 하지 아니
하였으며 이를 기록하려 하지 아니하
였음이니라.
6 그리고 너는 정녕 이 길을 어떠한 일
이 있어도 가지 않으려 하였고, 이는
갈 수도 없으며 이는 있을 수 없는 일
이라 생각했으며,
7 너는 앞으로 어찌 변해야 될 것이라는
그와 같은 나의 뜻을 내가 너에게 명
했을 때, 너는 절대로 갈 수 없는 자라
생각하였으며 가지도 않으려 하였던
너이니라.
8 그러나 2년이라는 세월이 흘러온 지
금 너의 마음의 자세는 어디에 있던가?
9 과연 네가 2년 전에 생각했던 그 모습
처럼, 너는 그저 주인이 잡으려 할 때
도망하는 짐승처럼 지금도 네가 그와
같이 가고 있는가?
10 그리고 나 여호와가 존재함을 너는 정
녕 지금도 모르고 있는가, 그리고 그
를 믿으려 하지 아니하는가?
11 너의 마음이 지금 어찌 되어 있는가?
12 너는 나 여호와를 떠나서는 살 수 없
다 생각하며, 너는 네가 지고 온 그 지
난날의 죄 때문에, 그 죄의 두려움과
무서움에 네가 사는 길을 찾으려 발버
둥치고 그를 용서받으려 발버둥치며,
13 그리고 나 여호와의 음성을 듣지 아니
하면 견딜 수 없고 살아갈 수 없는 지
금의 너의 그 변한 모습과, 네가 시간
이 있을 때마다 나의 피조물 만백성을
구하고자 돌아앉아 나에게 기도하는
그 모습의 변화를 과연 너는 어찌 보
는가?
14 너는 변할 수 없을 것이라 이야기했으
며, 그리고 지키고 이루어 갈 수 없으
리라 말했음이니라.
15 내가 최초로 너에게 열여섯 권의 법전
을 써야 된다는 이야기를 했을 때, 너
는 죽었다고 네가 생각했을 것이니라.
16 그리고 무슨 말로써, 어떠한 형국으로
써 그를 다 쓸 것인가 너는 몰랐을 것
이니라.
17 그러나 이제는 네가 어찌하는가?
18 바닷물을 잉크 삼아 써도 다 쓰지 못
하는 나의 뜻이 있음을 네가 알고 그
를 깨닫게 되었으며,
19 이제는 네가 밤과 낮을 가리지 않고
나에게 돌아앉아 나의 음성을 들어 나
의 피조물 만백성을 구하고자 기도하
는 네 모습의 변화는 어찌 생각하는가?
20 너를 달구어 이와 같이 변할 수 있었
음이니, 이 세상 나의 피조물 만백성
누구든 다 그와 같이 변할 수 있으며
나의 계명을 지키고 살 수 있음이니
라, 선지자야!
21 그러니 너는 지금 사악한 모습으로 살
아가는 모든 피조물 만백성과 이 험난
하고 험악한 세상사, 나의 낙원의 지
상에서 살아가는 그 백성들이요, 너의
형제들의 그 모습을 보고 네가 두려워
하고 겁을 먹으며 그를 정녕 다스리고
깨우칠 수 없다고 생각하고 있음이니,
22 그리고 나의 법전이 세상을 덮는 그날
이 언제 올 것이며 과연 그 역사가 이
루어질까 하는 그와 같은 의혹을 남모
르는 시간에 갖고자 하는 것도 나 여
호와가 알고 있음이니, 너는 두려워하
지 말라.

23 내가 너에게 명하여 이루어지지 아니
한 것이 무엇이 있던가?
24 네가 오늘과 같이 변하여 시간이 날
때마다 나에게 돌아앉아 나의 메시지
요, 나의 음성을 들어 기록하고자 하
는 너의 그 갸륵한 정성의 변화를 너
의 제자들은 알 것이니라.
25 그리고 그들 또한 놀랄 것이니라.
26 이것이 네가 선지자로 선택된 자요,
네가 나의 종이요, 나의 아들로서 책
무를 훌륭히 수행할 수 있고 내가 임
한 나의 뜻을 전할 수 있으며 내가 너
에게 임하여 너를 깨우치고 가르치는
그 모두를 네가 시행하고 따를 수 있
는 자임을 너의 제자들은 알 것이며
너 또한 자신을 갖게 될 것이니라.
27 이제는 네가 생각하고 있는 두려운 마
음을 버리라.
28 언제 나의 법전이 세상을 덮으며 지금
험악한 너의 형제들의 살아가는 그 모
습에 과연 그들이 아름다운 꽃을 피울
것인가,
29 그리고 나의 법전을 읽고 던지는 자,
그를 보고 사탄이라 말하는 자, 그를
읽고도 욕하는 자, 만 명 중에 한 사람
이 나의 법전을 읽고 너를 찾아오는
자들이니,
30 그 속에서 언제 네가 나의 이와 같은
성령을 만백성에게 전할까 하는 그런
두려움과 무서움에 네가 젖어 있는 것
을 나는 아느니라.
31 오늘 내가 너에게 그와 같은 마음을
덜어 주고자 함이니라.
32 그리하여 네가 2년 전에 나를 접하여
살아왔던 네 생활과 네가 나로부터 잡
히지 아니하며 도망가려 하던 그 모습
이,
33 지금은 네가 나를 따르며, 나를 보지
아니하고 내 음성을 듣지 아니하면 견
딜 수 없으며, 그 길만이 네 행복이요,
네가 사는 모두가 다 그 속에 있는 그
와 같은 영광된 삶으로 생각함이니,
네가 그리 생각할 수 있다 생각하였느
냐?
34 그와 같이 네 마음이 변하고 네 자세
가 변한 모습을 본다 하면, 나의 피조
물 만백성이 다 변할 수 있으며 나의
법전을 접할 수가 있음이니, 너는 두
려워하지 말라.
35 그리고 이는 천 년의 역사를 두고 기
초를 다져 가야 할 것이며, 지금 너희
들이 기초를 다져 놓으면 천 년 후에
이 뜻이 이루어질 것이니,
36 사랑하는 선지자야!
37 "네, 여호와 하나님! 말씀하옵소서."
38 이제는 네가 강론할 때가 되었음이니
라.
39 네가 살아온 과거사의 삶과 오늘의 네
가 변해서 마음속으로 지키고 살아가
는 그 따뜻하고 훈훈하고 아름다운 마
음들을 만백성을 위하여 전해도 한 점
의 부끄러움이 없음이니라.
40 네가 나의 뜻에 따라 바로 서 가며 바
로 깨우쳐 가는 그 영광은 아무나 이
룰 수가 없음이니라.
41 내가 보는 나의 선지자 너는 그와 같
이 변해져 있음이니, 네가 변한 모습
을 그대로 만인에게 전해 준다면 그들
은 네 눈물 속에 네 진실을 알 것이며,
너의 흘러나오는 그 음성 속에서 진실

임을 알아들어 그들의 마음에도 변화
의 꽃을 피우게 될 것이니라.
42 네가 나에게 기도드리는 그 정성이 깊
고 깊을수록 네가 살아 숨 쉬는 동안
에 너와 같이 살아가는 나의 피조물
만백성의 많은 인구가 구원을 받으며
그들이 이 영광을 같이 누리고 그 축
복을 얻게 될 것이니라.
43 너와 너의 제자들은 내가 하나를 가라
하면 셋을 가며 셋을 가라 하면 넷을
감이니, 네가 나에게 기도하는 그 시
간이 그렇게 늘어남으로 인하여 나의
법전이 세상에 먼저 나가고 일찍 나가
게 됨이니, 많은 나의 피조물 백성들
이 읽게 되지 아니하겠는가?
44 내가 너에게 하나를 행하라 했을 때
네가 넷을 행하면 셋을 더 한 만큼 나
의 피조물 만백성이요, 너와 같이 이
시대를 살아가는 너의 형제들이 보고
깨우치는 역사가 이루어짐이니, 그를
보는 나 여호와의 마음이 얼마나 기쁘
고 기쁘겠는가?
45 그것으로써 너는 가장 효성스런 자식
이요, 부모에게 효도하는 자식이니라.
46 내가 너에게 말하였느니라.
47 엄동설한 추운 겨울날 물고기를 잡아
부모에게 대접하고자 달밤에 논두렁
을 뒤지는 자의 그 정성의 마음과, 고
기를 대접하려 저희 육신의 일부를 떼
어서 부모에게 대접했다는 그들의 효
성 못지않은 너의 효성이 네 몸속에
지금 흐르고 있음이니, 나 여호와의
기쁨이 오죽하겠는가?
48 네가 만일 나의 음성을 듣는 데 게을
리하고, 나의 성령을 받아 법전을 만
드는 데 게을리하며 태만하여 네가 죽
을 때까지 이를 이루지 못한다면 이
일을 어찌하겠는가?
49 누가 대신해야 되겠는가?
50 너와 같은 자 하나 만들기 위하여 수
천 년의 역사의 흐름 속에 기다리고
인내하는 것이 하늘의 뜻이거늘, 내가
지금 내리는 나의 성령을 다 받아 나
의 피조물들을 구원하지 못한다면,
51 지금 네가 못을 박아 뿌리를 내리지
못한다 하면 천 년의 역사가 그냥 흘
러가게 됨이니라.
52 그러나 네가 100권의 나의 성령을 받
아 법전을 세상에 내는 것이 30년이
걸린다 할 때, 네가 이를 10년 만에 만
들어 세상에 낸다면 20년의 그 세월
동안에 나의 피조물 만백성이 구원을
받으며 천 년의 역사가 단축되는 역사
를 이루는 것이 아니더냐?
53 선지자야, 네가 지금 그리 가고 있음
이니라.
54 내가 너를 사랑함이니 그리 알라.
55 그리고 나의 법전이 세상에 나올 수
있도록 너를 도우며 너를 따르는 너의
제자들을 내가 어루만져 줌이니, 그들
의 모든 고통과 어려움과 그 시련이
거둬질 것이니라.
56 서서히 거둬져 가고 있음이니라.
57 그들에게 내가 빛을 내리고 있음이니
그리 알라.
58 그리고 너의 제자요, 너의 실장인 향
이에게도 이르라.
59 지금의 모든 작업을 이제는 정리하라
이르라.
60 몇 개월 후에 너희들의 모든 작업을

정리하도록 내가 하였으나, 너희들이
가는 그 마음의 자세가 갸륵하니 이제
정리를 하라.
61 그리고 해야 할 일과 가야 할 길과 6
개월 후에 받아야 할 임무를 지금 내
가 너희들에게 내릴 것이니 그리 알라.

1,922 번째 하나님 말씀

2002년 2월 27일 21시 20분

(강론을 마치며)

1 사랑하는 선지자야!
2 "네, 여호와 하나님! 말씀하옵소서."
3 너희들이 한 생명을 받아 세상에 나오
는 것도 나의 주관하에 나의 은혜로써
세상에 나왔음이니,
4 너희들 한 사람이 세상에 나온 그 자
체가 너희들이 스스로 세상에 나왔으
려니 하고 생각하면 그런대로 그러한
인생으로 생각할 수 있으나,
5 넓은 우주 공간에 많은 나의 피조물들
이요, 또 너희와 같이 인간으로 나올
수 있는 그 많은 생명들 중에서 너희
들 한 사람을 선택하여 한 사람씩 세
상에 나왔다는 그 영광 자체가 나로부
터 얼마나 크나큰 영광을 입었으며 은
혜를 입은 것인가 너희들은 오늘 다시
한 번 생각해 봐야 될 것이니라.
6 너희들이 선택되어 이 세상에 나온 그
자체 하나로써 너희들은 모두를 나에
게 다 바쳐도 그 은혜에 보답할 길이
없고 너희들이 아쉬움과 손해 봄이 없
느니라.
7 또한, 너희들이 세상에 나와, 내 너희
들에게 이르듯이, 나의 은혜와 권능
속에서, 내가 모두를 이룬 그 속에서
모두를 섭취하며 살아가는 것이 너희
들이 소중히 여기고 살아가는 인생인
것이니라.
8 그러한 은혜 속에서 살아가는 너희들
에게 내가 명하기를, 너희들이 지켜
하늘에 오를 수 있는 그 열 가지의 계
명을 지켜 하늘에 오르도록 하라 하였
으나,
9 너희들은 나의 그 열 개의 계명마저도
지키지 아니하고, 이것이 옳다 그르다
갑론을박을 하고 있으며,
10 어떠한 길이 하늘에 오르는 것의 진정
한 길이며 어느 누가 하늘에 오르는
데 역행하는 자들이라 이와 같이 갑론
을박하며,
11 오로지 저희들이 인도하고 저희들이
가는 길만이 하늘에 오르는 길이라 그
리 생각하고 있으니, 이 얼마나 답답
한 현실이라 너희들은 생각하는가?
12 너희들은 다 똑같은 나의 아들이요,
딸들이니라.
13 너희들은 모두 나의 자식이기 때문에
너희들이 행하는 것을 나를 위하여 너
희들이 오르고자 하는 그 뜻이 이루어
지는 그와 같은 삶의 형태로써 너희들
이 지금 가고 있느니라.
14 그러나 너희들이 바로 오르고 오를 수
없는 것의 답을 내가 너희들에게 내렸
건만, 너희들은 그 답을 보지 아니하
고 각자가 너희들이 우상인 신이 되고
자 하며,
15 너희들이 나보다 더 권능이 있고 너희
들은 모든 것을 다 이룰 수 있다는 그
러한 오만과 자만 속에서, 내가 너희

들에게 지키고 오르라는 나의 계명인
그 십계명을 지키지 아니하고 살아가
고 있음이니라.
16 너희들은 지금 내가 너희들에게 내린
공기라는 것을 몇 분을 섭취하지 아니
하면 생명이 끊어지게 되어 있음이니
라.
17 내가 내려 준 공기를 너희들이 몇 분
을 마시지 아니하면 너희 생명이 중단
되며 너희 육신이 한 줌의 흙으로 돌
아가는 그와 같은 엄연한 현실을 너희
들은 믿으나,
18 보이지 아니하고 만질 수 없는 나의
십계명을 지키라는 그것은 너희들이
그보다 더 소홀히 생각하고 있음이니
라.
19 오늘 너의 제자들이 이곳에서 하나 깨
우쳐야 될 것이 있느니라.
20 내가 내린 산소라는 것을 마시지 아니
하면 너희들이 죽는 것은 무엇이더냐?
21 그는 육신이 죽어 감이니라.
22 너희 영혼이 존재하기 위하여 그 집의
역할을 하고 있는 너희 육신이 죽어
한 줌의 흙으로 돌아감이니라.
23 그러나 내가 지키라는 십계명은 너희
육신의 삶이나 죽음을 위해서 있는 것
이 아니니라.
24 내가 내린 그 십계명은 너희들이 나에
게 와 심판을 받는, 내가 성령으로써
임하여 세상에 보낸 너희 영혼을 구원
하고자 그를 지키라 함이니,
25 너희들이 지금 공기를 마시지 아니하
여 육신이 죽는 모습은 보나 그 육의
영이 죽는 것은 볼 수 없으며 모르듯
이,
26 지금 나의 십계명을 지키고 그를 따라
행하고 순종하지 아니하는 자는 영을
죽이는 그와 같은 무서운 행위임을 너
희들이 여기서 오늘 반드시 깨우쳐야
될 것이니라.
27 산소를 마시지 아니하여 죽는 것이 너
희들의 육신이니라.
28 그와 같이 내가 지키고 하늘에 오르라
는 그 십계명을 지키지 아니하고 순종
하지 아니하는 것은 너희들의 영혼이
썩어 가며 죽어 가는 것임을, 그 엄연
한 사실을 너희들은 알아야 될 것이니
라.
29 너희들의 육은 보이나 영은 보이지 않
느니라.
30 보이는 육은 보이지 않는 산소를 마시
지 아니하면 죽음이요, 너희들의 보이
지 않는 영은 내가 내린 십계명을 지
키지 아니하면 죽음이니라.
31 너희들의 육이 산소를 마시지 아니하
여 죽는다면 그 육이 너희들의 집 역
할을 할 수 없듯이,
32 내가 너희들에게 살아서 하늘에 오르
도록 하는 너희의 영이 십계명을 지키
지 아니하고 그를 마시지 아니하고 그
것을 너희 영의 양식으로 만들지 아니
하고 죽어서 너희들이 썩어 간다 하면
어찌하겠는가?
33 십계명의 소중함과 그게 너희들의 영
의 생명이며 영의 삶의 식량인 그 위
대한 것을 너희들은 어찌하여 그리 모
르는가?
34 나 여호와가 누구인가?
35 우주 만물의 모두를 창조한 나이니라.
36 너희들이 아무리 유능하고 너희들이

모두를 다 이루고 만들 것 같으며 신
의 행세를 할 수 있을 것 같아도, 그
모두는 다 너희들을 만든 창조주 내
앞에서 한날 바람과 같은 것이니라.
37 오늘 너희들은 반드시 가슴에 하나를
새겨야 될 것이 있느니라.
38 육은 공기를 마시지 않으면 죽음이요,
영은 십계명을 지키고 그를 순종하며
그를 모든 삶의 지표로 삼는 것만이
너희 영이 건강하게 살다 하늘에 와
심판을 받는다는 것을 너희들은 잊지
말라.
39 십계명을 지키지 아니하여 너희들의
영이 죽는다 하면 너희들은 나에게 와
심판을 받을 자격도 없음이니, 죽은
자를 내가 심판을 하겠는가?
40 너희들은 깨달아야 할 것이니라.
41 너희들은 말하느니라. 모든 죽은 자도
영혼을 구하고 산 자도 영혼을 구하
며, 너희들의 육신이 살아 있는 것에
서 너희 영혼을 구하는 것이 하나님이
며, 또 죽은 자까지도 모두를 다 구원
하는 것이 나 여호와라 너희들은 말하
는 것이니라.
42 그러나 그것이 아니니라.
43 육이 살아 있는 것은 산 것이요, 영이
죽어 있는 것은 죽은 것이니, 지금 너
희들 몸에 영과 육이 같이 있는 그것
을 산 자와 죽은 자가 같이 있다 말하
는 나의 뜻을 알아야 할 것이니라.
44 이미 죽어 나의 심판을 받은 자가 살
아오는 것이 아니니라.
45 그 죽은 자가 사는 것이 아님을 너희
는 알아야 할 것이니라.
46 육은 지금 너희들이 살아 숨을 쉬고
행동하니 살아 있음이니라.
47 그러나 너희들이 나의 십계명을 지키
지 아니하고 나의 뜻에 순종하지 아니
하며 인간이라 그를 지킬 수 없다는
그런 종교 지도자의 말을 따라 살아간
다 하는 그 자체는 영이 죽어 있음이
니라.
48 즉, 혼이 죽어 있음이니라.
49 그리하여 너희들이 죽은 자 가운데 산
다는 것이 나의 십계명이요, 나의 법
전을 읽고 깨우쳐 하늘에 오르는 그
길을 향하여 달려오는 그 순간부터 너
희 육신에 있는 그 영혼이 삶이니,
50 죽어 있는 영혼이 다시 살아오는 것과
죽은 자 가운데 사는 것이 여기에 하
나의 뜻이 있으며, 산 자 가운데 산다
는 것은 너희들이 영과 육이 같이 살
아 있는 지금의 이 상태에서 너희들이
살아오는 것을 말함이니,
51 육이 흙으로 돌아가기 전에 너희들 집
에서 영이 살아 존재하듯이 그와 같이
살아오는 것을 말함이니라.
52 십계명을 지키며 나의 뜻에 사는 자는
육과 영이 살아있는 자이니라.
53 그러나 계명을 지키지 않는 자는 육은
살아 있으나 영은 죽어 있음이니, 죽
은 자 가운데 산 자를 다 구원하며 산
자 중에 구원한다는 나의 뜻이 여기
있으니,
54 너희들이 해석을 잘못하며 잘못 깨우
치고 있음이니, 이게 바로 하늘의 뜻
이요, 성서의 비밀이며, 하늘의 비밀
이니라.
55 내가 너희들에게 이 주옥같은 나의 깨
우침을 전하니, 너희들은 가슴에 깊이

새겨 너희 생활의 지표로 삼아야 될 것이며,
56 나의 음성과 나의 뜻을 들은 너희들이
이 성전을 나가면서 잊어버린다 하면,
듣지 아니하고 밖에서 살인하고 거짓
하고 도적질하는 자보다도 너희들이
더 잘못된 자이며 더 무서운 죄를 받
을 것이며,
57 그들보다도 너희들이 더 사악한 자임
을 알아 살아가야 할 것이니 이를 명
심하라.

1,923 번째 하나님 말씀

2002년 2월 27일 23시 10분

1 사랑하는 선지자야!
2 "네, 여호와 하나님! 말씀하옵소서."
3 내가 너희들에게 일러 일깨워 주었노
라.
4 너희들이 공기라는 것을 마시지 아니
하며 산소를 들이마시지 아니하면 너
희들은 몇 분도 안 되어서 그 육이 죽
어 한 줌의 흙으로 돌아간다 하였으며,
5 내가 너희들에게 지키고 하늘에 오르
라고 내린 그 십계명을 너희들이 지키
지 아니하면 영이 존재할 수 없다 하
는 것을 가르쳐 주었음이니,
6 지금 나의 피조물 만백성을 이끌어 오
는 그 종교 지도자들이 내가 내린 십
계명을 지킬 수 없다 하며, 인간이기
에 지킬 수 없으니 그를 지키지 못했
을 때,
7 그 죄의 대가를 너희들은 금화와 은화
로써 나에게 바치며 눈물로써 회개와
용서의 기도를 드리면 구원을 받을 것
이라 그리 가르쳐 온 오늘의 그 현실
이 어찌 되었는가?
8 그 한 마디로 인하여 너희 육은 육대
로 사람이 사람을 죽이는 그와 같은
극한 형국에 이르게 되었으며, 나로부
터 구원을 받아야 할 그 영혼들을 너
희들이 다 잠재우고 죽였다 하면, 이
죄를 너희들이 어찌 다 감내할 수 있
다 생각하는가?
9 너희들의 그와 같은 말과 행동으로 인
하여 나에게 심판을 받는 그 영들이
그 생명줄인 십계명의 영양을 공급받
지 못하였다면 그들은 다 죽어 있음이
니,
10 이와 같이 무서운 형국에 이른 것이
너희들이니라.
11 그리하여 내가 이를 지키는 것만이 하
늘에 오르는 길이라는 나의 뜻이요,
하늘의 비밀을 너의 제자들에게 일러
주었으니, 너희들은 어찌하여야 되겠
는가?
12 이를 나의 피조물 만백성에게 전해야
될 것이며, 그리하여 나의 십계명을
만백성에게 전하는 일에 너희들이 앞
장서야 될 것이니라.
13 그리하여 그들이 십계명을 암송하고
또 그를 지키고 살겠다는 마음의 생각
을 다져 왔을 때, 내가 그들에게 힘과
능력을 줄 것이며, 그들이 지켜 살아
갈 수 있도록 할 것이니라.
14 그리하여 그들의 죽은 영혼을 살리는
그와 같은 역사를 너희들이 이루어야
할 것이니라.
15 이와 같은 일을 이루며 이와 같은 일
을 행하는 것이 너희들이 지금 해야

할 일임을 깊이 깨우쳐야 할 것이니라.
16 나의 십계명을 너희들이 어떤 방법으
로든 많이 보급하고 전해야 할 것이
며, 그게 나의 법전을 전하는 전초전
이 될 것이니라.
17 내가 불로 쓴 그 십계명을 전함으로
인하여 너희 육신에 있는 죽어져 있던
그 영혼들이 모두가 다 다시 살아나
나에게 구원을 받는 영광을 얻게 됨이
니라.
18 지금 수천 년 동안 너희들이 흘러오면
서 모든 너희 육신에 있는 영을 다 죽
였음이니, 이는 바로 무엇이더냐?
19 나의 십계명의 뚜껑을 덮는 그 지도자
들로 하여금 그와 같은 형국에 이르렀
음이니라.
20 어찌하여 너희들은 내가 불로 직접 써
내린 십계명을 지키고 그를 향하며 그
에 순종을 하면 하늘의 구원의 길을
오를 수 있으며 구원을 받을 수 있거
늘 그를 버릴 수가 있는가?
21 그리고 그걸 너희들이 어떤 명분으로
덮을 수가 있단 말이던가?
22 너희들이 지금 살아가는 이 신약의 시
대에서는 오로지 신약의 율법만이 소
중하고 신약 성서의 내용대로 지켜 가
는 것이며, 구약의 시대는 지났다 하
여 구약 성서는 덮어 두었다 말하며
나의 십계명을 너희들이 덮어 두었으
니,
23 2천 년 역사가 흐르는 그동안에 너희
들은 나의 피조물 만백성의 영혼을 죽
여 나에게 보냈음이니라.
24 그러하니 신약의 시대에 너희들 한 사
람도 구원을 받은 사람이 없다 하면
너희들은 과연 이 말에 대해서 어찌
답할 수 있겠는가?
25 너희들이 육을 위해서 지금까지 살아
왔으며, 나에게 올라와 심판을 받는
영혼에 대한 것은 너희들이 관여하지
아니하고 그를 등 돌렸음이니,
26 너희들을 믿고 따라온 나의 피조물 만
백성, 지금까지 살다 죽어 온 자들, 그
모두의 영혼을 다 죽여 나에게 오도록
하였음이니, 그들이 과연 나에게 오를
수 있다 생각하는가?
27 죽은 그 영혼이 어찌 여기에 올 수 있
는가?
28 이제 너희들은 나의 십계명이 너희 영
혼을 살리는 영양의 공급처요, 너희
영혼의 명이 존재하고 그를 지탱할 수
있는 그 모든 힘의 원동력이니,
29 이를 지키고 행하며 순종하는 것만이
구원을 받는 길이라는 것을 잊지 말
고, 나의 피조물 만백성에게 그를 암
송하고 그를 시행하며 그를 지키고자
노력하도록 그들의 육과 영에 잠시도
쉴 틈이 없이 구원의 손길을 뻗쳐야
될 것이니라.
30 이를 명심하여 시행하도록 하라.

1,924 번째 하나님 말씀

2002년 2월 28일 0시 30분

1 사랑하는 선지자야!
2 "네, 여호와 하나님! 말씀하옵소서."
3 이 깊은 밤 네가 나의 피조물 만백성
을 구원하고자 기도를 드리는 그 마음
이 나 여호와의 마음을 울리느니라.
4 아무것도 모르는 너를 선택하여 나의

성령을 받아 만백성을 구하라 하는 그
나의 명령 한마디로 인하여 네가 오늘
이와 같이 역사의 장을 이루어 가고
있음이니, 그를 보는 어버이로서 나
여호와의 마음이 기쁘기 한량없노라.
5 나의 사랑하는 선지자를 따르는 나의
백성 너희들은 이를 들으라.
6 지금 수천 년 동안에 나의 피조물 만
백성을 하늘로 인도하며 이끌어 온다
는 그 백성들이 어찌 성서를 가르치는
지, 그들이 성서를 가르쳐 온 내용을
너희들이 하나하나 분석해 볼 것이며,
7 그리고 그들이 허구한 날 너희들을 영
원한 나의 나라, 낙원으로 인도하며
영혼을 구원한다는 기도를 드리나니,
8 그들이 나를 향하여 바치는 그 기도를
너희들이 하나하나 조목조목 기록하
여 그 기도문을 분석해 보고 너희들이
한번 또 뒤집어 보도록 하라.
9 정녕 나로부터 선택되었다 하여 만백
성을 구하는 길로 인도한다는 그 종교
지도자들이 기도하는 그 소리에,
10 그가 원하는 것이 무엇이고, 그가 하
는 것이 무엇이며, 나에게 바쳐 올리
는 그 기도가 어떠한 내용인가를 너희
들이 기록하여 하나하나 분석을 해 보
고,
11 오늘의 기도와 1년 전의 기도와 10년
전의 기도와 내일의 기도와 모레의 기
도를 다 너희들이 기록하여 그를 한번
분석해 보라.
12 그 속에서 너희들에게 깨우침을 위하
여 이르는 말이 무엇이 있으며, 너희
들을 향하여 새로운 나의 뜻을 전하는
것이 무엇이 있는가?
13 너희들은 알아야 할 것이니라.
14 나 여호와의 뜻에 따라 나의 대업을
이루는 선택된 자의 기도는 오늘과 내
일의 단어가 다르며, 오늘보다 내일에
하나의 기도 소리를 더 들음으로 인하
여 깨우침이 있고 미래가 있으며,
15 그리고 그들이 행해야 할 지표가 있
고, 그들의 마음을 변화시키고 아름다
운 쪽으로 유도하며, 변하여 나에게
다가올 수 있는 그와 같은 내용과 가
르침이 있으니,
16 그것이 정녕 나의 기도요, 나의 뜻임
을 알아야 할 것이니라.
17 오늘 하는 일과, 어제 한 일과, 1년 전
에 한 일과, 10년 전에 한 일에 똑같은
이야기를 계속 울부짖는다면, 그리고
너희들에게 새로운 가르침이 그 기도
속에 없다 하면, 이것이 무엇이더냐?
18 다람쥐가 쳇바퀴를 도는 것과 같으니,
그 속에서 어찌 하늘에 오르는 길을
찾을 수 있고 볼 수 있다 하는가?
19 하늘에 오르는 기도요, 하늘에 오르는
길이요, 나에게 선택된 자가 나의 피
조물 만백성을 인도하여 드리는 기도
는 그 내용이 다 다르며, 변화무쌍한
내용으로써 너희 마음을 깨우쳐 주고
일깨워 주며, 변화되는 삶을 살며 육
과 영혼의 차이를 알고 그의 깨달음을
아는 것이니라.
20 너희들은 여기서 하나 깨우쳐야 될 것
이니라.
21 아무것도 모르고 깨닫지 못하던 나의
선지자가 나로부터 선택되어 지금 열
여섯 권의 법전을 기록하였으며, 또 2
부의 법전을 기록하여 10부까지 160

권에 가까운 나의 법전을 세상에 낸다
하니,
22 그는 그가 만들어서 나에게 올리는 기
도가 아니니라.
23 지금의 종교 지도자들은 할 말이 없으
면 무엇을 달라, 누구를 구원하라, 누
구에게 은혜와 축복을 주라, 영광을
주라, 그리고 저희들하고 아무런 관계
도 없는 나라의 통일이요, 세계의 통
일이요, 이웃의 안위요, 이와 같은 부
질없는 말로써 기도를 하지 않는가 한
번 들여다보라.
24 그리고 부활절이요, 성탄절이요, 누구
의 생일 축하요, 또는 무엇의 행사요,
그때마다 부르짖는 그 기도의 내용이
어떠한 형국으로 흘러가는가?
25 1년 전에 너희들이 말하는 부활절에
한 기도가 2년, 3년, 10년이 흘러가면
서 같은 내용으로써 그저 기도를 올린
다 하면, 이것은 고인 물이 썩는 것과
같으며 다람쥐 쳇바퀴 도는 형국과 같
으니라.
26 그리고 한 사람의 생일에 드리는 기도
와 다른 사람의 생일에 드리는 축하의
기도가 같으며, 나에게 기도를 드리는
자들이 일개 개인의 축복의 영광이요,
그의 생일이요, 또는 회갑이요,
27 그저 저희들이 봉투만 받을 수 있는
곳이라면 가서 지껄여 대고 저희들이
만들어 나에게 부르짖는 기도 소리가
어떠한 내용들이며 무엇을 의미하는
것인가를 한번 깨우쳐 보라.
28 방대한 나의 피조물 만백성을 구원하
며, 바늘구멍보다 작은 구멍을 너희
육신이 통과하는 그 어려운 길을 가는
것이 하늘을 향하는 길이며,
29 너희들의 육신을 위함이 아니요, 영혼
을 위하여, 영혼을 구하기 위하여 만
백성을 인도하고 가르치고 기도하는
자들의 그 자세를 하나하나 너희들이
분석해 보라.
30 어찌 한 사람의 인간을 위하여 그의
생일이요, 그의 회갑이요, 또 그의 경
사스런 날에 나에게 축복의 기도라 하
여 그리 드릴 수 있는가?
31 내가 너희들 한 사람의 축복의 기도를
들어 그 소원을 들어준다 생각하며,
내가 들어야 한다 생각하는가?
32 그 기도는 무엇이더냐?
33 너희 육을 위해서 드리는 기도며, 육
의 생활과 육의 편안함을 위해서 드리
는 기도이니, 그리고 그 기도의 뒤에
는 무엇이 있느냐?
34 그들은 짐승을 사고파는 그 거래하는
거래꾼들과 같이 무엇을 받음이니,
35 똑같은 생일이요, 똑같은 회갑이요,
똑같은 잔치요, 똑같은 경사스러운 날
에 더 높은 자, 더 가진 자, 봉투가 두
꺼운 자에게는 기도 소리가 유창하고
길어지며, 봉투가 없는 자, 가난한 자
에게는 기도 소리가 짧아진다 하면 이
는 공평한가?
36 그리고 그와 같은 기도를 나에게 무슨
의미로 바치는가?
37 그리고 개개인의 축복을 위하여 나에
게 기도를 드리는 것이 종교 지도자들
이 가야 할 자리며 너희들이 행해야
할 행위이던가?
38 종교 지도자요, 진정 나에게 선택된
자는 만백성을 위하여 기도하는 것이

며, 그들을 이끌어 가는 그 길에도 시
간이 부족하거늘,
39 지금의 종교 지도자들은 개인의 육을
위하여 나에게 기도하여 소원하며, 나
에게 무엇을 받아 축복을 내리는 양
그리하고 거래를 하느니라.
40 그것이 너희들이 살아가며 일상생활
에 오늘과 내일과 10년 전이나 30년
전이나 똑같은 형태로써 이루어지고
있지 않은가?
41 이는 나와는 무관함이니라.
42 이는 정녕 나의 종교 지도자라 할 수
없느니라.
43 그리고 너희들이 기도를 하는 것이 아
니라 내가 내리는 것이니라.
44 내가 너희들에게 축복을 내려 주는 것
이니, 내가 너희들에게 내리는 축복을
무상으로 주니 그는 거래나 대가를 받
음이 없느니라.
45 나는 대가를 받음이 없이 너희에게 내
림이니 지도자들 또한 그 대가를 받지
아니하여야 하는 것이거늘,
46 그들은 저희들이 만들어서 나에게 축
복의 기도요, 축하의 기도요, 축원의
기도요, 소원의 기도라 하여 그리 저
희 마음대로 지껄이고, 저희들의 광란
에 따라 봉투가 두터운 자에게는 길어
지고 영광의 목소리가 우렁차며,
47 주는 것 없고 전해 주는 것 없는 자에
게는 그저 있는 듯 없는 듯 기도를 하
고 마는 것이 그들의 형국이 아니던가?
48 이와 같이 내가 하나하나 지적하여 아
무것도 모르는 나의 선지자에게 내리
는 이 뜻이 틀리고 잘못되었다면, 너
희들은 내가 선지자를 통하여 내리는
이 법전을 태워 버리라.
49 그들이 만일 지금 내가 선지자를 통하
여 내리는 말과 같이 만에 하나 그와
같은 행위를 하고 있다면 그들은 사악
한 무리요, 사탄이요, 나하고는 관계
없는 사악한 악마들이니라.
50 그러면 여기서 너희들은 나의 선지자
의 가는 길을 보라.
51 그는 그가 만들어서 말을 하던가?
52 내가 내리는 말만을 받아 적고 그 시
간과 날짜를 모두 정확히 적었으며,
그 말 속에서 오늘의 가르침이 다르고
내일의 가르침이 다르며 시간을 다투
어 너희들에게 가르치는 그 내용이 다
름이니라.
53 이는 내가 내리기 때문이니라.
54 지금의 종교 지도자 그들은 오늘이나
10년 전이나 30년 전이나 똑같은 형
태로, 똑같은 방법으로써 그와 같이
이끌어 가고 있음이니라.
55 부활절의 기도가 같고 예수의 탄신일
이라는 날이 같으며 모든 행사의 그
기도 소리가 1년 전이나 10년 전이나
30년 전이나 똑같으며, 누구를 위하여
하는 기도든지 그들은 같은 것으로써
그저 그냥 말하고 거래를 하고 있음이
니,
56 이와 같이 그들이 가는 그 형태와 견
주어 내가 선지자에게 내리는 그 많은
책장에 하루하루 날짜와 시간을 기록
하여 놓은 나의 법전을 너희들이 한번
들여다보라.
57 나의 선지자가 인간인 나에게 축원하
는 기도라 하면 천 가지, 만 가지 내용
을 그리 써서 너희들이 기도하는 양

나에게 올릴 수 있다 생각하는가?
58 이는 내가 그를 통하여 나의 뜻을 전
함이니, 초와 분을 다투어 때와 장소
에 따라 다르며,
59 같은 장소에서 그가 기도를 한다 하여
도 초에 따라 그 내용이 다르고 분에
따라 그 내용이 다르며, 천 번, 만 번
을 해도 그 내용이 다르고,
60 그 만 번 속에 다 깨우침이 다르며, 너
희들이 지켜가야 할 도리가 있고 너희
들이 살아가야 할 도리가 있고 행해야
할 도리가 있으며,
61 그리하여 그 기도 속에는 너희들에게
고달픔과 힘듦만을 강요하며 너희들
이 지키기 어려운 길을 지키고 하늘에
오르라 하는 것이 기록되어 있으니,
62 너희들의 편안과 안일을 위한 것이 거
기 기록되어 있음이 아니니라.
63 너희들은 무엇을 달라 그리 축복하며
기도하나 이곳에는 그러한 내용이 없
음이니라.
64 너희들이 무엇을 얻고자, 구원받고자
기도하고 나의 성전이요, 나의 선지자
앞에 오려거든 나의 법전인 이 책의
뚜껑을 덮고 떠나라 함이니라.
65 너희들이 말하는 십일조 같은 그런 형
국으로써 너희들이 나에게 재물을 바
쳤을 때 그 재물의 몇 배를 내가 너희
들의 창고에 쌓아 주니 십일조를 바치
라, 그리고 죽도록 너희들이 고생해서
번 그 돈들을 바치라 하는 내용이 없
음이니라.
66 내가 그에게 내리며 전하는 나의 법전
에는, 하늘에는 그와 같은 것을 쌓아
놓을 곳이 없으며, 나 여호와는 그와
같은 것이 필요 없으며,
67 나는 내리는 하나님이요, 베푸는 하나
님이니 그와 같은 재물은 나와 관계가
없으니 너희들은 재물을 놓고 나를 시
험하지 말라 함이며,
68 그 재물을 원하는 것은 너희들의 육신
이요, 육신은 너희 영혼을 지키는 집
과 같으니, 그와 같은 육을 위하여 재
물을 위한 기도요, 그런 것을 생각하
지 말고,
69 오로지 내가 성령으로 내린 나의 영혼
이 너희 몸에 있으니 그 영혼을 살리
라 함이니라.
70 그리고 도적질하지 말고, 간음하지 말
고, 사기 치지 말고, 가장 작은 질서도
파괴하지 말며, 가장 작은 죄가 하늘
에 오를 수 없는 가장 무서운 죄라 말
하며,
71 너희들 자신을 없애고 부는 바람과 같
이 살라 가르치며, 이웃에게 나누어
주라 하며, 값진 것을 주는 것이 사랑
이라 말하느니라.
72 너희들은 작은 것 하나 가지고도 하나
님 은혜에 영광을 돌렸다 하며, 또 이
웃에게 봉사를 했다 하며, 이웃집에
가서 그릇 하나 닦아 준 것도 봉사요,
그를 나 여호와가 기억할 것이라 생각
하느니라.
73 너희들은 지나가는 사람의 짐 하나 들
어 준 것도 봉사이니 그를 하나님이
기억할 것이며, 그것이 선행을 한 것
이라 생각하며 살아가는 자들이니라.
74 그러나 내가 나의 선지자를 통하여 봉
사는 무엇이라 말하였느냐?
75 아무리 큰 일을 하여도 그를 이웃이

알면 안 된다 하였으며, 남들이 할 수
있는 일은, 그것은 봉사가 아니며 나
여호와가 기억할 수 있는 일이 아니라
하였느니라.
76 사람이 목숨을 잃어 갈 때 아무런 계
산 없이 제 목숨을 던져 그의 목숨을
구하는 그와 같은 선행을 했을 때만이
나 여호와가 그를 기억한다 하였음이
니,
77 이 얼마나 무서운 차이가 있으며, 나
여호와가 직접 내리는 성령과 너희들
이 만들어 나에게 바치는 그 기도 소
리가 얼마나 무서운 차이가 있고 거리
가 있는가?
78 이것 하나도 구분 못 하는 것이 지혜
를 가지고 있는 나의 피조물 만백성이
니,
79 내가 선지자를 통하여 수없이 내리는
그 책장 속에 기록된 내용들은, 날짜
와 시간과 분에 따라 그 선지자가 나
로부터 받은 나의 성령을 기록하는 그
내용들은 너희들이 어렵고 힘든 길을
가고, 계명을 지키며, 그리고 오늘보
다 내일에 더 아름다운 삶을 살아야
될 것이며,
80 너희들이 누덕누덕 지고 있는 그 죄를
하나하나 털어 버리는 그와 같은 아름
다운 마음으로 살라 하여 내가 나의
선지자를 통하여 나의 백성들을 달구
고 있음이니,
81 이 기도 소리가 정녕 인간으로서 나에
게 바치는 너희들의 그 기도 소리와
같이 나의 선지자가 만들어 이리 바쳤
다 생각하는가?
82 너희들은 너희들이 만들어서 허무맹
랑한 것으로 나의 피조물 만백성을 자
극시켜 흥분하게 하여 광란의 속으로
몰아가며,
83 순간의 그 세 치 혓바닥의 놀림으로써
그들의 판단을 흐리게 하여 무엇인가
를 거둬 가며 채우고자 하는 그런 기
도이니라.
84 그리고 너희는 화목을 위하여 살며 이
웃에게 사랑을 베풀며 살라 말하느니
라.
85 그러나 너희 부모요, 형제지간에 너희
들과 같이 믿음을 가지 아니하는 자를
적대시하는 것이 너희들이니,
86 나의 선지자 앞에 와서 그를 따르며
공부하는 그의 제자들은 모든 종파를
다 가슴에 안아야 한다 하며, 모두를
다 사랑하여야 한다 하며, 근본을 지
켜야만 되는 것이라 가르치느니라.
87 그리고 그들은 말하느니라.
88 부모에게 효도를 하라, 효성을 하라
하며, 너희들이 성전이요, 교회에 나
가서 십일조를 바치며 주일을 바치며
모든 헌금을 내는 것처럼 낳아 주고
길러 준 부모에게 하라,
89 육신으로써 볼 수 있고 만질 수 있고
은혜를 입으며 그 젖을 먹고 자라고
그 품에서 자라 온 너희들 부모에게
너희가 성전에 가서 바치는 것처럼 그
렇게 하라고 내가 가르침이니라.
90 그리하면 그들이 그 주변에서 천사라
는 소리를 들을 것이며, 저희들 주변
의 인간으로부터 천사라는 소리를 듣
는다 함은 나 여호와가 하늘에 존재함
을 너희들이 입증하는 것이며 나를 전
하고 다님이라 하였으니,

91 이와 같이 내가 선지자를 통하여 나의
성령으로 내려보내 기록하는 이 법전
을 너희들의 말로 만든 그 기도 소리
와 한번 견주어 보라, 사랑하는 나의
피조물 만백성들아!
92 나는 너희들을 구원하여 에덴동산에
오를 수 있는 그 길로 너희들을 이끌
고자 함이니라.
93 그를 너희들과 똑같은 육신을 가지고
같이 호흡하며 생활하는 그 선지자를
통하여 나의 영의 이 뜻을 그리 내려
보냄이니,
94 수십 년, 수천 년 동안 변해 오는 그
속에 똑같은 기도 방법과 기도 소리로
울부짖는 그 지도자들과,
95 한 구절을 깨우치고 두 구절을 깨우쳐
한 계단 두 계단 나 여호와에게 가까
이 오는 나의 법전의 그 형태를 한 번
만 견주어 보도록 하라.
96 그러면 너희들이 알 것이니라.
97 나 여호와는 형체가 없느니라.
98 나 여호와는 너희들과 같은 형체가 없
음이니, 내가 너희들과 똑같은 형체를
가진 나의 선지자를 통하여 전하는 나
의 메시지를 구절구절 한번 너희들이
뒤져 보라.
99 그날그날 내가 선지자에게 내리는 그
법전에 기록되어 있는 나의 성령을 너
희들이 한번 정독해 보라.
100 그 내용이 얼마나 방대하며 그 가르침
이 얼마나 위대한 것들이 있는가?
101 너희 종교 지도자들이 하는 다람쥐 쳇
바퀴 도는 그와 같은 형국의 기도 소
리와 그를 견주어 보면 어떤 것이 보
배며 어떤 것이 귀중하며 하늘에 오르
는 길인가를 너희들이 알 것이니라.
102 오늘 이 깊은 밤, 나의 사랑하는 선지
자가 나의 피조물 만백성 즉, 너희들
을 구원하고자 하는 나의 성령을 받기
위하여 잠을 이루지 아니하며 나에게
경배의 기도를 드리니,
103 사랑하는 나의 선지자의 그 마음이 갸
륵하고 너무나도 나 여호와의 마음이
기뻐 너희들이 눈을 뜰 수 있는 하늘
의 비밀을 지금 가르쳐 줌이니라.
104 수천 년 역사 동안 흘러왔으며 지금
수십 년 동안 너희 앞에 단상에 서서
너희들을 하늘로 인도한다는 그 사람
들이, 그 잘못된 가짜 종교 지도자들
이 부르짖는 기도 소리를 하나하나 조
목조목 따져 보라.
105 이웃의 회갑 집에 가서, 이웃의 잔칫
집에 가서 하는 기도와 너희들 집에서
하는 것과 건넛마을에 가서 하는 그
기도의 내용과, 3년 전과 1년 전과 10
년 전의 그 기도를 견주어 너희들이
들은 대로 머릿속에 한번 상기해 보라.
106 그리고 수고비라 하여, 짐승을 사고파
는 그 거래함보다도 더 추한 방법으로
써 너희들에게 받는 그 봉투의 두께에
따라서 기도하는 방법과 기도하는 열
성과 그 음성과 시간과 모두가 차이가
나는가 안 나는가,
107 권력 있는 자, 돈 있는 자와 가난하고
없는 자에게 똑같은 행사에 똑같은 방
법으로 기도를 할 때, 과연 어떠한 차
이가 있는가 너희들은 너희들 종교 지
도자들과 같이 살아온 그 속에서 한번
견주어 상기시켜 그 모두를 다 하나하
나 되짚어 보라.

108 그리고 나의 법전 뚜껑을 열고 나의
법전을 읽어 보라.
109 그러면 너희들이 하늘에 오르는 길이
무엇인가를 알 것이거늘, 어찌하여 이
것 하나도 시행하지 못하는가?
110 나 여호와가 너희들과 같이 육신을 가
지고 내려가 너희들을 가르친다 하더
라도 너희들이 나를 믿지 않을 것이니
라.
111 그리하여 나의 선지자 그가 나를 대역
하여 너희들에게 전하느니, 나 여호와
의 이 아픈 마음을, 그리고 간곡하게
너희들에게 내리는 나의 부탁의 뜻을
너희들은 한 번만 되새겨 보라.
112 그러면 하늘에 오르는 길을 알 수 있
을 것이니라.

1,925 번째 하나님 말씀

2002년 2월 28일 01시 05분

1 사랑하는 선지자야!
2 **"네, 여호와 하나님! 말씀하옵소서."**
3 내가 너에게 일찍이 이리 일깨워 주었
느니라.
4 비바람이 몰아쳐 홍수라는 것이 나 붉
은 물결이 강을 쓸고 내려갈 때, 네가
그 가운데 서서 그 강물을 막겠다고
한다 하면 너를 미친 자요, 정신 나간
자라고 나의 피조물 만백성이 그리 말
할 것이라 하였느니라.
5 그러나 너는 그 강물을 막을 수 있다
말하였느니라.
6 나의 피조물 만백성이 너를 받쳐 같이
힘을 합쳐서 노도와 같이 밀어붙이는
그 물살을 밀어붙일 때, 너희들의 작
은 육신으로써 그 물을 막을 수 있다
하는 것을 내가 너에게 일찍이 가르쳐
주었음이니라.
7 그 말의 뜻을 오늘에 와 네가 알게 되
었을 것이니라.
8 네가 알기는 믿음이라는 길을 가는 자
들이 깨끗한 삶을 살고 있으며, 그를
가르치는 종교 지도자들은 너희 인간
들보다 몇 단계 위에서 아름답게 선행
을 하고 베풀며 사는 성인과 같은 마
음으로써 보아 왔을 것이니라.
9 그리고 지금도 나의 피조물 만백성이
그리 생각하고 있을 것이니라.
10 그러나 그들이 가는 길이, 또 일부 잘
못된 종교 지도자들이 이끌고 가는 그
속에 다 같이 휩쓸려 그 길이 오로지
하늘에 오르는 길이라 하여 몰려 따라
가는 그들이 바로 장마철에 홍수가 나
서 붉은 물이 강을 덮어 흘러내려 가
는 그와 같은 형국이 지금 되어 있음
이니라.
11 모든 종파들이 정녕 하늘에 오르는 길
이 아니요, 나 여호와는 전혀 관계도
없는 그 길로 노도와 같이 밀려가니,
12 홍수가 나서 흘러가는 그 무서운 물살
처럼 그리 흘러가는 것이 지금 종교
지도자들이 이끌어 가며 그곳에 가 기
복 신앙이라 하여 저희들의 구원과 축
복을 바라는 그와 같은 믿음의 길을
가는 자들의 그 물살이니라.
13 그 물살 중에 네가 나의 성령을 태워
내리는 나의 법전을 갖고 그를 막으려
지금 서 있는 그 형국이, 홍수가 나 붉
게 물든 그 물결이 노도처럼 밀려가는
것을 막겠다고 가운데 서 있는 모습과

조금도 다름이 없느니라.
14 그들이 지나가면서 너는 짓밟혀 너 자
신이 흔적도 찾을 수 없는 그와 같이
무서운 노도의 힘으로 그들이 지금 밀
어 가고 있으며 전진해 가고 있음이니
라.
15 그 앞을 막고 서 있는 네가 얼마나 지
탱할 수 있는 것인가?
16 그는 지탱할 수 없음이니라.
17 그러나 여기서 네가 지금 깨달아 나에
게 기도하는 네 마음을 아나니, 노도
와 같이 밀려가는 지금의 종교 지도자
들을 따라가 구원이요, 그것이 축복을
받으며 하늘에 오르는 길인 줄 알고
밀려가고 있는 그들이 지옥으로 가는
것을 알기 때문에,
18 너는 나의 법전 한 권을 가슴에 안고
그 무리들을 막으려 지금 버티고 서
있는 그와 같은 형국이니,
19 바로 그 모습이 내가 너에게 일찍이
알려 줬던 홍수가 나 밀어붙이는 그
강물을 막고자 서 있는 너의 형국과
똑같다 하였음이니, 그보다 더한 형국
이 지금의 네가 서 있는 그 위치이니
라.
20 그러나 너는 이를 두려워하지 아니하
고 무서워하지 아니하며, 너의 모두를
다 태워 나의 피조물 만백성을 구하겠
다는 일념으로 무서운 맹수와 같이 달
려가는 그들을 막고자 네가 나의 법전
을 안고 그곳에 지켜 서 있으니,
21 그들이 지나간 곳에는 너의 살점 하나
찾을 수 없고 네 몸에서 흘러나온 피
만이 나의 법전을 붉게 물들여 그 흔
적이 남아 있을 것이니,
22 이와 같은 형국에 있음을 내가 너에게
미리 알려 주었으며, 지금의 형상이
그러하니라.
23 그러나 내가 너에게 말하였느니라.
24 무섭게 몰아치는 그 강물을 막겠다고
서 있는 너는 나 여호와의 음성을 들
었으며 내가 너에게 명하였기에 네가
그를 막음이니, 너 스스로 그를 막으
려 대드는 것이 아니며 네가 자력으로
써 그를 막고자 강물로 뛰어드는 것이
아니니라.
25 나의 음성을 들으며 나의 성령을 받아
쓰는 너로서 나 여호와의 명에 의해
네 몸을 그리 던짐이니, 강물은 흘러
내려 너를 쓸어 갈 수 있을지언정, 그
들의 노도같이 밀려드는 그 힘은 내
성령의 법전을 가슴에 안고 서 있는
너를 밀치고 갈 수 없음이니라.
26 네 버티고 있는 그 힘에 그들이 산산
조각 날 것이니, 그리고 네가 나의 법
전을 들고 그들을 막고자 서 있는 그
모습을 보며 너를 따르는 너의 제자들
이 인산인해를 이룰 것이니,
27 머지않아 밀려오는 파도보다도 더 강
하게 너를 밀어붙이는 그들을 더 강한
힘으로 버틸 수 있도록 많은 나의 피
조물 만백성이 너를 받칠 것이니,
28 그때 밀리지 아니하는 그 시점이 바로
나의 법전이 세상을 덮는 날인 것이니
라.
29 네가 지금 이 밤에 나의 성령을 듣고
나의 음성을 들어 기록하여 나의 피조
물 만백성을 구하고자, 그 노도와 같
이 지옥을 향해 밀려가는 그들을 막고
버티는 그 힘을 네가 얻고자, 그리고

나의 성령을 받아 그 힘을 네가 충전
하여 용감히 뛰어들고자 하여 기도하
는 그 뜻을 나 여호와는 알고 있음이
니,
30 내가 너를 사랑하며, 너를 내가 소중
히 하며, 너를 내려다보는 내 마음의
기쁨이 이와 같이 한량없다 하였음이
니라.
31 자석이라는 것에 쇳가루가 붙듯이, 네
가 나의 법전을 안고 노도처럼 지옥으
로 밀려가는 그 나의 피조물 만백성을
구하고자 버텼을 때,
32 너를 따르는, 깨우침을 얻은 나의 피
조물 만백성이 너를 받칠 것이니, 내
가 내려 주는 그들의 그 힘은 누구도
물리칠 수 없을 것이니라.
33 그리하여 그리 뛰어들고자 네가 나에
게 기도하는 그 모습이 너무도 아름답
고 소중함이니라.
34 선지자야, 이와 같이 네가 가는 길을
너의 제자들에게 일깨워 줘, 그들이
또한 두 주먹 불끈 쥐고 너를 받칠 수
있는 불과 같은 마음이요, 타는 불과
같은 그 정열을 그들의 가슴에 심어
줘 너를 받치고 따라갈 때,
35 그 사악한 무리들이 지옥으로 끌고 가
는 것을 막고 멈추게 할 수 있으며,
36 네 가슴에 빛나는 '하늘에 오르는 길'
이요, 나 여호와의 말씀이라 기록한
그 법전에서 비치는 그 빛에 그들이
눈이 부셔 앞을 못 보게 될 것이니,
37 그들은 그 빛을 보고 산산이 부서질
것이며 깨져 나갈 것이니라.
38 그날이 곧 올 것이니라, 선지자야!
39 그날을 위하여 네가 버티고 이길 수
있음은, 네가 나의 성령을 받아 만백
성을 구하는 나의 법전을 많이 기록해
서 세상에 전하여 나의 피조물들이 그
를 많이 접하도록 하여,
40 네가 나의 법전을 안고 노도처럼 밀려
오는 그 사악한 무리들 앞에 버티고
그를 막고자 섰을 때, 그 법전의 수만
큼 나의 법전을 읽고 깨우친 자들이
법전을 가슴에 안고 너를 받쳐 막을
것이니,
41 그 법전에서 비치는 찬란한 그 빛이
그들의 눈을 못 뜨게 할 것이니라.
42 그리고 그들이 앞을 못 볼 것이며 방
향을 모를 것이며, 그들을 이끌어 너
를 밀어붙이고자 하는 그 종교 지도자
들이 추풍낙엽처럼 떨어져 나갈 날이
머지않았음이니 그리 알라.
43 그리고 너의 제자들이 가슴에 타는 불
처럼 정열을 일으켜 나의 피조물 만백
성에게 나의 법전을 전하여 그들이 한
덩어리로 이룰 수 있도록, 그들에게
용기와 힘을 주도록 하라, 선지자야!

1,926 번째 하나님 말씀

2002년 2월 28일 02시 50분

1 사랑하는 선지자야!
2 "네, 여호와 하나님! 말씀하옵소서."
3 지금의 나의 피조물 만백성이 저희들
이 가고 있는 그 길만이 구원을 받는
길이요, 하늘에 오를 수 있는 길이라
하여 그리 가고 있으며, 그들의 그 마
음 또한 돌리기가 그리 어렵고 힘듦이
니,
4 그들의 가는 길을 멈춰 나의 법전의

한 구절을 읽고 깨우쳐 하늘에 오르는
길을 바라볼 수 있도록 하고자 함이
나 여호와의 간절한 뜻이거늘,
5 그들의 굳어진 그 마음과 저희들이 지
은 죄의 두려움과 공포 속에서 나의
아들 예수의 이름으로써 그 모든 죄를
다 사함 받았다 하는 그들의 그 희망
앞에 어떠한 것도 그들의 마음을 돌릴
수가 없음이니,
6 내가 너에게 일러 말하기를, 그들이
평생 저희를 인도하면서 드리는 그 기
도와 견주어 나의 선지자가 지금 나의
성령을 받아 기록하는 나의 열여섯 권
의 법전과 앞으로 나오는 나의 그 모
든 법전들을 저희들이 읽는다면,
7 이는 어디까지나 저희 스스로 판단할
수 있으며 그 판단은 자명한 답이 있
음을 알 것이거늘 그들은 보지 않으려
함이니라.
8 수천수만의 나의 피조물 만백성이 각
자 다 나름대로 개성을 가졌으며, 저
희 나름대로 다 특성을 갖고 세상에
나왔으며, 그 나름대로 가지고 있는
그들의 생활의 삶이 있으니,
9 이를 어찌 깨우쳐 바른길을 볼 수 있
도록 그들을 인도할 수 있겠는가?
10 이 일을 시행하기 시작하여 2천 년의
역사가 흐르는 동안에 나의 이 뜻을
전하고자 하는 나 여호와의 마음을 그
누구도 이해하고 아는 자가 없음이니
라.
11 나름대로 저희들이 한두 가지를 깨우
쳤다 하여 그것이 하늘에 오르는 길이
라 각자 부르짖는 자들이 수없이 있음
이니,
12 얽히고설킨 너희들의 그 생활 속에서,
그 믿음의 속에서 그를 바로잡아 인도
할 길이 없음이니라.
13 많은 종교의 지도자들이요, 저희들만
이 하늘로부터 선택을 받았으며 저희
들이 가는 길만이 옳다 부르짖는 자들
이 또한 수없이 많이 있으며,
14 저희들이 깨우쳐 행하고 있음이 하늘
에 오르는 길이라 하는 굳건한 마음의
자세를 개인은 개인대로 단체는 단체
대로 다 가지고 그와 같이 마음속에
굳건히 자리잡고 있음이니,
15 이들을 하나로 다스려 이루는 것이 얼
마나 힘들고 어려운 것인가?
16 그리하여 한두 가지 나의 뜻을 듣고
나의 깨우침을 알았다 하여 저희들만
이 옳은 길을 갈 수 있고 저희들이 행
하는 것만이 옳은 길이고 참된 길이며
저희들만이 나 여호와의 뜻대로 실천
하고 살아간다고 부르짖는 자들이 수
없이 많이 있음이니,
17 그들을 바로 보도록 하며 그들을 바로
잡을 수 있는 길이 없음이니라.
18 그리하여 내가 아무것도 모르는 너를
통하여 나의 성령을 기록하도록 하여
그들이 감히 생각도 할 수 없는 160권
에 달하는 나의 법전을 세상에 내려보
내는 대장정의 역사를 시작하였음이
니,
19 이가 세상에 나갔을 때 그들 자신이
한계를 느낄 것이며, 나의 성령에 의
해 기록되어 있는 160권의 이 법전을
읽는 그들은 저희들 자신이 얼마나 우
매하고 어리석었으며 저희 스스로 깨
우쳐 알고 있음이 얼마나 어리석은 것

이었던가를,
20 그리고 나 여호와의 그 방대한 뜻에
저희들이 어디에 서 있는가 그 위치를
그때야 깨달아 네 앞에 와 그들이 깨
우침을 얻고자 할 것이니,
21 그리하여 그들을 깨우쳐 인도하고 너
희들이 하나로 이루어 나의 뜻을 이룰
수 있도록, 그들이 각자 맡은 바에서
종사할 수 있도록 그들을 이끄는 것은
나의 법전이니,
22 나의 법전이 세상에 다 나가야만 그들
이 깨우침을 얻게 됨이니라.
23 그들은 저희들이 깨닫고 있는 한계가
어디인지 자기들의 위치를 모르고 있
으며, 저희들이 하늘에 오르는 그 길
을 가장 잘 가고 있으며 실천하고 있
다고 생각하고 있음이니,
24 그들을 바로잡아 인도하는 것은 나의
법전이며, 나의 법전이 세상에 다 나
갔을 때 그들이 나의 성령에 의해 기
록되어 있는 나의 법전을 보고 스스로
저희 자신의 부끄러움을 알며 너를 찾
을 것이니,
25 그때 네가 바로 노도와 같이 밀려오는
그 물결을 다 막을 수 있는 그와 같은
힘을 갖게 됨이니라.
26 이제 나의 법전이 제2부에 들어서 반
이라는 나의 법전을 네가 정립하여 펴
낼 준비를 하고 있는 이 시점에서 네
가 밤을 새워 나에게 기도를 드림은
법전을 세상에 먼저 전하여 그들을 구
하고자 함이니,
27 너의 그 깨달음의 마음의 깊이를 내가
알고 있음이니, 네가 가는 오늘의 힘
들고 어려운 그 길을 나 여호와가 마
음 아파하며 너를 내려다보고 있음이
니라.
28 네가 나의 2부의 법전을 이리 기록하
여 가고 있음이니, 네 마음의 편함과
네 주변의 모두를 다스림이 스스로 이
루어질 것이니, 너는 너무 걱정하지
말라.
29 나의 이 법전을 읽고 깨우치는 자들이
동서남북에서 지금 연구하고 있고 이
를 정독하고 있으며, 마음의 정리를
위하여 지금 깨닫고 있는 자들이 수없
이 있음이니,
30 그들 또한 일차로 너에게 와 깨우침을
얻을 것이며, 나의 법전의 제2부가 나
왔을 때 그들이 확실한 신념을 갖고
너를 따를 것이니, 너는 너무 조급히
생각하지 말라.
31 다 나의 정해진 궤도와 나의 정해진
그 계획에 의해서 하나씩 진행되어 가
고 있음이니,
32 지금 많은 나의 피조물 만백성이 나의
법전을 접하여 읽고, 이것의 옳고 그
름을 저희 스스로 지금 분석하고 있으
며,
33 이를 접하여 읽고 이것이 옳은 듯하나
저희들이 지금까지 살아오며 믿었던
기복 신앙의 그 모두를 버리는 것이
그리 쉽지 아니하여 발걸음을 돌리지
못하는 자가 있음이니,
34 내가 오늘 너를 통하여 나의 피조물
만백성에게 전하고자 함은, 나의 법전
을 읽고 깨우쳐 거기에 너희들이 지금
까지 깨우치고 온 믿음의 길과 다른
점이 있다 하면,
35 너희들의 믿음의 세계에 온 그 속에서

깨우치는 것과 나의 법전을 읽고 깨우
치는 것을 비교하여 어느 것이 위에
있는가를 너희들 스스로 판단하고 느
낄 수 있을 것이니,
36 너희들이 수십 년 동안 믿어 왔던 그
믿음의 세계요, 너희들의 단체 속의
흘러가는 그 방향보다 나의 법전에서
너희들을 깨우치고 일깨워 주며 하늘
에 오르는 그 길이 더 바르게 비쳐지
고 있다 생각할 때,
37 모두를 다 날려 버리고 지난날에 너희
들이 믿어 왔던 그 아프고 그 소중했
던 것, 그리고 너희 스스로 버릴 수 없
는 그 소중한 믿음을 당당히 버릴 수
있는 자만이 구원을 받을 수 있음이니
라.
38 지금까지 믿어 온 그 세월 속에, 그것
이 소중하고 그게 아까워서 등을 돌리
지 못하는 자, 너희들은 돌이켜 보아
야 될 것이니라.
39 그건 너희들이 지옥 불을 향하여 가는
그 믿음의 길이니라.
40 내가 나의 법전에 기록하여 놓았느니
라.
41 '지옥 불을 향하여 가는 나의 피조물
만백성들아, 가던 발길 멈추고 나의
법전을 읽고 깨우쳐 하늘에 오르는 길
을 바라보고 하늘에 오르라.' 그리 써
놓았음이니, 이것이 곧 너희들이 지금
에 와 깨우쳐야 할 단계이니라.
42 믿음을 향해 오고 그 속에서 살아와서
자신은 하늘에 오르는 길에 와 나의
아들 예수의 이름으로써 구원받았다
하는 너희들이 지금 구원을 받기는커
녕 반대의 지옥 불로 가고 있음을 이
제는 깨우칠 때가 되었으며,
43 나의 법전을 읽고 깨달은 자, 너희들
이 나의 선지자에게 와서 가르침을 받
을 때, 그리고 지금 잘못 가고 있음을
깨우쳐 나의 선지자 앞에 와서 나의
법전의 공부를 하여 너희 눈이 뜨였을
때,
44 너희와 같이 가는 그 많은 나의 피조
물들을 구원하는 전사가 되어 그들을
구원하는 역사를 이루어야 할 것이니
라.
45 이것이 너희들이 해야 할 일이니, 내
가 오늘 나의 선지자를 통하여 나의
법전을 읽고 깨우쳐 오는 너희들이 해
야 할 임무, 너희들이 해야 할 대업을
이리 기록하여 전하니,
46 너희들은 스스로 깨우쳐 선지자에게
와 가르침을 받아 너희들의 눈이 뜨이
고 귀가 열리도록 그리하여 너희들의
대명을 스스로 수행하도록 그리해야
만 구원을 받을 것이니 그리 알라.

1,927 번째 하나님 말씀

2002년 2월 28일 06시 15분

1 사랑하는 선지자야!
2 "네, 여호와 하나님! 말씀하옵소서."
3 나의 피조물 만백성이 나의 법전을 접
하여 갑론을박을 함이니, '법전이라
하여 내리는 이 책이 과연 여호와 하
나님께서 성령으로써 한 인간을 통하
여 세상에 그분의 말씀대로 내려보내
신 말씀이냐 아니냐?' 하는, 이것이 보
석이냐 돌이냐 하는 것을 증명하는 일
만이 남아 있음이니,

4 지금 모든 종교 집단에서 말하기를,
이는 말세에 거짓 선지자가 온다 하는
그러한 형국이라며 그들이 밀어붙이
고 있음이니,
5 그리하여 그들은 나의 법전을 벌레 대
하듯이 찢어 버리고 짓밟아 누구나 접
할 수 없는 그 소중한 한 번의 기회를
그대로 버려 버리고 잃어버리는 그 안
타까운 현상이 벌어짐이니,
6 이제는 세상에 나의 피조물 만백성이
스스로 이게 보석이냐 돌이냐 하는 그
구분을 하여 깨달을 수 있도록, 그들
이 보고 스스로 판단할 수 있도록 하
는 그것만이 남아 있느니라.
7 내가 그를 위하여 너희들에게 많은 것
을 들려주었으며 나의 법전에 기록하
게 하였음이니,
8 첫째는 사악한 자가 선한 것을 보면
그것이 이단이요, 잘못된 것이라 말한
다 하였으며, 선한 자가 보는 악한 것
은 악한 것이라 하였음이니,
9 그를 구분하는 것은 너희들 몫이라 내
가 말하였느니라.
10 그리고 내가 너희들에게 말하여 이르
기를, 지금 너희들을 이끈다는 종교
지도자들이 수천 년 역사가 흘러오면
서 너희들을 지도하고 이끌어 온 그
방법을 하나하나 분석해 보라 하였느
니라.
11 그들이 나를 위하여 기도하는 방법과
그 기도하는 내용을 너희들이 하나하
나 기록하여 분석해 보라 하였느니라.
12 1년 전에, 2년 전에, 10년 전에 한 이
야기가 되풀이되는 그런 형국이라 하
였으며, 똑같은 행사에 가서 기도하는
것이 있는 자, 권력 있는 자 앞에서 기
도할 때 유창하고 길어지고, 없는 자
앞에서 기도할 때 단순한 형국의 그러
한 기도를 그들이 시행하며, 그 기도
의 흐름은 이 집에 가서 하든 저 집에
가서 하든 다 같다 하였음이니라.
13 그러기에 그들이 가르치는 그 내용을
하나하나 분석해 보면 너희들이 알 것
이라 하였느니라.
14 그들이 기도하는 내용과 기도하는 방
법과 그리고 그들이 이 행사에 가서
기도하고 저 행사에 가서 기도하며 그
때마다 하는 이야기가 거의 다 판에
박힌 똑같은 이야기라는 것을 볼 수
있을 것이라 내가 말하여 주었느니라.
15 내가 선지자를 통하여 너희들을 구하
고자 하는 이 법전에는 날짜와 시간마
다 다르고 시간과 분마다 그 기도의
내용이 다름이니라.
16 나의 성령이라 함은 오늘 듣고 내일
듣는 이야기가 다르고, 오늘 들은 것
보다 내일 것이 더 깨달아 하늘의 나
에게 더 가까이 오는 그와 같은 깨달
음이 있으며 선하고 아름답게 행하는
내용이 거기에 기록되어 있다 하였느
니라.
17 그러나 너희들이 만들어서 나에게 하
는 그 기도는 그저 달라는 것이요, 그
리고 육신의 행복과 육신의 안일을 위
해서 너희들이 똑같은 이야기를 계속
반복하고 있으니, 다람쥐 쳇바퀴 도는
그와 같은 형국이라 하였느니라.
18 이것을 너희들이 볼 때 여기에서 어느
것이 나의 뜻인 보석이요, 나의 뜻이
아닌 잡석인가 하는 것을 구분할 수

있다 하였느니라.
19 그러나 너희들은 나의 법전의 뚜껑을
열지 아니하며, 이를 들여다보기도 전
에 이단이요, 사탄이요, 말세에 전하
는 자의 흉악한 행위라 그리하며 버려
두고 있음이니,
20 어찌하여야 나의 법전의 뚜껑을 열도
록 하며 그를 읽어 보도록 할 수 있는
것인가?
21 이는 방법이 없음이니라.
22 다만, 그들을 깨우칠 수 있는 것은 비
가 내려 온 지상을 적시듯이 나의 법
전이 그와 같이 그들을 적시는 길밖에
없음이니라.
23 가랑비에 옷이 젖듯이, 그리고 내리는
비가 온 세상을 다 적시듯이 나의 법
전이 온 세상을 적시는 그와 같은 형
국밖에 없음이니라.
24 그리하여 그들이 앞뒤를 봐도 나의 법
전이 있을 때 그들은 나의 법전을 접
하게 될 것이며, 2부요, 3부요, 나의
법전이 계속 나올 때, 그들은 나의 법
전을 접하여 깨우침을 얻어 하늘에 오
르는 그 빛을 보게 될 것이니라.
25 그리고 지금 이단이요, 사탄이라 욕하
는 그자들이 저희들이 가지고 있는 상
식이요, 저희들이 알고 있는 것이 얼
마나 부족하며 얼마나 부끄러운 것인
가를 깨닫게 될 것이며,
26 저희들이 얼마나 성서를 잘못 가르쳤
으며 잘 모르고 있었는가, 오만하고
방자했던 저희들 자신을 돌아다보게
되는 기회가 될 것이니,
27 그리하여 나의 피조물 만백성을 구하
게 됨이니라.
28 이와 같은 역사를 이루는 것이 너희들
이 하여야 할 길이며, 너희들과 더불
어 그와 같은 역사를 이룰 너희 형제
들을 찾고 그들을 모이도록 하는 것이
너희들이 하여야 할 일이니라.
29 그러나 너희들은 염려치 말라.
30 그 모두는 나의 주관하에 다 계획되어
있음이니라.
31 지금 소낙비가 쏟아져 온 세상을 적시
듯이 나의 법전이 세상을 다 적신다
하면, 나의 사랑하는 선지자와 너희들
또한 그 사악한 무리들의 핍박을 견딜
수 없는 것은 물론이고,
32 그들은 인력과 경제적인 능력 그 모두
를 다 동원하여 '하늘에 오르는 길'이
요, '하나님! 말씀하옵소서.'라는 나의
성령을 기록한 나의 법전을 찢어 버리
고 태워 버리는 데 혈안이 될 것이니
라.
33 그리고 그들은 말하기를, '이는 정녕
사악한 자가 세상에 혼란을 이루어 하
늘에 오를 수 있는 너희들의 앞길을
막는 가장 사악한 것이라' 하여 그를
접하지 못하도록 모두를 다 바칠 것이
며,
34 어떠한 종파 할 것 없이 그들은 다 나
의 법전으로 인하여 저희 신도들로부
터 멀어지기 때문에 그들은 종파를 떠
나서 모두 하나로 뭉쳐 나의 법전을
다 거두어 태워 버리는 그 엄청난 일
을 행할 것이며,
35 나의 법전을 돕거나 나의 법전을 위하
여 일하는 모든 사람들에게 물리적인
행사를 가할 것이며, 어떠한 방법과
수단으로써든 세상에 나의 법전이 존

재하지 못하게 할 것이니,
36 그 사악함은 너희들이 생각할 수 없는
무서운 결과를 초래하게 될 것이니라.
37 그들은 지금 지도자는 지도자대로, 신
도라는 자들은 신도라는 자들대로 터
지기 직전의 화산과 같이 광란의 세계
에 폭발하는 것을 기다리는 것과 같으
니,
38 그들에게 너희들이 타는 불에 기름을
부을 이유가 없음이니라.
39 소낙비처럼 온 세상을 다 덮어 버리면
나의 피조물 만백성이 깨우쳐 하늘에
오를 수 있다 생각하나, 이는 아니 되
느니라.
40 이는 결코 너희들이 견딜 수가 없음이
니라.
41 그리하여 봄비가 내리듯이 서서히 적
셔 가야 될 것이며, 그들이 이를 갖고
갑론을박하며 거둬들이고자 할 때, 이
를 읽고 깨우친 나의 피조물 만백성이
자기의 생명보다 더 소중하게 이를 간
직하고 끌어안아, 그들이 이를 거둬들
일 수 없음을 깨달았을 때 포기할 것
이니라.
42 그리하여 그 시간이 필요하며, 그와
같은 방법으로써 흘러감을 너의 제자
들은 알아야 될 것이니라.
43 그리하여 나의 법전을 읽고 저희들 것
으로 만들어 법전을 가슴에 안고 있는
나의 피조물 만백성이 이 세상을 덮을
때,
44 그 법전에서 비치는 찬란한 빛에 의하
여 사악한 무리들이 녹을 것이며, 그
들이 그 빛에 눈을 뜨지 못하는 그와
같은 형국이 올 것이라는 것을 내가
너에게 일깨워 주었음이니라.
45 이제 너희들이 시작을 하였음이니라.
46 캄캄한 밤에 아무도 보지 않는 그 속
에서 구원을 받을 자, 너희들의 손에
손으로 나의 이 법전이 전하여지는 그
러한 역사와 형국에서만 나의 모든 뜻
을 이룰 수 있음을 알아야 할 것이니
라.
47 이것이 내가 이루고자 하며 내가 행하
고자 하는 뜻임을 너희들은 알아야 할
것이며, 나의 법전이 세상을 덮어 좌
우에 나의 법전이 있다 하여도 소낙비
가 쏟아지는 것처럼 적셔서는 이루어
질 수가 없음을 알라.

1,928 번째 하나님 말씀

2002년 2월 28일 10시 30분

1 사랑하는 선지자야!
2 "네, 여호와 하나님! 말씀하옵소서."
3 나의 피조물 만백성 너희들을 내가 세
상에 창조할 때는 내가 가장 아름다운
모습으로써 곱고 아름답게 살며 시기
하지 아니하고 질투하지 아니하고 욕
심내지 아니하며 그와 같이 아름답게
살 수 있는 너희들로 세상에 만들어
내보냈으며, 그리 살다 너희들이 죽어
나에게 오르도록 하였던 것이니라.
4 내가 너희들을 최초로 만들었던 그 뜻
에 따라 그와 같이 너희들이 살 수 있
으면 이 지상이 얼마나 아름다운 낙원
이 되었을까?
5 그러나 너희들은 욕심이요, 시기요,
질투라는 것을 버리지 못하며, 가진
자가 더 갖고자 하는 욕심이 있고 높

은 자가 더 높고자 하는 욕심이 있으
며 남을 부리는 자 더 많이 부리고자
하는 이와 같은 형국에 이르러 그 욕
심이라는 굴레에 얽매어 살게 되었음
이니라.
6 너희들의 육신이 지금은 그 욕심의 굴
레를 벗어나지 못해 그 안에서 헤매고
허덕이는 그러한 형국이 되었음이니,
7 내가 너희들을 최초에 세상에 만들어
내려보낸 그 뜻과는 너무도 멀고도 먼
거리에 너희들이 있음이니라.
8 그리하여 가면 갈수록 너희 마음은 사
악해지고 너희들이 나와는 점점 멀어
지는 그와 같은 삶을 살아가는 형국에
도래하였으니,
9 내가 이를 바로잡고자 함은 당연한 것
이 아니던가?
10 그러나 너희들은 지금 육신의 욕심이
라는 그 한계에 빠져 아무것도 들리지
아니하고 아무것도 볼 수 없는 그와
같은 상태가 되어 있으며,
11 내가 너희들에게 말하기를, 선을 추구
하고 아름다운 것을 보면 그 선을 추
구하는 마음이 넓고 깊어지며 선만을
볼 수 있다 하였으나,
12 지금 나의 피조물 만백성은 욕심이라
는 그 굴레 속에서 악의 씨요, 악으로
써 악을 낳는 그와 같은 형국으로 가
고 있음이니,
13 악을 행하는 방법과 악을 향하는 마음
의 넓이는 점점 넓어지며 너희들은 점
점 사악한 극치에 달하는 이와 같은
형국에 이르렀음이니, 더 이상 너희들
을 방관할 수 없느니라.
14 그리하여 지금 내가 너희들을 다스리
고자 나의 성령을 태워 세상에 내보
내, 이를 읽고 깨우쳐 하늘에 오르는
길을 바라보라 함이니라.
15 너희들이 지금 살아가는 그 형태를 보
라.
16 나의 피조물 만백성 너희들에게 아름
답고 나누며 베푸는 그와 같은 선한
마음으로써 천사와 같이 살라 하였으
나, 너희들은 육신의 안일을 위하여
그저 앞으로 달려가는 길만을 가고 있
으며,
17 너희 주변의 형제요, 모든 이웃의 관
계도 너희들은 하루아침에 저버릴 수
있는 그와 같은 마음을 갖고 지금 치
닫고 있음이니라.
18 저 자신의 부귀와 영달을 위해서는 아
무것도 생각지 아니하고 양보하지 아
니하며 좌우를 돌이켜 보지 아니하는,
그저 독한 마음을 가지고 너희들은 너
희 자신의 영달을 위해 달려가는 그와
같은 형국이 되어 있음이니,
19 여기에 어디 사랑이 있고 나눔이 있으
며 베풀고 사는 아름다움이 있는가?
20 그와 같은 마음으로 치닫는 너희들은
계속 그와 같은 길만을 추구하게 되
며, 그러다 보면 모두가 다 그와 같은
마음으로 세상을 덮게 되니,
21 지금 바로 너희들의 그와 같은 마음이
세상을 다 덮고 있는 형국이 되어 있
음이니라.
22 그리하여 내가 너희들을 사랑하는 어
버이로서 너희들을 바른길로 인도하
고자 하여 무섭고도 무서운 가죽채와
같은 나의 법전을 지금 내려보내 마지
막으로 너희들에게 기회를 주고 있음

이니,
23 너희들은 이를 보고 깨우쳐 하늘에 오
르는 길을 찾는 그 영광을 잊어서는
아니 될 것이니라.
24 구약의 시대에 많은 역사로써 너희들
을 다스리려 했으며, 신약의 시대에
나의 사랑하는 아들을 너희들에게 바
쳐 너희들이 그와 같은 나의 애절한
마음과 너희들을 구하고자 고통 속에
간 예수를 본보기로 하며 너희들 가슴
속에 변화를 이루기를 내가 간곡히 바
라고 바랐으나,
25 너희들은 가장 소중한 한 생명인 나의
아들이 고통스러움 속에서 너희 죄를
대신 지고 가며 그 어려운 역경을 마
다하지 아니하고 온 그것을 그저 남들
의 지나가는 이야기 한 토막처럼 잊어
버리며,
26 너희들을 위하여 정녕 그와 같은 고통
과 역경의 죽음의 길을 택하였다는 것
을 생각하지 아니하고,
27 그 마음속에는 서서히 욕심과 이웃을
시기하고 질투하고 미워하며 남을 비
방하는 그러한 사악한 마음으로써 자
리를 점점 채워 가, 지금은 그와 같은
마음의 자세가 세상을 다 덮고 있으
니, 이를 어찌해야 되겠는가?
28 그리하여 이제는 내가 더 이상 너희들
을 다스릴 길이 없고 너희들을 바로잡
을 길이 없어,
29 너희들의 언어요, 너희들의 글로써 읽
고 볼 수 있는 책에 나의 성령을 심어
너희들에게 전하는 이것이 나의 마지
막 너희들을 사랑함이라 하였느니라.
30 이제는 이와 같이 너희들을 위하여 너
희들을 깨우치고자 하는 어떠한 다른
방법이 너희들에게 없을 것이며, 오로
지 나의 성령의 모두를 다 내려보내는
나의 법전이, 이것이 끝이니라.
31 그리하여 이를 내가 마지막이라 하여
너희들에게 경고를 하였건만, 너희들
은 지금 나의 법전을 과연 어찌 생각
하는가?
32 너희들은 나의 법전의 뚜껑을 열기는
커녕 이를 보기를 벌레와 같이 생각하
고 이를 사악한 무리라 생각하며 이것
이 너희를 파멸의 길로 인도한다는 그
런 생각을 하고 이를 버리고 있음이니,
33 여기서 너희 스스로 깨우쳐야 할 것이
니라.
34 너희들이 가슴에 손을 얹고 생각해 보
라.
35 너희들이 살아가는 방법과 마음 씀씀
이요, 너희들이 행동하며 지금 존재해
있는 그 위치가 얼마만큼 깨끗하고 아
름다운 사람으로서 남들을 향하여 한
점의 부끄러움이 없이 살아가는 그 자
세를 지키고 있는가?
36 너희들이 당당히 그와 같이 남에게 부
끄러움이 없는 삶을 사는 자라면 나의
법전을 읽지 아니하여도 되나,
37 너희들이 지금 바로 선 인간의 도리를
다하지 못하고 있으며, 인간의 삶을
정도로 가지 못하고,
38 아무리 바르고 옳은 길로 가 하늘에
오르고자 하여도 마음이 흔들리며 마
음의 자세를 잡을 수 없는 너희들은
나의 법전을 읽어 그 속에 있는 나의
성령을 태워 심어 놓은 그 내용을 읽
고 깨우치면 너희들이 바로 너희 마음

을 다스릴 수 있으며 하늘에 오르는
길을 볼 수 있음이니라.
39 너희들의 흔들리는 마음이요, 사악한
쪽에, 유혹된 곳에 끌리는 그 마음을
선하고 아름다운 쪽으로 잡을 수 있는
길이 나의 법전 속에 있음이니,
40 너희들은 두려워하지 말고 걱정하지
말며 나의 법전의 뚜껑을 열어 그 내
용을 정독하여, 내가 내리는 너희들의
삶의 지표요, 하늘에 오르는 길을 가
르쳐 준 그 뜻을 보고 하늘에 오를 수
있도록 그리하라.
41 이것이 나의 뜻이며 내가 너희들에게
내리는 마지막 선물임을 잊어서는 아
니 될 것이니 그리 알라.

1,929 번째 하나님 말씀

2002년 2월 28일 13시 45분

1 사랑하는 선지자야!
2 "네, 여호와 하나님! 말씀하옵소서."
3 종교 지도자라 하며 나에게 오르는 나
의 피조물 만백성을 인도하여 이끈다
하는 그들이 처음에 어렵고 힘들 때의
마음 자세는 정녕 곧고 바르며 나의
뜻에 의하여 지탱하고 살아가고자 하
는 것이 가상하리만큼 그들이 바른 자
세로 자신을 지켜 나가고 시행하고자
그리 가느니라.
4 그러나 점점 가면서 생활의 윤택이요,
또 경제적인 부가 그들을 따르면서 그
들의 마음은 자신도 모르게 서서히 변
하게 되며, 구원의 길로 오는 것이 아
니라 육신의 안일과 평화를 위하고,
또 즐거움과 향락에 서서히 빠져들어
가게 됨이니라.
5 그들은 나 여호와가 존재함을 알고 나
여호와에게 두려움을 가지며 저희들
스스로 그와 같은 길을 가서는 아니
된다 생각하게 되어 있음이니라.
6 그러나 그들은 물질의 유혹이요, 물질
의 편안함이요, 그리고 향락에 점점
빠짐으로 인하여 저희들이 처음 시작
했던 가난하고 어려울 때 그 시절의
마음과 그때 기도하던 마음과 기도하
는 자세와 나를 향하는 마음이 서서히
변화되고 변질되기 시작함이니라.
7 그리하여 그들이 인간 세속에 살아가
는 사람들보다도 더 나아진 생활로써
권좌에 앉아 누리고자 하는 그와 같은
욕심이 자신도 모르게 싹이 트며 지난
날을 잊게 됨이니라.
8 그리하여 그때서부터 영혼을 구하여
나에게 오르는 길이 아니라 육을 위해
서 행하는 삶을 시작하게 됨이니라.
9 그들은 점점 육의 삶에 젖어들며 수단
과 방법을 가리지 아니하고 금화와 은
화를 거둬들이니,
10 그 쌓여 있는 금화와 은화를 보고 그
들이 그를 버려두고 그냥 저희들의 삶
을 산다는 것이, 그리고 그들 자신이
그를 다 놓아두고 나에게 죽음의 길을
온다는 것이 너무나 아쉽고,
11 또한, 그를 다 놓아두고 그를 버려두
고 생애를 마친다는 그 자체가 너무나
도 억울하다는 생각에까지 미치게 됨
이니,
12 그들은 그 재물을 쓰고자 하는 생각이
들게 되며 그 재물을 탕진하고 또 쓰
며 저희들의 쾌락과 향락에 자신도 모

르게 그리 빠져들어 감이니라.
13 그리하여 저희들이 모은 그 재산을 저
희들이 쓰지 못하고 죽어 나에게 온다
는 그 억울한 마음과 아쉬운 마음속에
서 그들은 재물 속으로 빠져들어 가게
됨이니라.
14 그리하여 점점 그들이 빠져들어 가기
시작함으로 인하여 그들은 그 쌓이는
죄가 더 두터워지고 두터워져 저희 스
스로 그곳에서 빠져나올 수 없는 올가
미에 얽히는 그와 같은 형국이 되게
되어 있음이니라.
15 내가 너희들에게 일러 말하였듯이, 선
한 것을 향하고 선한 길을 가다 보면
선한 길만이 보이며 아름다운 것이 보
인다 하였으나,
16 저희들이 두고 가는 그 재산의 아쉬움
과 억울함과 그 아까운 생각에 저희들
이 그를 탕진하기 시작하여 그 늪에
빠지기 시작하면 점점 그들의 몸이 빠
져들어 가게 되며, 저희들이 나올 수
없는 그 상황에 이르니,
17 그때부터 그들은 모두를 다 포기하고
나 여호와가 존재함을 의식하지 않으
려 하며, 나 여호와를 보지도 못했고
듣지도 못한 그들이 나 여호와가 정녕
있느냐 없느냐, 그리고 심판을 받느냐
받지 않느냐 하는 그와 같은 마음의
동요가 일게 됨이니,
18 그때부터 그들은 영혼이 아닌 육을 위
하여, 그리고 그 믿음의 방향을 재물
과 금화를 모으기 위한 그쪽으로 전환
하여 그저 치달아 가게 됨이니라.
19 그리하여 그들은 영원히 구원받을 수
없는, 건널 수 없는 강을 건너게 되며
돌아올 수 없는 길로 가게 됨이니,
20 그리하여 지금 너희들의 종교 지도자
들이 이끌어 온 형국이 이와 같이 이
루어지게 됨이니라.
21 사랑하는 선지자야!
22 "네, 여호와 하나님! 말씀하옵소서."
23 정녕 나로부터 선택된 종교 지도자는,
윤택해지고 부가 따르며 또 많은 제자
들이 따를 때, 더 낮고 겸손한 자가 되
며 더 어려운 생활의 습성을 터득하여
그 생활을 가야 할 것이니라.
24 그리고 너는 얻어지는 그 모든 재물을
어렵고 힘든 이웃을 위하여, 또 지상
의 낙원의 본보기를 만들어 그곳에 와
있는 백성들이 지상의 낙원이 얼마나
아름다운가를,
25 또 하나님, 나 여호와의 뜻에 따라 정
녕 행하며 살아가는 지도자들이 가는
길이 무엇인가를 그들에게 깨우쳐 그
들을 바로 세우고 바로 보도록 하여
하늘에 오르는 길로 인도할 수 있도록
하는 것이 너의 자세이니라.
26 지금 많은 종교 지도자들이 어렵고 힘
들어 처음에 그들이 시작했던 그 기도
하는 마음과 나에게 향하던 그 마음이
사악한 쪽으로 변하고 또 돌변함이니,
27 네 마음이 그들과 같이 변해지고 돌변
하면 아니 됨이니라.
28 네가 그들과 다른 점이며 네가 나 여
호와로부터 선택된 선지자요, 나의 종
이요, 나의 아들이라 일컬을 수 있는
것은,
29 그들은 부가 축적됨에 의하여 방탕해
지고 육의 삶의 향락에 빠져 타락하여
가나,

30 그와 반대의 길을 가는 것이 네가 가
야 할 길이며 그것이 그들과의 차별화
이니라.
31 그렇지 못하다면 너 역시 그들과 똑같
은 자며, 나의 법전 또한 나의 피조물
만백성을 구하기 위함이 아니라 나의
피조물 만백성을 잘못 인도하는 법전
으로서 변하게 될 것이니라.
32 그리하여 너는 살면서 너 스스로 시
련과 고통의 그 속을 벗어나려 해서는
아니 될 것이며, 부와 영화의 그 쌓임
을 네 소유물처럼 마음대로 휘둘러 쓰
고 육신의 편안한 것을 갈구한다 하면
너는 정녕 나로부터 선택된 나의 제자
가 아니며 나의 선지자가 아니니라.
33 너는 지금서부터 그와 같은 네 마음의
단련을 시작해야 될 것이며, 네 몸에
대하여 너 스스로 지키고 행하며 낮
은 자가 되는 그 공부를 잠시도 게을
리해서는 아니 될 것이니라.
34 오늘 네가 나의 성령을 한 줄이라도
더 받아 만백성을 구하고자 기도하고
갈구하는 그 마음이 네가 이 세상에서
명을 다할 때까지 영원히 변화되면 아
니 되며 흐트러짐이 있어서는 아니 될
것이니라.
35 정녕 내가 너에게 일렀듯이, 얼마 되
지 않는 육신의 그 삶을 위하여 너 자
신이 영원히 구원을 받을 수 있는 그
영혼의 삶을 포기해서는 아니 될 것이
며 버려서는 아니 될 것이니라.
36 선지자야,
37 네가 남들처럼 세끼 밥을 먹으며 편히
잠잘 수 있는 곳이면 그보다 더 큰 은
혜와 영광이 없다는 것을 몸소 실천하
며 네 몸에 그와 같은 훈련이 익혀져
야 될 것이니라.
38 그리하여 많은 부가 따랐을 때, 많은
권좌의 힘이 너를 받치고 있을 때, 너
는 그를 남용해서는 아니 되며, 그를
다 쓰고 탕진하지 못하고 네가 죽어
나에게 오는 것을 억울하고 억울하다
고 생각하는 그러한 마음의 싹이 터서
는 아니 될 것이니라.
39 그 모두는 후세에 나의 법전이 세상에
많은 피조물 만백성을 구하는 그곳에
쓰도록 준비할 것이며 낙원을 이루는
데만 그를 네가 쓰도록 해야 될 것이
니,
40 너는 더 방대해지고 더 많은 것을 구
하며 얻을 수 있을 때, 오늘의 생활보
다도 더 낮은 자의 생활로 돌아갈 수
있는 그와 같은 마음의 훈련을 지금부
터 해야 될 것이니라.
41 그와 같은 네 마음이 굳어졌을 때, 너
에게 모든 은혜와 은총이 내려질 것이
니 그리 알라.
42 사탄이 이끄는 것이며 잘못 가는 자들
이 이끄는 것은 멸망하고 지구상에서
사라지게 되어 있음이니라.
43 지금 너희들이 믿고 있는 하늘에 오르
는 길이라 하여 잘못 가르치는 종교
지도자들이 울부짖는 그 속에 수천,
수만, 수억의 인구들이 눈물의 찬송과
기도를 드리는 그 형국이 정녕 나 여
호와를 위하고 나를 경배하는 길이며
그것이 하늘에 오르는 길이고 나의 뜻
이라면 그들은 영원히 존속될 것이며
나의 법전이 세상에서 빛을 못 보게
될 것이니라.

44 그러나 나의 법전이 너희들이 사는 동
방을 덮으며 전 세계를 덮어 나가, 나
의 피조물 만백성이 동양의 너희들이
쓰고 있는 언어와 그 글을 펴 보며 그
를 깨우치고자 모여든다 하면,
45 너희들은 정녕 어느 것이 하늘에 오르
는 길이며 여호와, 나의 뜻인가를 너
희들이 죽기 전에 다 보고 느낄 것이
니, 그와 같은 영광을 얻고 느끼는 것
이 너의 제자들임을 그들에게 깨우쳐
주도록 하라.

1,930 번째 하나님 말씀

2002년 2월 28일 15시

1 사랑하는 선지자야!
2 "네, 여호와 하나님! 말씀하옵소서."
3 너희들 말에 이러한 말이 있지 않더냐?
4 노력하는 자만이 성공할 수 있으며,
그 고난의 세월 속에서 노력과 노력을
정진함으로 그 뜻을 이룰 수 있고, 노
력하지 아니하는 자는 아무것도 이룰
수 없다는 그와 같은 말들을 너희들
세상사에 하며 그를 생활의 기본으로
삼는 자들이 얼마나 많이 있던가?
5 무엇인가를 이룬 자는 그만큼 남들이
보지 않는 시간 속에 고통의 세월을
노력으로써 인내해 왔음이니, 그리하
여 그들은 작든 크든 저희들이 추구하
는 것을 이루어 놓은 자들이니라.
6 노력하지 아니하고 이루어진 것은 하
나도 없음이니라, 그리고 얻어짐이 없
는 것이니라.
7 내가 너에게 말하여 공부를 하라 일렀
음이니, 세상사 모든 이치를 다 내가
너를 통하여 내리며 네가 남들과 대답
할 수 있는 그와 같은 능력을 주면서
내가 너에게 공부하라 했던 그 뜻을
너는 이제 알겠는가?
8 "네, 여호와 하나님! 이제야 그 여호
와 하나님의 가르치심이요, 그 말씀의
뜻을 알겠사옵나이다.
9 이 나이를 먹어 지금서부터 한 자 한
자 공부를 하고 외워 가는, 그 몸부림
치는 싸움 속에서 그 깨우침은 저의
상식이 되며 제 머릿속에 그것이 기억
되고 노력하는 만큼 얻어지는 것을 알
겠사오며,
10 그리고 제가 지난날의 많은 세월을 얼
마나 허송세월하며 무미건조하게 살
았는가 알았사옵나이다.
11 그리하여 하나님의 이 법전이 세상에
나감으로 인하여 젊은이와 어린이들
이 이를 보고, 세월을 함부로 보내고
세월을 함부로 써서는 아니 되며, 생
활의 설계를 알차게 하여 살아가라 하
는 것을 부르짖고 싶은 그 마음이 간
절하옵나이다.
12 제가 지금까지 살아오면서 너무나 무
의미한 세월을 보내고 시간을 낭비하
였으며 그 소중한 시간을 함부로 썼음
을 알겠사옵나이다.
13 제가 평생 하루에 한 시간, 두 시간,
세 시간, 네 시간 그와 같이 상식이요,
무엇인가를 향하여 진지하게 노력을
했다 하면 제 앞에 이루어지지 아니하
는 것이 없으며 태산이라도 제 앞에
감히 버티지 못하고 넘어졌을 것임을,
제가 정복하였을 것이라는 것을 이제
야 깨닫고 있사옵니다.

14 그리하여 지금 남은 제 생애, 하나님
께서 제 명을 거둬 가시는 그때까지
지난날 제가 살아오며 허송세월한 그
시간들까지도 돌려받아 그를 양식으
로 만들며, 제 머릿속에 상식을 쌓고
알찬 인생을 살아가는 그 삶을 위하여
눈물의 세월 속에 저 자신이 싸우며,
15 그 시간을 제 것으로 만들려 자리를
뜨지 아니하고 누에가 뽕잎을 먹듯이
모든 상식을 하나하나 제 머릿속에 넣
는 그 기쁨과 그 황홀함과 그 영광됨
을 이제야 깨달았사옵나이다, 여호와
하나님!"
16 그리하였느니라, 선지자야!
17 내가 너에게 그와 같은 이치를 깨우쳐
네가 몸소 실천하여, 60평생을 허송세
월하며 살아왔던 너의 그 시간들이 너
무 아까워 네가 통곡하며, 그 지나간
세월을 남은 네 인생에 얹어 살아 돌
려받을 수 있도록 너에게 소중한 시간
으로 만들어 값진 인생을 살아가려 하
며,
18 그 허송세월한 시간을 네가 지금 남아
있는 네 삶의 그 생활 속에 얹어 그동
안 못 했던 모든 깨우침을 네 것으로
만들려 하는 네 노력하는 마음을 알겠
느니라.
19 잠시도, 10분도 앉아 있지 못하는 성
격이며, 그저 동적이던 네가 네 몸이
아프고 저려 옴을 참으며 나 여호와의
뜻이라 하여 자리를 지키고 인내하는
것은 젊은 아이들이 하루에 몇 시간씩
공부를 하기 위하여 책상에 앉아 있는
것보다 몇십 배가 더 고달프고 힘드니,
20 그러나 나의 뜻에 따라 그를 견디고
인내하면서 가는 네 모습이 무척 사랑
스럽고 자랑스러우니라.
21 그리하여 선지자야, 네가 지금 무엇을
깨우쳤는가?
22 "네, 여호와 하나님!
23 하나님께서 공부를 하며 깨우치라 하
신 말씀에 따라 제가 열심히 공부를
하고자 하였으며, 한 자 한 자 인간의
상식을 제 머릿속에 차곡차곡 쌓으면
서 몰랐던 그 세상의 신비와 아는 자
의 행복함을 깨달았으며,
24 지난날 허송세월했던 그 시간이 너무
나도 아까워 밤잠을 못 자는 저의 애
절한 마음이 책장을 넘기도록 하게 되
었으며, 또한 여기서 하나의 크나큰
것을 깨달았사옵나이다.
25 여호와 하나님 아버지께서 저에게 이
깨달음을 위하여 공부하라 하시었음
을 이제야 저는 깨달았사옵나이다.
26 제 나이 60이라는 세월이 흘러온 그
동안에 책장을 넘겨 보지 아니하고 책
을 접하지 아니한 그 세월을, 이제야
그를 뒤엎어 공부를 하며 인내하는 속
에, 시간과 싸우는 그 속에서 노력하
면 모든 상식이 제 앞에 굴복하며 그
를 정복할 수 있다는 것도 깨우쳤으며,
27 그러나 공부하고 깨우치는 것을 잠시
만 덮어 두고, 깨우쳤다 하여 그를 덮
어 두면, 그가 제 머리에서 빠지는 물
처럼 잊혀 가는 것을 깨달았사옵나이
다.
28 그를 잡기 위하여 지금의 제가 배워
온 그 공부의 시간보다도 더 열심히
정진하여 그를 항상 반복하며 그를 기
억하여 책장을 넘기는 그러한 부지런

하고 부지런하며 게으름을 피우지 않
는 사람으로서 살아가야만 그것이 존
속된다는 것을 알았으며,
29 아무리 힘들고 어렵게 깨우쳐 제 것이
되었다 해도 그를 보지 아니하고 태만
하면 그가 흘러가는 물처럼 제 머리에
서 사라져 감이니 처음과 똑같다는 것
을 깨달았사옵나이다.
30 여기에서 제가 정녕 깨달은 것은, 여
호와 하나님을 향하여 가는 길이 그와
같다는 것을 저에게 일깨워 주시기 위
하여 이와 같은 공부를 하라 명하심을
이제야 깨달았습니다.
31 모든 생활 속에서 잠시도 하나님께 감
사함을 잊지 말고 여호와 하나님을 생
각하며, 하늘에 오르는 길을 위하여
선을 베풀고 사랑을 베풀며 살아가는
것이 근본이며,
32 잠시도 그를 잊어서는 아니 된다는 것
을 깨달았사옵나이다.
33 정녕 여호와 하나님께 오르는 길은 뜨
거운 물에 손을 대었을 때 바로 빼듯
이, 잘못되고 더럽고 추한 것을 보면
그와 같은 방법으로써 제 마음을 움츠
리고 바로 여호와 하나님께 기도하며,
34 잠시도 하나님을 생각하는 마음이 떠
나서는 안 되고, 기도하는 마음이 떠
나서는 아니 되며, 감사하다는 마음도
떠나서는 아니 되는 것을 알겠사옵나
이다.
35 공부를 하여 터득한 그 속에서는 배웠
던 것을 계속 반복하지 아니하고 열심
히 노력하지 아니하면 제 머리에서 떠
나듯이,
36 제가 여호와 하나님을 따르고 여호와
하나님의 말씀을 들으며 하늘에 올라
가려는 그 기도와 그 생각을 잠시라도
버린다면,
37 이는 여호와 하나님을 잊는 것이 아니
오라 여호와 하나님을 멀리하고 잊는
그 사이에 사악한 무리들이 제 마음을
뒤흔들어 놓아 저 자신을 무너뜨리며,
38 또 무너뜨림이 부족하여 제가 사악한
인간으로 전락하도록 호시탐탐 노리
고 있으며 항상 기다리고 있다는 것을
깨달았사옵나이다.
39 여호와 하나님께로 향하며 믿고 진실
만을 말하고 아름답게 살아가는 그것
은 잠시도 잊어서는 아니 되며 제 머
릿속에서 떠나서는 아니 되는 것을 깨
달았사옵니다.
40 모든 것을 아름다운 쪽으로 생각하고,
모든 것을 아름다운 쪽으로 보며, 남
들이 저에게 선물을 하나 줄 때, 그것
을 그저 기쁜 마음으로 받는 것이 아
니라, 그가 그 선물을 준비하는 그 수
고로움을 생각하여 그를 정녕 받지 않
는 그와 같은 마음으로 살아가는 것이
하나님을 향하는 마음이며,
41 항상 남을 위하여 무엇인가를 하고자
하는 아름다운 생각을 하지 아니하고
여호와 하나님을 따르고 공경하며 기
도하는 생각을 저버리면 그것은 그저
제가 잊고 저 자신이 지탱하고 그대로
흘러가는 것이 아니오라,
42 사악한 무리들이 제 마음을 흔들며 저
자신을 망가뜨려 영원히 구원할 수 없
는 그와 같은 사탄의 굴로 끌고 간다
는 이 무서운 사실을 깨달았사옵나이
다."

43 사랑하는 선지자야!
44 네 입에서 그와 같은 깨달음의 말을
할 수 있는 그 자체가 네가 열심히 노
력하였고 너 스스로 나 여호와에게
순종하고자 하였음이며, 이 길만이 네
가 하늘에 오르는 길이라 함이니,
45 정녕 나의 선지자요, 나의 종으로서
한 점의 부끄럼이 없는 나의 아들이니
라.
46 선지자야, 그러하니라.
47 너희들이 배워서 익히는 것은 그저 세
월이 지나 그를 덮어 두면 흘러가 잊
어버리기는 하지만 그것으로써 끝남
이니라.
48 그러나 나에게 오르고자 하는 하늘에
오르는 그 길을 달려오며 만백성을 그
길로 인도한다는 것은, 그것을 잠시라
도 멈추면 어찌 되느냐?
49 바로 사악한 무리들이 너희 마음에 침
투하여 너희들을 교란해 놓듯이, 너희
들을 따라오고자 깨닫고 너희들이 인
도했던 그 백성들을 하루아침에 지옥
불로 이끌어 가 떨어지게 하는 그와
같은 사악한 무리들이 있음을,
50 그리고 하시라도 그와 같이 변할 수
있는 것이 잠시도 쉬지 않고 있다는
걸 알아야 될 것이니라.
51 똑딱거리며 돌아가는 시계추처럼 멈
추지 아니하는 그 속에서 너희들을 지
옥 불로 떨어뜨리고자 하는 사악한 무
리의 그 마음이 도사리고 있음이니,
52 이를 견딜 수 있는 것은 잠시도 나 여
호와를 생각하는 생각을 버려서도 지
워서도 안 되고 항상 감사하다는 생각
을 하며,
53 모든 인간과 사물을 아름다운 쪽으로
생각하는 마음이 충만한 것이 하늘에
오르는 길의 기초임을 너의 제자들에
게 일깨워 줘,
54 항상 사랑하고 베풀며 좋고 아름다운
쪽으로 보는 그 마음을 가슴속에서 지
우지 말라 하라.
55 그리하면 더럽고 추한 것을 볼 수 없
음이니, 그 길이 24시간을 지탱하고 1
년을 지탱하고 너희들이 평생을 지탱
하며,
56 너희 마음이 곱고 아름다운 하얀 눈과
같이 너희도 모르는 사이에 변화되어
내게 너희들이 왔을 때,
57 그 무섭고 불바다와 같은 그 뜨거운
곳을 통과하지 아니하고 건널 수 있으
며, 영원히 나의 낙원인 에덴동산에
살 수 있는 것이니,
58 노력하라.
59 쉬지도 말고 노력함이 소중함을 네가
깨우쳤으니, 이를 너의 제자들에게 상
세히 깨우쳐 전하도록 하라.
60 그것이 바로 나의 뜻이며 나를 대신하
여 행하는 나의 선지자요, 나의 아들
이 가는 길이며 해야 할 책무이니라.
61 내가 너를 사랑하노라, 선지자야!

1,931 번째 하나님 말씀

2002년 2월 28일 15시 30분

1 사랑하는 선지자야!
2 나의 피조물 만백성 너희들이 살아가
면서 너희들이 육에 의존하여 살아가
는 것에만 치우치며 영의 삶이요, 영
의 양식을 구하는 데는 아무런 투자를

하지 아니하려 함이니,
3 나의 피조물 만백성이 살아가는 이 세
상이 어찌 변해야 될 것이며 그 후손
들 또한 어찌 변해야 되겠는가?
4 지금 나의 피조물 만백성 너희들은 강
한 남성이요, 강한 남자가 되는 것을
힘이 넘치는 것으로써 기준을 삼음이
니,
5 그리하여 너희들은 강한 자요, 힘센
사람이 되기 위하여, 내가 너희에게
명해 준 동식물만을 취하고 사는 것이
아니라,
6 힘센 자요, 강한 자가 된다 하면 그저
닥치는 대로 모든 생태계를 다 파괴하
면서 너희 것으로 취하여 살아가고자
하니,
7 힘이 세고 우직하며 건강을 가진 자만
이 정녕 강한 자인가?
8 너희들은 그 강한 자를 위하여 몸에
좋다 하는 것은 가리지 아니하고 모두
를 다 취하고 섭취하고자 함이니, 영
을 저버리고 육을 위한 삶에 매달리고
있는 너희들이 얼마나 우매한가?
9 정녕 강한 사람이라는 것은 남에게 부
끄럽지 아니한 자세로써 살아가며, 그
리고 너희들이 가지고 있는 만큼 교양
과 양식을 갖추며 세상의 깨달음을 알
고 예의와 범절을 알고 양보와 미덕과
겸손함을 알며 살아가는 그것이 바로
너희들 사회에서 강한 자요, 힘있는
자라 그리 너희들이 생각한다면,
10 너희들은 마음의 그 양식을 쌓기 위하
여 많은 것을 더 투자하고 또 많은 노
력을 할 것이며, 그리 너희들이 살아
간다면 너희들은 그 속에서 깨달음이
있고 온유함이 있으며, 그 온유함 속
에 사랑을 알게 됨이니,
11 그게 바로 나 여호와의 뜻이며, 그 사
랑을 베풀며 살다 보면 너희들이 사랑
을 베푸는 그 자체의 모든 근본이 어
디이며 원천이 어딘가를 깨닫게 되니,
12 이는 너희들을 지배하는 영혼이 있음
을 알게 되며, 또 영혼이 있음을 알면
나 여호와가 있음을 너희들이 알게 됨
이니라.
13 그러나 너희들은 너희들의 영혼의 삶
에 살이 되고 양식이 되는, 너희들이
보통 겪고 넘기는 상식이요, 질서를
파괴하지 않는 것이요, 자기 자신을
지키는 것이요, 소위 교양이라는 그곳
에는 투자하는 것을 꺼려하며 투자하
는 자가 없으니,
14 이와 같은 형국의 세상이 좀 더 흐른
다면 과연 어찌 흘러가겠는가?
15 그저 너희들은 힘센 자요, 강력하고
능력 있는 남자라는 것을 그저 무지몽
매하게 건강한 형태를 가지고 그리 평
가하니,
16 그리하여 너희들은 교양이라는 것을
너희들 머릿속에, 가슴속에 심는 것이
아니라 그저 육체를 위해 닥치는 대로
모두를 다 요리하여 먹으니 이 세상의
생태계를 파괴하는 것의 근본이며,
17 또한 그 무지한 속에서 너희들에게 얻
어지는 것이 무엇이 있겠는가?
18 너희들이 지금 살아가는 삶이 그와 같
이 형성되어 있어, 이를 더 지탱한다
하면 너희들 스스로 자제할 수 없으며
너희들 스스로 다스려 나갈 수 없는
그와 같은 형국이 되니,

19 그리되면 너희들에게 이루어지는 것
은 결국 무엇이더냐?
20 너희 목숨마저도 파리의 목숨만큼도
소중히 생각하지 아니하는 험악하고
잔인한 세상으로 서서히 돌변하여 감
이 거기에 있느니라.
21 그리하여 내가 너희들에게 말하기를,
유한 사람, 부드러운 사람의 시대가
와야 할 것이라 말하였으며,
22 그리하여 나의 피조물 만백성의 지도
자라 하는 자는 만백성의 종이요, 또
나 여호와의 종이요, 가장 낮은 자라
너희들에게 말하여 일깨워 주었느니
라.
23 가장 낮은 자란 무엇이냐?
24 너희들이 말하는 인간과 인간 사이에
대화하며 엮어 가는 그 생활 속에서
자기의 자세를 낮추는 것 하나만으로
써, 상대방을 존경하며 제가 낮은 자
라 생각하는 그것으로써 너희들은 낮
은 자의 자세를 취했다 생각할 수 있
는가?
25 아닌 것이니라.
26 정녕 낮은 자라는 것은 남들이 말할
수 없고 남들이 깨달을 수 없고 보지
못하는 그 아름다운 세상을 볼 수 있
고, 인간의 소중함 속에서 인간의 교
양과 지식이라는 것을 가슴에 그득히
쌓는 그것이 가장 낮은 자의 자세인
것이니라.
27 그리하여 낮은 자가 되는 것은 교양과
지식과 양심을 가득히 가슴에 쌓음으
로 인해서 살아가는 모든 생활을 다
낮은 자세로 바라보고 살아가며 행하
는 것이 정녕 낮은 자인 것이니라.
28 너희들이 낮은 자로서 행하며 낮은 자
로서 살아가고자 할 때, 그 속에서 너
희들은 위대함을 알게 되며 너희들의
소중함을 알게 됨이니,
29 그와 같이 낮은 자 속에서 세상을 보
는 것이 사랑이요, 베풂이요, 나눔이
있고 인간의 소중함을 알며,
30 인간의 소중함을 앎으로 인하여 그 소
중한 생명이 어디로부터 왔으며 너희
들이 죽어서 그 생명이 어디로 가는가
하는 것을 깨닫는다면 육과 영혼이 분
리됨을 알게 되며,
31 영의 삶을 살기 위해서 너희들이 존재
한다는 것을 알게 될 것이니라.
32 낮은 자는 모든 면에서 낮아야 되는
것이니라.
33 자신의 생활이 남들보다 호화로운 것
을 바라볼 수 있으며, 겸손하고 겸허
한 자세로 살아가는 것이 낮은 자의
자세요,
34 높은 자리에 있으면서 남을 부리지 아
니하고 손수 몸과 마음으로써 행동해
실천하며 타의 모범이 되는 행위를 하
는 것이 또한 낮은 자의 그 자세이니,
35 그 속에서 얼마나 위대한 빛이 발생하
는지 너희들은 모를 것이니라.
36 남들의 어려움을 대신 겪는 자세요,
남들의 고통을 바라다보는 것이며, 그
를 제 것으로써 대신 겪어 줄 수 있는
그와 같은 마음의 자세요, 모든 생활
에 천 가지, 만 가지 살아감에 있어서
그 속에서 변화되는 것이 낮은 자로
가는 길인 것이니라.
37 그것이 나 여호와의 백성으로서 살아
가는 길인 것이니라.

38 남에게 받는 것을 즐거워하지 아니하
고, 남에게 대접하기를 좋아하며, 남
에게 전해 주기를 좋아하며,
39 남이 저에게 무엇을 바치는 것을 두려
움으로 알고 그가 짐이 됨을 알며, 반
드시 갚아야 된다는 부담이라는 것을
가슴에 안고 깨닫는 그와 같은 심성을
가지고 살아가는 그 자체도 너희들이
낮음의 자세로 가는 길이니,
40 낮음으로 가는 것은 모든 생활에서 모
든 게 다 변해야만 되는 것이니라.
41 인간관계에 있어서 그저 낮은 자세로
겸양하며 사는 그 한 가지로써 너희들
이 낮은 자며 만인의 종으로써 살아간
다고 말할 수 없는 것이니라.
42 너희들이 살아가면서 부딪치는 모두
를 다 가장 낮은 자세요, 아름다움으
로 적용하여 너희 것으로 만들어 생활
하는 것만이 정녕 낮은 자이며 나의
백성으로 선택되어 가는 길이니라.
43 지금 내가 너에게 일러 말했듯이, 그
저 육신의 힘만 있는 것이 강자요, 강
한 것처럼 생각하여 그 자신의 육신을
위해서 모든 것을 투자하며 저희들의
모든 것을 아끼지 않고 섭취하는 이와
같은 형국으로 돌아갈 수 있는 이것은
무엇이더냐?
44 사막에 모래알끼리 서로 부딪쳐 지탱
하고 있는 그와 같은 형국이니, 언젠
가는 무섭게 무너지며 언젠가는 무서
운 환경으로 변화되며 언젠가는 서로
사악한 마음으로 돌아갈 수 있는 그와
같은 것이 너희들의 육신이 무지막지
한 힘을 쓰는 것이니,
45 그것으로써 건강한 자요, 강자요, 위
대한 자라는 그와 같은 생각을 너희들
이 버려야 할 것이니라.
46 그것을 버리지 않는 한 너희들은 생태
계를 계속 짓밟을 것이며, 그리고 스
스로 멸망의 길을 선택하게 되는 것이
니,
47 오늘 이후부터 너희들이 가장 강한 자
요, 용기 있는 자요, 힘있는 자라는 것
은 모든 것을 다 겸비하고, 양보의 미
덕을 가지며, 나 여호와가 하늘에 있
으며 나 여호와가 이 세상 모든 만물
을 다 창조하여 그들이 자리를 지키게
하였으며 그들이 다 소중함을 알고,
그들을 함부로 파괴하는 그와 같은 무
지몽매한 행위를 해서는 아니 된다는
것을 깨우쳐야 할 것이니라.
48 정녕 이제는 내가 유한 세상을 만들며
나의 법전을 세상에 내보내 너희들을
다스리고자 하는 것은 육체의 건강한
자, 육신의 그 힘이 넘치는 자, 육신의
강한 자를 원하고자 함이 아니니라.
49 모든 것을 겸비한 사람으로서, 한 점
의 부끄러움이 없는 삶을 살아가고자
노력하는 그와 같은 자가 가장 강한
자요, 힘있는 자요, 용기 있는 자이니
라.
50 그와 같이 너희들의 인성을 돌리고자
하여 나의 법전을 세상에 내보냈으니,
그리하여 내가 너희들의 자녀부터 나
의 법전을 읽고 서서히 깨우쳐, 그 아
들과 자식이 나의 법전을 어려서부터
접하여 그들이 이를 듣고 따르며 살아
가는 그와 같은 형국으로써 스스로 유
하고 부드러운 인성을 길러내도록 하
는 것이 나의 법전에 있음이니,

51 이는 곧 나의 피조물 만백성이 살아가
는 삶의 기본의 교과서가 될 것이니,
52 너희들이 나의 법전을 살아가는 기본
의 교과서로서 받아들여 너희 사랑하
는 자식들의 품에 하나씩 안겨 주며
그들부터 읽고 깨우쳐 실천하는 마음
의 싹을 트도록 하는 것이 천 년 후에
이곳에 에덴동산의 낙원이 이루어지
는 기초임을 잊지 말며, 그리 실행하
도록 하라.

1,932 번째 하나님 말씀

2002년 2월 28일 16시 30분

1 사랑하는 선지자야!
2 "네, 여호와 하나님! 말씀하옵소서."
3 내가 너희들에게 무어라 말하였느냐?
4 '나 여호와가 존재함을 믿는 그 자체
가 구원의 길에 들어서는 기본이요,
근본이요' 이 한 구절이 너희들이 하
늘에 오르는 그 길의 안내판과 같은
것이거늘,
5 너희들은 나 여호와가 존재함을 과연
얼마나 믿으며, 얼마나 너희들이 신뢰
를 하고 나를 향하여 믿음의 길을 달
려오고 있는 것인가?
6 너희들은 자연 속에 살아가는 날짐승
들이 지저귀고 울부짖는 그 소리가 그
대로 소음으로써 퍼져 나간다 생각하
는가?
7 그 종류에 따라 작은 새는 작은 새들
대로 저희끼리 지저귀며 대화를 하고,
큰 새는 큰 새들대로 저희끼리 대화를
하며 저희들이 살아가는 방법을 서로
교류하고 전통적으로 흘러내려 가는
그와 같은 역사 속에서 그들이 변함없
이 존속해 가고 있음이니라.
8 그리고 모든 짐승들도 또한 마찬가지
이니라.
9 그들이 종류에 따라 저희들끼리 서로
교류하고 대화를 하며 자연에 순응하
고 살아가고 있음이니라.
10 그와 같이 오묘하고 절묘한 이 지상의
돌아가는 모든 것을 너희들이 볼 때,
너희들은 거기서 나 여호와가 존재한
다 함을 믿지 못하겠는가?
11 그리하여 너희들이 나 여호와가 존재
함을 믿는 그 자체의 마음이 우선 하
늘에 오를 수 있는 기본이요, 기초라
내가 너희들에게 한 구절을 더 넣어
깨우치도록 하였음이니라.
12 지금 모든 동식물들은 저희들이 순응
하고 순종하며 그 자리를 지키고 아름
다운 모습을 그대로 지켜 가며 살고
있느니라.
13 그리고 내가 저희들에게 명하여 정해
준 그 범위를 그들은 절대 벗어남이
없이 살아가고 있음이니라.
14 그리하여 그 많은 동식물이 세상에 존
재하고 살아갔지만, 그들은 자연을 파
괴하거나 내가 내린 이 아름다운 동산
을 저희들 마음대로 오염시키는 그와
같은 삶을 영위하지 아니하였느니라.
15 정해진 대로 자연의 순리에 따라 순종
하며 사는 것이 저희 종족이 영구히
보존되어 존속된다는 것을 그들은 알
고 있으며 그를 그리 지켜 가고 있음
이니라.
16 그러나 내가 가장 아름다운 모습으로
써 가장 높은 지혜를 주어 그들을 통

제하고 그들을 관리하는 책임을 준 너
희들은 과연 어찌 살아가는가?
17 너희들이 지금 너희 육신의 건강과 육
신의 편안을 위하여 자연의 생태계를
마구잡이로 파괴하며, 관리하고 통제
하여 그로부터 너희들이 존속하라 준
그 권한을 남용하고 함부로 쓰고 있음
이니라.
18 그리하여 너희들이 바로 내가 만든 자
연의 이 아름다운 생태계를 파괴하는
장본인들이며, 내가 만든 이 아름다운
지구를, 나의 에덴동산이요, 지상의
낙원을 훼손하고 파괴하고 가는 장본
인들이니라.
19 너희들에게 관리의 책임을 주었으며
너희들이 통제하고 취할 수 있도록 하
였건만, 너희들은 그 순리를 어기고
그 질서를 파괴하며, 너희 육신에 좋
다 하는 모두를 다 그저 섭취하기 위
하여 가짓수와 종류를 가리지 않고 파
괴하고 있음이니,
20 너희들이 크게는 모든 자연의 생태계
를 파괴하며, 그것을 먹고 존속하는
모든 동식물의 씨까지 말려 죽이는 그
와 같은 형국에 이르고 있으니,
21 이 얼마나 무서운 현실이던가?
22 그리하여 너희들을 유하고 부드러운
마음의 자세로 돌려 그 자연의 살아감
과 자연의 존속함을 인정하며 너희들
과 동등한 인격체요, 동등한 위치에서
그들을 보아 그들을 보호하고 사랑하
는 마음으로써 관리하며 보살피는 그
와 같은 유한 사람들의 세상을 열어
나의 아름다운 낙원을 이루고자 하는
것이니라.
23 내가 아름다운 이 지상에 하늘과 같은
낙원을 이루고자 하나, 너희들이 그
기초요, 근본이 되는 모든 동식물의
생태계를 다 파괴한다 하면 이는 이루
어질 수가 없음이니라.
24 그러하니 너희들이 이를 다스리고 이
를 지켜 나가기 위해서는 유하고 부드
러운 인성을 가진 나의 피조물 만백성
만이 이 세상에 존속해야 할 것이니라.
25 거짓으로 뒤덮이고 도둑질하는 자로
뒤덮였으며 사람의 생명을 그저 함부
로 다루는 그와 같은 사악한 무리들이
세상을 통제하고 지배하고자 하는 이
와 같은 형국에 이르렀으니,
26 과연 너희 몸에 도움이요, 삶에 도움
이 되며 육신의 편안함에 도움이 된다
면 아무것도 이 지구상에 존재하지 못
하도록 그 씨를 멸종하고자 하는 것이
너희들이니,
27 얼마나 너희들이 사악하고 간악하며,
얼마나 무서운 형태로 변해 갔는가를
지금 너희들은 깨달아야 할 것이니라.
28 그리하여 내가 내린 모든 동식물들도
동등한 권리와 동등한 위치에서 살아
갈 수 있도록 그들이 존속할 수 있는
것을 보호하고 관리하는 너희들이 되
어야 될 것이며,
29 그리고 그 속에서 너희들이 취하여 존
속할 수 있도록 그리하면 되는 것을,
너희들이 취해서는 아니 되는 것까지
도 모두를 취하여 생태계를 파괴한다
면,
30 너희들이 취하지 아니해야 할 것은 다
음의 동식물이 취하도록 정해져 있거
늘, 그들의 먹이와 그들이 살아갈 수

있는 것까지도 너희들이 씨를 말려 버
리니,
31 너희들이 씨를 말리는 그 동식물이 죽
어 가며 또한 그를 먹고 존속해야 할
모든 동식물까지도 씨를 말리는 이와
같은 이중의 살인 행위를 하는 것과
같음이니,
32 너희들이 이를 어찌하여야 되겠는가?
33 나의 사랑하는 피조물 만백성 너희들
은 들어야 될 것이니라.
34 지금 내가 에덴동산에 낙원을 만들고
자 하며 천 년의 역사를 거쳐 이곳에
하늘과 같은 나의 지상의 낙원을 만들
고자 하니,
35 너희들은 지금 내가 내린 그 동식물을
취하는 것 외에 그 이상의 모두를 취
하여 없앤다 하면 얼마나 무서운 결과
가 초래되는 것인가를 생각해야 할 것
이니라.
36 너희들이 더 이상 취해서는 안 될 모
든 동식물들을 취하며 너희 육신의 편
안과 건강을 위해서 그와 같이 살육을
계속한다 하면 곧 이 지구는 멸망하느
니라.
37 그리고 더 이상 존속할 수 없음이니라.
38 그때 너희들에게 내려지는 그 무서운
재앙을 생각해 보았는가?
39 그때가 도래한다면 너희들 자신도 설
자리가 없으며, 너희들도 존속할 자리
가 없음을 알아야 할 것이니,
40 지금 너희들은 내가 내려 주어 너희들
에게 먹고살라 정해 준 그 동식물 외
에 모든 것을 취하고 섭취하여서 살아
간다면 이는 스스로 너희들의 건강과
너희들의 행복을 위하여 하는 것이 아
니라,
41 너희들 자신의 생명줄을 조여 감이며
너희들 스스로 이 아름다운 지구에,
이 낙원에 존속하기를 거부하는 것과
같음이니,
42 세월이 흐른 다음에 너희들은 어떠한
결과가 도래할 것인가를 다시 한 번
짚고 생각해 보아, 너희들이 나의 법
전의 이 내용을 읽고 깨우치고 반성하
는 그와 같은 마음 자세로써 돌이켜야
될 것이니, 이를 명심하여 시행하도록
그리해야 할 것이니라.

부 록

【하나님께서 가르쳐 주신 운동】

천재지변이 일어날 때, 동물이나 미물들은 미리 알고 대피하지만, 인간은 알지 못하고 큰 화를 당합니다. 하나님께서 인간에게 가장 높은 지혜를 주시고 완벽하게 창조해 주셨기에 동물들보다 더 잘 알 수 있지만, 욕심으로 마음이 혼탁해져서 한 치 앞을 보지 못하는 것입니다.

마찬가지로, 인간은 누구나 스스로 필요한 운동을 해서 건강을 지킬 수 있도록 하나님께서 만들어 주셨습니다. 우리의 머리에서 우리 몸에 필요한 동작을 해 달라고 끊임없이 신호를 보내지만, 인간이 혼탁하게 살아서 그 신호를 알아채지 못합니다. 그러니 자연스럽게 자기 몸이 원하는 그 신호를 따라서 운동하는 것이 하나님께서 가르쳐 주신 운동 방법입니다. 바로, 우리의 영이 육을 이끄는 운동입니다.

▶ 하나님 운동법

1. 눈을 감고, 발을 어깨너비로 벌리고 바르게 선다.
2. 몸에 힘을 풀고, 허리를 숙이면서 손과 머리를 아래로 내린다.
3. 허리를 펴고 싶을 때, 천천히 펴면서 하고 싶은 동작을 하면 운동이 시작된다. (사람마다 다르다.)
4. 멈추지 말고, 어떤 동작이든지 자기 몸의 느낌대로 계속 이어서 한다.

▶ 참고 사항

① 눈을 감은 상태로 아무 생각 하지 않고, 자기 몸의 느낌대로 움직입니다.
② 마음을 비우고, 욕심을 버리고, 지난날의 잘못을 반성하면서 몇 차례 시도하다 보면, 자기도 모르게 하고 싶은 동작이 끊임없이 생깁니다.
③ 운동 장소는 방 안이든 운동장이든 관계없으며, 걷거나 달리고 싶을 때는 눈을 떠도 됩니다.
④ 매일 40분 이상, 주 4회 이상, 3개월 이상 하면 음식 조절에 들어갑니다.
- 음식으로 생긴 병은 음식으로 치료하게 되며, 어떤 음식을 먹어야 하는지 스스로 알게 됩니다.
(자기 몸에 필요한 음식만 먹고 싶어집니다.)
⑤ 사랑하는 사람과 함께 운동하면 서로 치료해 주기도 합니다.
⑥ 운동을 하다가 몸의 어느 한 부분을 계속 손으로 자극한다면 그쪽에 이상이 있는 것이니, 의사에게 상담을 받고 적절한 치료를 받으면 됩니다.
⑦ 다이어트 및 기타 건강관리에 효과적입니다.
⑧ 꾸준히 운동하여 영이 맑아지면, 자신의 과거와 미래를 스스로 보게 됩니다.

누구나 스스로 하실 수 있습니다.

간행사

《새로운 성경》은:

· 새로운 성경은, 하나님께서 선량하고 선한 자를 선택하여 십계명을 암송하도록 하시고, 십계명을 암송한 다음에 음성으로써 들려주시는 말씀을 듣고 그대로 카세트테이프에 녹음해서 받아쓴 책입니다.

· 90분짜리 녹음테이프 700여 개에 달하는 말씀으로, 1999년 8월부터 2004년 7월까지 총 160권(권당 288쪽)을 완성하였으며, 그 이후에도 현재까지 계속 말씀을 내려 주고 계십니다.

· 새로운 성경은 "하늘을 두루마리 삼고 바닷물을 먹물 삼아 쓰고 써도 다 못 쓴다"는, 끝없이 방대한 하나님의 말씀이 두루마리로 직접 내려오는 것입니다. 이러한 새로운 성경은 구약과 신약을 폐하려는 것이 아니라 "인봉된 성서의 비유의 뜻"을 상세히 설명하여 완성하고자 하나님께서 직접 내려 주신 말씀입니다.

《새로운 성경》의 구성:

· 제 목: 2013년, 160권 모음집을 발간하면서, 본 도서의 제목을 "하나님! 말씀하옵소서"에서 《새로운 성경》 으로 명해 주셨습니다.

· 단행본: 각 권당 288쪽(신국판) 책이 160권까지 시리즈로 출판됩니다.
(모음집은 단행본을 16권씩 묶어서, 총 10부로 구성됩니다.)

《새로운 성경》의 성경적 근거:

· 신약 성경 [요한복음] 16장 13절에 "진리의 성령이 오시면 그가 너희를 모든 진리 가운데로 인도하시리니 그가 자의로 말하지 않고, 오직 듣는 것만을 말하며" 하신 말씀처럼 하나님의 음성을 들은 것만 기록하였으며,

· "장래 일을 너희에게 알리시리라" 하신 말씀과 같이 개인, 나라, 인류의 "장래"일을 하나님께서 알려 주시는 것만 기록하여 책으로 만들었습니다.

《새로운 성경》의 기록 방법:

· 1999년 8월부터 하나님께서 저에게 들려주시는 음성을 기록하였습니다. 처음에는 제가 들은 말씀을 불러 주면 저의 아내가 기록하여, 2000년 1월 29일에 1권 초판이 세상에 나왔습니다. 2000년 4월부터는 주시는 말씀을 받아 녹음기에 기록하기 시작하였습니다.

· 녹음을 시작하면서 하나님의 말씀을 받는 데 가속도가 붙었고, 2001년 5월 3일에 1부(1~16권까지)를 인쇄하여 출판하였으며, 2004년 7월까지 총 160권 분량의 말씀을 받아 기록하였습니다.

하나님께서 저에게 주신 것은:

· 첫째, 만백성을 상대로 내려 주시는 "기도", 둘째, 수시로 내려 주시는 "묵상", 셋째, 개인의 과거, 현재, 미래를 알려 주시는 "개인 기도", 넷째, 개인의 건강을 위해서 내려 주시는 "음식 처방", 다섯째, 하나님께서 가르쳐 주신 "운동"등이 있습니다. 이 중에 첫 번째, "기도"를 책으로 편찬하였습니다. 사람의 생사, 개인의 미래에 관한 천기는 수록하지 말라 하셨습니다.

강론 안내:

· 하나님께서는 지금도 매일 저에게 새로운 하늘의 비밀의 말씀을 내려 주고 계십니다. 수시로 내려 주시는 말씀을 정리해서 제자를 육성하라는 말씀에 따라 매주 강론을 하고 있습니다. 누구나 무료로 들으실 수 있습니다. (book160.com)

《새로운 성경》을 읽는 분들에게 드리는 선물:

· 개인 기도: 개인의 과거, 현재, 미래에 관하여 말씀을 내려 주십니다.

· 음식 처방: 사람은 음식을 먹고살다가 건강을 잃으니, 음식과 운동으로 건강을 되찾는 방법을 알려 드립니다. 단, 하나님이 계심을 믿고, 십계명을 지키겠다고 진실로 서약하는 분들께 알려드립니다.

《새로운 성경》의 은혜와 기적:

· 새로운 성경 전160권은 16권씩 묶어서 총 10부의 모음집으로 구성됩니다. 모음집 한 부를 읽고 깨우치는 자에게 하나님께서 다음과 같은 기적이 있다고 하셨습니다.

· "첫째, 그가 죽어 하늘에 갔을 때 그의 죄를 묻지 아니하며, 구원을 받는 위대한 은혜가 있으며, 둘째, 그의 소원과 소망이 이루어지고, 셋째, 죽은 자(부모, 형제, 자식, 사랑하고 은혜 입은 분)의 이름으로 구입한 책을 읽고 누군가 한 사람이 깨우칠 때, 그 죽은 자가 지옥에서 천국으로 구원을 받게 되며, 넷째, 유산, 중절 수술 등으로 태어나지 못한 아이를 위하여 구입한 책을 보고 한 명이 깨우쳤을 때, 그 아이가 사람으로 다시 한 번 태어나는 은혜를 받는다."

· "새로운 성경"을 3회 이상 정성을 다해 정독하는 자, 성서의 비밀을 알게 되고, 세상의 이치를 알게 되며, 세상을 지배하고 통제할 수 있는 지혜를 다 얻게 된다고 하셨습니다. 이 책은 만백성이 정독하고 이웃에게 전하여, 평생 가슴에 묻은 슬픔과 고통의 짐을 벗고 미래를 위한 힘찬 삶을 살아가도록 하는 책입니다.

끝으로

· 하나님께서는 흰 눈이 세상을 덮듯이 새로운 성경을 온 세상에 전하라고 하셨습니다. 《새로운 성경》을 각국어로 번역해서 온 인류에게 구원의 길을 깨우쳐 주고, 그 수익으로 가난하고 어려운 백성을 구제하여, 만백성의 영과 육을 함께 구원하는 선지자의 임무를 수행하라고 저에게 명하셨습니다.

· 하늘에서 내려 주신 말씀의 보화를 만백성에게 나누어 주는 것이 선지자의 임무라고 하셨습니다. 새로운 성경을 통해서 얻는 재물을 사용할 곳도 하나님께서 일일이 명해 주십니다. 모든 재물은 저의 자의로 쓸 수 없고, 하나님께서 명하시는 대로만 쓰여집니다.

· 어떤 명분으로든 십일조나 각종 헌금을 거두어들이지 말라 하셨으며, 국내뿐 아니라 각국에 성전과 단독 서점을 운영하며, 한국의 많은 젊은이들을 전 세계에 지도자로 내보내라고 하셨습니다.

· 우리는 세계적으로 새로운 성경을 보급하며 어려운 이들을 돕는 역사를 해 나갈 것입니다. 지금까지 비록 몇 명 안 되는 제자들과 함께 이러한 일을 역사했지만, 앞으로도 계속 하나님께서 기뻐하시는 일들을 해 나갈 것입니다. 부족한 저희에게 여러분들의 지혜와 성원을 보내 주시기를 바랍니다. 많은 분들의 참여와 도움을 간절히 기다립니다. 감사합니다.

한국어로 내려온 《새로운 성경》 단행본을 출간하며
2016년 4월 10일

발행인 **김 용 철**

한국어로 내려온

새로운 **성 경** · 2부 · 제23권

지은이 하나님 말씀
대역자 김용철

초판인쇄 1쇄 2006년 12월 12일
재판인쇄 1쇄 2017년 4월 3일

펴낸 곳 도서출판 하얀마음
등록번호 제 10-2107호 (2001년 2월 14일)
주소 서울시 노원구 덕릉로86길 5, 2층
전화번호 02) 313-1114
팩스 02) 393-5554
전자우편 book160@hanmail.net
편집위원 조나영 김미향 이석교
제작지원 민평기 양영아 민대웅 민영주 김도윤 민지영 이현종

도서상담 1600-7527
ISBN 978-89-5875-123-6 (04230)
978-89-5875-100-7 (세 트)

값 10,000원
잘못된 책은 구입하신 곳에서 바꾸어 드립니다.

※이 책은 10부로 제작되며, 각 부 16권씩 총160권으로 구성됩니다.※

1부	**2부**	3부	4부	5부	6부	7부	8부	9부	10부
1권	17권	33권	49권	65권	81권	97권	113권	129권	145권
2권	18권	34권	50권	66권	82권	98권	114권	130권	146권
3권	19권	35권	51권	67권	83권	99권	115권	131권	147권
4권	20권	36권	52권	68권	84권	100권	116권	132권	148권
5권	21권	37권	53권	69권	85권	101권	117권	133권	149권
6권	22권	38권	54권	70권	86권	102권	118권	134권	150권
7권	23권	39권	55권	71권	87권	103권	119권	135권	151권
8권	24권	40권	56권	72권	88권	104권	120권	136권	152권
9권	25권	41권	57권	73권	89권	105권	121권	137권	153권
10권	26권	42권	58권	74권	90권	106권	122권	138권	154권
11권	27권	43권	59권	75권	91권	107권	123권	139권	155권
12권	28권	44권	60권	76권	92권	108권	124권	140권	156권
13권	29권	45권	61권	77권	93권	109권	125권	141권	157권
14권	30권	46권	62권	78권	94권	110권	126권	142권	158권
15권	31권	47권	63권	79권	95권	111권	127권	143권	159권
16권	32권	48권	64권	80권	96권	112권	128권	144권	160권